| 光明社科文库 |

国有企业党建品牌创建探索与实践

广西北投环保水务集团有限公司◎编

光明日报出版社

图书在版编目（CIP）数据

国有企业党建品牌创建探索与实践 / 广西北投环保水务集团有限公司编．-- 北京：光明日报出版社，2023. 5

ISBN 978 - 7 - 5194 - 7201 - 6

Ⅰ.①国… Ⅱ.①广… Ⅲ.①中国共产党—国有企业—党的建设—研究 Ⅳ.①D267.1

中国国家版本馆 CIP 数据核字（2023）第 086401 号

国有企业党建品牌创建探索与实践

GUOYOU QIYE DANGJIAN PINPAI CHUANGJIAN TANSUO YU SHIJIAN

编　　者：广西北投环保水务集团有限公司

责任编辑：刘兴华　　责任校对：李　倩　李佳莹

封面设计：中联华文　　责任印制：曹　诤

出版发行：光明日报出版社

地　　址：北京市西城区永安路 106 号，100050

电　　话：010-63169890（咨询），010-63131930（邮购）

传　　真：010-63131930

网　　址：http：//book. gmw. cn

E - mail：gmrbcbs@ gmw. cn

法律顾问：北京市兰台律师事务所龚柳方律师

印　　刷：三河市华东印刷有限公司

装　　订：三河市华东印刷有限公司

本书如有破损、缺页、装订错误，请与本社联系调换，电话：010-63131930

开　　本：170mm×240mm

字　　数：345 千字　　印　　张：19. 5

版　　次：2023 年 5 月第 1 版　　印　　次：2023 年 5 月第 1 次印刷

书　　号：ISBN 978 - 7 - 5194 - 7201 - 6

定　　价：89. 00 元

编 委 会

序　言

习近平总书记曾说："一切向前走，都不能忘记走过的路；走得再远、走到再光辉的未来，也不能忘记走过的过去，不能忘记为什么出发。"广西北投环保水务集团有限公司集众力汇众智谋求高质量发展，在总结经验中谋划未来，在砥砺前行中擘画蓝图，为社会、为集团、为家人、为每一位关心环保水务事业的同仁献上这本图书。

这是绚丽多彩的百花园。她涵盖了实践案例、党建故事、典型人物等丰富多样的类型，题材多元、内涵富盈，凝聚着环水人对于管理模式、业务技能、经营理念、基层党建等方方面面的探索。在这个百花园中，每一朵都在光芒中怒放，每一朵都经历过风吹雨打，她们不是争奇斗艳，而是相互衬托，在芳香悦目中展现着环水人的爱与团结。

这是潺涓清澈的小溪流。她既有对于环保水务各项事业初创时的辉煌追忆，也有对当下正在奋进中的环水精英的感人记录；既有对新时代奋斗故事的客观描摹，也有对未来发展的美好憧憬。这条小溪流，贯穿了北投环保水务集团的昨天、今天和明天，在无数个日日夜夜的川流不息中，流向波澜壮阔的海洋。

这是集体谱写的协奏曲。她所收录的文章来自员工之手，或许没有作家般的华丽辞藻，但却是源自于他们的肺腑；或许没有艺术家般的天马行空，却是他们在平凡中用行动、用实践、用汗水、用泪水共同谱写出的壮美乐章。

这本书是可爱的环水人用独有的精神特质所孕育的，同时又承载着北投环保水务集团未来发展的精神动力。这里面有环水人对党忠诚的初心、有不负集团期望的真心、有对事业浓浓的丹心、有勇攀高峰的恒心、有真诚服务的细心、有勇担社会责任的仁心……

回首过去，我们辉煌登峰。展望未来，我们信心百倍。扬帆红势能、立足新起点、展现新作为、实现新跨越，广西北投环保水务集团将在广西北部湾投资集团有限公司党委的坚强领导下，为建设成为区域领先、国内一流的环保水务综合服务商而继续努力奋斗。

是为序。

目　录

CONTENTS

品牌案例篇

管理实践篇

典型示范篇

品牌案例篇：
长风破浪会有时，直挂云帆济沧海

案例，是集体智慧的结晶，每一个奋斗者都是它的实践者。

案例，是长期实践的果实，每一个实践者都是它的奉献者。

品牌，是党建工作的“图纸”，在这张“图纸”之上一步一个脚印走向实践。

品牌，是党建工作的“名片”，在这张“名片”之上展现出环保水务的特色。

在党建品牌的引领下，环水人众志成城、勠力同心，共创佳绩！

在党建品牌的引领下，环水党员发挥先锋模范作用，让党旗高高飘扬在环保水务事业的每个阵地！

在党建品牌的引领下，环水党组织发挥战斗堡垒作用，以高质量党建带领企业高质量发展！

环水红势能　筑就新高地

——广西北投环保水务集团党委党建品牌案例

一、品牌名称

环水红势能

二、创建背景

党的十九大以来，在新时代党的建设总要求的全面指导下，基层党建工作受到了高度重视，管党治党实现了从“宽松软”向“严实硬”的转变，基层党组织立足于自身实际情况深入实践，取得了一些党建工作成效。但是，部分党组织依旧存在“就党建而党建”、脱离中心抓党建的现象，极大地阻碍了党的建设质量提升。进入新时代，面对新挑战，国有企业肩负起新的时代课题，党的建设如何与生产经营中心工作相融合，新技术趋势下如何实现党建引领、组织变革，企业基层党组织与生产经营组织如何融合发展，基层党组织的组织力如何崛起、组织功能如何发挥，成为摆在每一个企业党组织面前的首要问题。

广西北部湾投资集团有限公司（以下简称“北投集团”）党委从实际情况出发，勇担时代使命，落实中央要求，在党建工作中强调要突出政治功能，抓好标准化建设和党建品牌创建，加强基本组织、基本队伍、基本制度建设，把基层党组织建设成为团结群众的核心、教育党员的学校、攻坚克难的堡垒。

在北投集团党委的坚强领导下，北投集团直属企业广西北投环保水务集团有限公司（以下简称“环保水务集团”）党委坚持目标导向，树立“全党党建、全员党建、全面党建”的“三全”工作理念，坚持“党的领导全覆盖、党建工作全融合、党建质量全过硬”工作原则，引领基于经营规模、生产效益、业务拓展、标准化信息化建设、全产业链打造、团队建设“六个见成效”上做党建引领和生态赋能。通过“以终为始”的设计思路和创新的党建工作方法，在一个党委总品牌引领若干个基层党组织子品牌的“1+N”党建品牌构建思路指导下，全力打造既有环保水务集团特色又具有示范带动作用的“环水红势能”党建品牌模式，实现“绿水青山强环保，党旗引领筑新梦”的互融共促目标。

三、品牌定位与内涵

“红”

“红”是中国共产党的颜色，是共产党员精神的符号。“环水红势能”中的“红”主要分为四个层面：

“红”是红色传统，环保水务集团注重大力发扬红色传统，传承红色精神，赓续共产党人的精神血脉。

“红”是红色引领，环保水务集团全面落实党领导企业一切工作，党委前置研究，充分发挥党建引领企业高质量发展。

“红”是红色细胞，环保水务集团注重基层党组织建设，将基层党组织作为企业肌体的红色细胞，突出基层党组织在“三基”建设中的战斗堡垒作用。

“红”是红色旗帜，每个党员都是一面鲜红的旗帜，充分发挥党员的先锋模范作用，在各个岗位建功立业。

“势能”

新时代新征程，公司党委做到因势而谋，攀登国企新高地；造势而起，将势能转化为提升政治引领力和夯实组织凝聚力。

新变革新挑战，各党支部做到应势而动，做强战斗堡垒；运势而行，将势能转化为提升工作覆盖力和加强发展推动力。

新使命新担当，全体党员做到顺势而为，勇当环水先锋；乘势而上，将势能转化为提升团结向心力和构建对标示范力动能。

“红势能”

传承红色精神，凝聚红色力量，筑强红色阵地，依托党员的能量源作用形成党建的能量场，引领企业各项工作高质量发展。

党委党建品牌引领各支部党建品牌建设，构建支部“六个一”品牌创建思路，即一支部一特色、一小组一示范、一党员一带动、一群众一争先、一品牌一模式、一标杆一示范，实现部部有主题、组组有课题、党员有标杆、员工有先进、党建有丰碑、标杆有示范。

四、创建目标

牢固树立党的建设就是全面建设党的政治力、领导力、组织力、生产力、凝聚力的党建工作理念，以“党的领导全覆盖，党建工作全融合、党建质量全过硬”为工作目标，通过党建品牌建设推动“全党党建、全员党建、全面党建”，并通过全力创新将党建工作融入“1162”（即坚持一个核心，树牢一个目标，落实“六个见成效”，聚焦两个关键字）发展总基调，引领环保水务集团党员领导干部和全体员工在“做大做强”中建功立业，以环保水务集团党建工作质量的全面过硬，实现组织进步和绩效提升，以企业高质量发展成果检验党的建设成果和质量。

五、主要做法和措施

环保水务集团党委党建品牌以“实施六工程”为工作主体，以“完备六个化”为主体保障，以“塑造六个力”为循环动力，以“运作五方法”为创新路径，构建全系统、全流程、全方位的品牌党建工作载体，按“1+N”的党建品牌构建总思路，以党的领导全覆盖、党建工作全融合、党建质量全过硬，推进“绿水青山强环保，党旗引领筑新梦”，实现将环保水务集团建设成为迈向区域领先、国内一流的环保水务综合服务商。

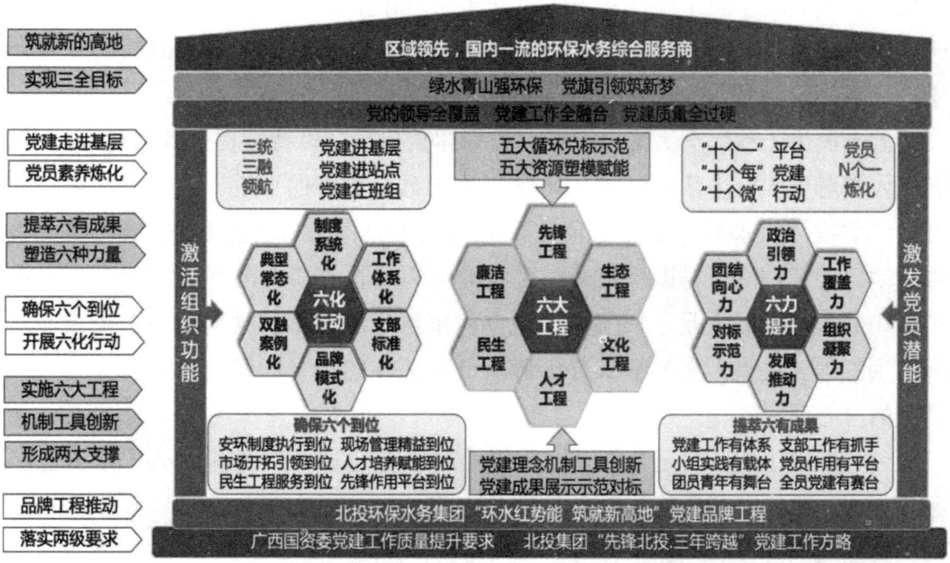

（一）实施六工程

一是先锋工程。立足于基层党组织战斗堡垒作用发挥和党员先锋模范作用发挥，实施先锋工程。通过开展“党课大赛”“党史党建故事大赛”，推进基层党组织标准化规范化建设和品牌党建工作，引导广大党员干部立足于市场开发、项目建设、信息化建设一线，主动担当作为。

二是生态工程。立足于“守护生命之源，打造最美生态”的企业使命，实施生态工程。凝心聚力，汇智创新，党建引领全力推动广西智慧水务和绿色环保产业转型升级。推进环保和水务事业齐头并进，围绕公司全产业链发展战略，加速拓展和储备上游水利供水设施项目、中游供排水和流域治理、环境保护项目，以及下游智慧水务、二次供水、管网建设项目，强化环保水务领域科技创新。

三是人才工程。立足于确立人才引领发展的战略地位，坚持党管人才原则，实施人才工程。推进人才引进向高层次发展，实行“职级与岗位分离、工资与绩效挂钩、薪随岗变”策略，面向公司内部开展普通职工“双向选择”工作，突出能力定岗定薪，打造系统性人才强企工作模式。

四是文化工程。立足于提升企业凝聚力，强化归属感，增强知名度，实施文化工程。以党建总品牌为指引，党建引领文化建设，构建“一形五品十观”（“一形”：企业使命、愿景、核心价值观；“五品”：企业战略、管理、制度、经营、执行力；“十观”：生态观、人才观、团队观、廉洁观、绩效观、品牌观、科技观、市场观、质量观、安全观）的文化理念体系，树立“新、信、勇、德”的企业价值观，形成“区域领先、国内一流的环保水务综合服务商”的企业愿景，打造“绿动环水，和合共生”的企业文化。

五是民生工程。全力推进区域水务一体化建设，以持续提升的水质和服务，满足人们对更美好生活的需求，让改革成果惠及更多的百姓，为建设壮美广西贡献“北投环保水务力量”。同时，积极履行国企担当和社会责任，参与各类公益活动，接续做好乡村振兴工作。结合党史学习教育，大力开展“我为群众办实事”实践活动，立足于切实为群众办实事解难题，落实党组织服务群众，实施民生工程。注重人文关怀，着重解决员工关注的切身问题，进一步关怀一线员工的身心健康。

六是廉洁工程。立足于深化“勤业守廉，克己奉公”的廉洁观，坚持党风廉政工作与生产经营工作同部署同开展，实施廉洁工程。从严从实强举措多形式，聚焦政治建设、工作执行力和作风建设，开展“三查三问”，建立健全廉洁工作机制，落实党风廉政建设主体责任和监督责任，实现廉政建设与中心任务的整体推进、协调发展。

（二）完备六个化

一是党建制度系统化。建立健全各项党建工作制度，以系统化思维推进各项制度的科学制定、高效落实，推进责任落实和问题解决，实现制度保障全面、执行有力。

二是党建工作体系化。以提升党建工作质量为目标，推进党建工作引领作用发挥，将各项党建工作有机融合、科学互促，构建体系化党建工作格局。

三是支部建设标准化。根据北投集团党委相关要求，结合环保水务集团实际情况，推进党支部标准化规范化建设，深化标准化规范化落地“七个一”（即党支部工作一规则、标准化实操一手册、标准化培训一教材、标准化示范一案例、标准化评价一体系、党员教育一阵地、党支部活动一对标）实践。

四是品牌建设模式化。在支部标准化规范化建设全面达标的基础上，全面推进党支部党建品牌建设，突出支部特色，实现一支部一品牌、一品牌一引领，实现党建品牌可复制可传播的模式化。

五是“双融三带”案例化。突出党建工作融中心，支部带党小组，党小组工作融厂站，党小组带党员，党建工作在厂站，党员带群众，以“双融三带”为主题沉淀案例，推进案例集的整理编纂，实现案例可教学可传承。

六是典型选树常态化。加强标杆宣传、典型示范，开展丰富多彩的活动，推进典型选树工作，建立健全各项工作机制，保障典型选树工作常态化运作，领航各项工作的全面发展。

（三）塑造“六个力”

通过“实施六工程、完备六个化”，持续全面塑造“六个力”，即抓政治功能，提升政治引领力；抓制度落实，提升工作覆盖力；抓队伍建设，提升组织凝聚力；抓纪律作风，提升团结向心力；抓融入中心，提升发展推动力；抓典型带动，提升对标示范力。

通过品牌党建工作引领“六个力”塑造与提升，以“六个力”建设推进品牌党建工作质量提升。以政治引领力推进党对企业一切工作统领作用的发挥，以工作覆盖力保障党建优势转化为企业发展的引领动能，以组织凝聚力夯实各项工作的主体保障和人才建设，以团结向心力提升党员干部素养水平建设，以发展推动力引领企业高质量发展，以对标示范力赋能各党组织党建质量全面提升、作用全面发挥。

（四）运作五方法

为持续推进党建品牌落地实践，全面发挥品牌的引领作用，保障各项工作落到实处，环保水务集团从实际出发，坚持系统化思维，创新应用系列党建品牌运作方法。

一是夯实“六个一”。标准化规范化建设是党建品牌建设的基础，环保水务集团党委全力推进夯基固本，打造标准化工作一规则、规范评价一手册、落地实操一手册、培训教学一产品、打样创标一示范、党员教育一阵地，为党建品牌构建与作用发挥奠定坚实基础。

二是落地“五个循环”。围绕品牌建设总体思路和做优六工程，环保水务集团党委引领党建工作理念，丰富党建工作内涵、建立党建工作机制，创新党建工作方法，确保资源平台保障，以“循环创标，循环领航，循环担当，循环评价，循环赋能”的提质原则，“以点带面，以标示范、以模传播”，通过抓典型、树标杆、推经验促进基层组织的全面进步和党建工作质量的全面提升。

三是应用“五大机制”。围绕落实机制保障作用，环保水务集团从自身实际工作现状和所需出发，构建“责任机制、承诺机制、化育机制、赋能机制、兑标机制”，“五大机制”相互支撑、相互融合，在不同工作阶段侧重不同机制的作用担当，为党建品牌建设保驾护航。

四是创新“六大工具”。围绕提升党建品牌建设工作质量，创新党建工作方法，借鉴先进管理方法，环保水务集团创新应用“清单式管理、项目化管理、积分制管理、流程化管理、对标化管理、目视化管理”等管理工具，全面推进党建品牌实践落地提质增效。

五是管控“三查三评”。为保障品牌党建工作高质量推进，及时发现问题、解决问题，环保水务集团建立“三查三评”管控模式，即“党员自查、支部互查、组织专查”“支部自评、支部互评、组织考评”。通过“三查三评”，让党员及时发现自己的问题与不足并持续改善，逐步实现能力过硬、素质过硬、形象过硬。让支部及时找到短板，及时消缺，优势互补，改善管理，实现组织力和领导力的提升。

六、主要成效

（一）创新党建工作新理念，构建大党建工作格局

面对新时代党的建设新要求，环保水务集团党委以党建品牌建设为抓手，

持续推进党建理念创新，着力构建大党建工作格局。

一是作为推动经济社会发展的重要力量，国有企业要在“百年未有之大变局”中充分发挥党建引领作用，做到因势而谋。在此理念指引下，环保水务集团紧密结合党中央对环保水务工作相关指示精神，在自治区国资委和北投集团党委的领导下，为建设成为区域领先、国内一流的环保水务综合服务商而努力奋斗。

二是作为连接企业战略布局与基层落地执行关键环节的部室要在“做强做大国有企业、推进国有企业改革”中做到应势而动。在此理念指引下，环保水务集团党委以党建品牌建设为引领，以本部党支部党建品牌建设为抓手，创新部室工作方法，提升部室工作质量，为各项工作提质增效赋能。

三是作为企业战略最终落脚点、企业生产管理最小单位、企业肌体最小功能细胞的班组，要在“推进全面从严治党向基层延伸”中乘势而上。在此理念指引下，环保水务集团党委引领各支部党建品牌建设，形成了“一支部一特色”的子品牌模式，以“党建班建一体化”工作理念，全面推进基层工作质量全过硬。

通过创新党建工作理念，构建形成了具有党建工作普遍规律又深深根植于自身特色的大党建格局，依托党的建设夯实各项工作及基层各项管理，实现了党建与企业文化、安全生产、日常经营、班组建设、提质增效、创新创效的有机结合，与“利润、安全、环保、创新”的要求紧密融合。

（二）实践党建工作新方法，保障党员作用全面发挥

通过党建品牌的持续建设，实现了公司党建有体系、支部有抓手、小组有平台、党员有赛台、团员有讲台、全员有舞台。

通过党建工作品牌建设，激活组织功能，激发党员潜能，实现组织力崛起和党员“五过硬”，打造党建品牌的导向功能、育人功能、凝聚功能、传播功能、行动功能、规范功能、创新功能、振兴功能。实现了党建工作与生产经营中心工作的“三统三融”关系，完善了党建工作实践的“三减三提”成效。

“三统”，即统筹企业内一切工作、一切力量、一切资源，统一思想方法、工作宗旨、工作模式于共同的发展目标，统合企业管理和发展过程中存在的各种矛盾，避免内耗与内卷，提升各项工作效率。

“三融”，即党建工作与中心工作相融合，各项工作与党的领导作用相融合，工作方法与党的智慧相融汇，党建实效化实现八大功能。

“三减”，即程序上减繁，思想上减压，工作上减负。

“三提”，即党建工作创新提质，党建引领作用提效，关键人员培养提速。

（三）探索党建工作新模式，构建环水特色党建品牌

在党建品牌持续探索的过程中，环保水务集团党委注重方法总结、模式提萃、经验沉淀，形成了党建品牌四类支撑，构建了环保水务特色的党建工作模式。

一是品牌模式类。环保水务集团党委党建品牌模式，以《环保水务集团党建品牌模式手册》为主体，全面引领，主题引导。

二是品牌案例类。环保水务集团基层党组织党建品牌模式，以直属企业防城港环保水务公司党委、防城港环保水务公司营管中心党支部、北海环保水务公司党支部、东兴环保水务公司党支部、环保水务集团本部党支部等基层党组织党建品牌模式手册为主体，紧扣主题，特色鲜明。

三是经典方法类。环保水务集团基层党支部着力党建方式创新，积极与本部部室开展共建，形成了《党支部标准化建设“七有”》经验案例、《主题党日“7+X”，模式创新出势能》经典模式，注重实效实操，实现“可借鉴、可复制、可传播”。

四是特色党建类。环保水务集团党委党建品牌系列实践征集活动，以各基层党组织党建工作实践中的创新工作方法、党建工作案例、党建故事等为主体，精心提炼，精准点评，集结印制《百佳案例集》《百佳故事集》《百佳人物集》，鲜活展现基层党组织战斗堡垒作用和党员先锋模范作用的发挥，充分展现党建引领企业高质量发展的成效。

（四）实现“六个方面”见成效，引领企业高质量发展

环保水务集团坚持“围绕生产抓党建，抓好党建促发展”的理念，按照公司年初制定的“1162”发展总基调，以“大”字做文章，充分发挥党组织的战斗堡垒作用和党员的先锋模范作用，实现了经营规模、生产效益、业务拓展、标准化信息化建设、全产业链打造、团队建设等“六个方面”见成效。

一是做大公司，经营规模见成效。环保水务集团围绕成为北投集团第二大板块的目标，推进水务板块的资产、股权整合。成立了泽川公司、泽洋公司、青秀环水公司等一批直属企业和筹备组，不断拓展公司环保水务领域的广度和深度。目前公司资产总额 121. 38 亿元。控股分子公司从 2019 年底的 13 家增长至 24 家，员工增加至 1500 多人，实现了经营规模扩大的目标。

二是高质高效，生产效益见成效。在公司领导班子的带领和广大党员干部

的共同努力下，公司重组改革当年即扭转了长期亏损局面并实现盈利。2020年实现营业收入8.82亿元，利润总额2189万元。近三年来，公司在环北部湾区域的原水供应、自来水供应和污水处理市场占有率分别达到61.51%、49.33%、26.01%，形成了比较完整的水务环保产业链。原水供应量、自来水供应量和污水处理量复合增长率分别达到15.99%、9.51%和18.28%，环保板块也实现了一定的人才和技术储备。

三是质速齐抓，业务拓展见成效。以投发部门党员骨干为主力组成的“市场开拓先锋队”全面出击，大力推进企业市场化转型，重点跟踪区域水务一体化、流域治理、二次供水等环保水务项目，覆盖南宁、桂林、北海、玉林等市县。近三年来，公司总共完成投资39.36亿元，中标项目共26个，新签合同金额69.5亿元，在广西实现9个区域的业务拓展。

四是自上而下，标准化、信息化建设见成效。逐步投资8000万元全覆盖推进环保水务板块的信息化项目建设，目前已完成人力资源管理系统、OA等系统的建设，基本实现财务一体化，其余17个信息化系统正在稳步推进。荣获中国ISO“三标一体”质量认证，制定《公共建筑与小区管道直饮山泉水系统建设和运行管理指南》等多项标准，为行业首例；《污水处理企业环境保护标准化管理技术指南》等3项团体标准获广西标准化协会批准立项，环保水务板块获得国家专利（软件著作）143项。在生产关键领域，与清华大学、同济大学等区知名高校、科研院所建立了良好的产学研合作关系，搭建科研平台。

五是全面发展，全产业链打造见成效。积极跟进落实并购具有设计、工程资质的单位，推进上市企业并购工作，完善投资、设计、建造、运营、技术研发与生产销售于一体的环保水务领域全产业链。充分发挥现有的优势资源，大力打造集科技研发、科技人才培育、科技合作交流的创新平台，打造自有核心技术，培育自有品牌，全力推进二次供水业务落地实施，形成公司稳步发展的新增长极。强化环保水务领域科技创新，努力升级施工资质，并积极承接工程业务。

六是凝心聚力，团队建设见成效。持续推广应用“事业部+矩阵”的组织结构模式，高质高效把控公司业务。基本组织、基本队伍、基本活动、基本制度、基本保障得到全面加强，公司党的基层组织建设实现“高位提升”。在“环水红势能”的引领下，统筹各方资源力量，强化服务保障，各项工作高质高效推进，真正做到了事事有人管，在其位谋其职，形成了强大的团队合力。2020年以来，招聘高学历名校毕业生99名，引进各类专业人才131人，40人持有一级建造师职业资格证，提升了公司整体团队的素质和水平。

通过党建品牌实践的持续深化，实现了工作“四精”、模式“五可”。即党的建设推进精准，业务工作开展精确，行动执行精益敏捷，工作实践精易高效，党建工作模式可敬、可学、可复制、可借鉴、可传播。

七、经验启示

（一）党建品牌设计要坚持系统思维

党建品牌策划设计既要加强顶层思考又要坚持重点突破，既要抓好当前所需又要谋好长远，强化资源整合，强化作用引领，强化创标建模，要向重点领域聚焦用力，以点带面推动整体水平提升，构建大党建工作格局。

（二）党建品牌落地要坚持结合实际

国有企业党建品牌建设要立足于国有企业实际，坚持新发展理念，聚焦于创新创效和提质增效，要以党建工作与生产经营中心工作深度融合为根本目的，将党建引领企业高质量发展的成效作为检验党建品牌质量的重要指标。

（三）党建品牌实践要坚持动态发展

党建品牌建设实践要坚持以发展的眼光看问题，坚持以联系的观点做设计，在实践过程中要做到动态优化，做到持续创新、持续检验、持续优化、持续提质。

（四）党建品牌提萃要坚持赋能理念

党建品牌建设不能为品牌而品牌，而是要深深扎根于实际工作，坚持普遍规律与特殊规律相结合的思路，通过党建品牌建设，既解决自身问题，提升自身水平，又能够做到示范最大化、引领最大化，提萃构建既有自身特色又具可复制、可传播、可推广的工作模式。

（广西北投环保水务集团有限公司党委）

作用发挥“十个一”，中心融合做创新

——广西北投环保水务集团有限公司党员先锋模范作用发挥创新实践模式

一、实施背景

国有企业是中国特色社会主义的重要物质基础和政治基础，是党执政兴国的重要支柱和依靠力量。坚持党的领导、加强党的建设是国有企业的“根”和“魂”。习近平总书记指出，要探索规范组织设置和运行方式，充分发挥基层党组织战斗堡垒作用和广大党员先锋模范作用。国有企业的党员，就先锋模范作用的发挥而言，一方面要立足于作用发挥的普遍规律，克己奉公、多做贡献、示范引领、树标带动，成为一面鲜红的旗帜；另一方面要着眼于国有企业党员岗位和工作的特殊规律，创先争优、攻坚克难，争当生产经营的能手、创新创业的模范、提高效益的标兵、服务群众的先锋。

二、问题导向

正如习近平总书记所强调，一些国有企业，党的领导融入公司治理在总部一级做得比较好，再往下延伸则存在层层递减问题。党员依旧存在思想僵化、责任淡化、激情减化、合力分化、工作虚化、执行弱化、能力退化、知识老化等问题，党建工作突出表现为“五不干”，即不去干、不想干、不愿干、不会干、不善干。

究其原因，就党员自身层面而言，党员普遍存在不知道我是谁、不知道为了谁、不知道干什么、不知道怎么干；就组织层面而言，主要是因为思想教育不到位、学习引领不到位、责任平台有缺失、党务培养跟不上等。

针对于此，党员要提高认知，主动担当，充分调动主观能动性。党支部要担负好直接教育党员、管理党员、监督党员的职责，把党员赶出“舒适区”，做到：强教育，让党员每天进步一点；强责任，让党员有更多的担当；强示范，给党员找到学习榜样；强赋能，让党员有担当的能力；强作用，给党员搭建作用平台；强积分，给党员最有效的激励。

三、主要做法

广西北投环保水务集团有限公司（以下简称“环保水务集团”）党委以问题为导向，坚持实事求是的精神，在党建工作和生产经营中心工作中，深入探索实践党员先锋模范作用发挥的理念、方法、路径。搭建平台系统，为党员先锋模范作用的发挥提供组织支撑；建立机制体系，为党员先锋模范作用的发挥提供制度保障；创新工作方法，为党员先锋模范作用的发挥提供系统动力。

（一）搭建平台系统，为党员先锋模范作用的发挥提供组织支撑

环保水务集团党委立足实际做引领，根据公司生产经营中心工作实际情况和党员实际素养水平，着力搭建四大平台，为党员先锋模范作用的发挥提供坚实的组织支撑。

一是主题党日轮值平台。作为党内政治生活的一项重要的基础制度，主题党日是落实全面从严管党治党、强化党员党性修养的有效抓手。作为发源于实践、植根于基层的一项基本的活动载体，主题党日是党支部组织生活中最灵活的方式。轮值是现代管理理念中实现全员参与的具体方式，是实现换位思考、激发个体潜能、促进团队成长、实现责任共担和价值共创最有效的方式。环保水务集团充分应用主题党日平台，结合轮值理念，创新工作方法，使支部内每名党员都能够策划党日内容、主持党日活动，在推进组织形式创新、增强党员归属感的同时，为先锋模范作用的发挥提供灵活的平台支撑。

二是案例反思教育讲台。案例是将发生在身边、看似微不足道的一件件小事，说出来或写出来与大家共享的事例。案例来源于实践，又服务于实践，是现代管理理念中较为实用的管理方法。环保水务集团党委利用案例管理法，将其应用到日常党建工作中，推进党建工作与生产经营中心工作相融合。通过党员发现案例、整理案例、分享案例、反思问题案例的启示，实事求是寻找解决办法，结合批评与自我批评，通过搭建讲台，将案例的全流程传达给大家，为党员先锋模范作用的发挥提供坚实的反思教育平台。

三是对标示范带动舞台。环保水务集团党委突出党员先锋模范作用发挥的宣传作用和导向作用，为示范引领搭建对标舞台。通过开展形式多样的宣传活

动，传播党员先进事迹、宣传党员先进工作方法，加强标杆引领，加强示范带动，在营造良好的场域氛围的同时，提升党员的荣誉感和归属感，为先锋模范作用的发挥提供持续力量。

四是讲好党建故事赛台。环保水务集团党委结合党史学习教育，在公司范围内开展“党史党建故事大赛”，围绕讲好环保水务故事搭建赛台，让党员先锋模范作用的发挥看得到、听得到、感触得到。故事是深化思想、改变认知的一种特殊形式。党史中的革命故事、身边党员的平凡故事带给我们的不仅仅是一件朴素的事例，更多的是价值的反思和环境的孕育，是自驱动、自涌现能量的呈现，是秉承初心使命、传承红色基因的载体，是经典创造的分享、攻坚人物的呈现、楷模人物精神的传承。长久以来，故事的讲述者都是组织和专家，环保水务集团创新理念，开展“党史党建故事大赛”，引领党员讲自己的故事、群众讲身边的故事，彰显精神、创造、价值、势能。通过讲好党史党建故事，推进传承红色精神、积聚红色势能、凝聚红色力量，让故事中的党员感受荣誉，让讲故事的党员感知触动，促进先锋模范作用的持续发挥。

（二）建立机制体系，为党员先锋模范作用的发挥提供制度保障

环保水务集团党委在平台支撑的基础上，建立健全党建工作机制体系，促进党支部围绕党建工作与中心工作融合，着力推进党员立足岗位发挥先锋模范作用，聚力登高，促进支部工作全面进步，促进党员素质全面过硬。

一是建好四大机制。“四大机制”是党建工作机制体系的基础，包括党员承诺机制、业绩兑标机制、组织赋能机制、文化化育机制。党员承诺机制是以仪式化的形式加强党员对岗位工作、作用发挥的亮身份、践承诺，使党员明确身份，主动担当，加强使命感和责任感。业绩兑标机制是立足于党员在生产经营中心工作中的作用的发挥，相较于对标，兑标是育标创标的过程，通过党员相互之间的展示与影响，立足岗位创业绩，实现共同创标、共同进步。组织赋能机制是应用赋能原理，充分发挥党组织直接教育党员、管理党员、监督党员的职责作用，引领并推进党员先锋模范作用发挥。文化化育机制充分发挥党建工作与企业文化的融合作用，依托企业文化的落地，营造了良好的党建工作场域和作用发挥氛围。

二是用好四大工具。“四大工具”是党建工作机制体系的应用，包括清单管理工具、项目化管理工具、炼化积分工具、目视化管理工具。通过清单管理，明确角色职责和工作内容；通过项目化管理，做好党建项目化工作的全过程管理与监督；通过炼化积分，以积分的形式，调动党员的主观能动性，形成“比

学赶帮超”的良好氛围；通过目视化管理，明晰工作进程，加强过程管理，展示作用发挥成效。“四大工具”相互融合，共同推进党员先锋模范作用的发挥。

三是做好示范引领。“示范引领”是党建工作机制体系的目标，涵盖对标理念和“三带两示范”应用。通过开展对标课、对标赛、对标会等不同层次不同形式的对标活动，落实选标、育标、达标、兑标、创标、对标全过程应用，以标杆管理技能为实现手段，将党员先锋模范作用的发挥落到实处，并推进复制与宣传，形成规模效应，助推示范带动。同时，支部推行“三带两示范”，“三带”是党支部带党小组、党小组带党员、党员带群众，“两示范”是建设示范党支部、示范党员。以“三带两示范”构建党建示范体系，一级带着一级干，一级做给一级看，推进党员亮身份、亮承诺、亮绩效，做成就、做标杆、做示范，比业绩、比形象、比奉献，实现创新、创标、创效的同时，全力发挥党员的先锋模范作用。

（三）创新工作方法，为党员先锋模范作用的发挥提供系统动力

环保水务集团党委在搭建平台系统，建立机制体系的基础上，结合实际创新工作理念，实践形成了“党员十个一”作用发挥方法。如，以试点形式开展的直属企业北海公司党支部的“党员十个一”和本部部室的“党员十个一”已经取得了较好的成效。

北海公司党支部根据水厂、污水厂岗位特点和党员实际，定位“党员十个一”导向，党小组引领党员创新落地，以党员能力、岗位特点和党员实际，以党员三个必做项，一个“X”递增自选项，实现党员“十个一”。“十个一”具体定位为：

立足党员自身：反思岗位一问题、做好岗位一改善、查找岗位一隐患；

立足班组管理：总结岗位一技巧、提萃岗位一案例、分享岗位一小课；

担当党建责任：参与班组一项目、赋能班组一员工、关爱员工一行动、讲好党建一故事。

如其中的“做好岗位一改善”，是把党建工作与企业中心工作相契合，让党员站位企业、立足岗位在重点工作突破、难点工作解决、项目攻关上发挥带头冲锋作用。

“分享岗位一小课”是发动全体党员，结合装置生产的日常工作，每人编写一个班组小课，内容可以是安全生产、优化操作、节能降耗、达标排放，可以是经验分享、新知识传授，也可以是班组管理等。通过人人讲小课，达到党员作用发挥的目的。

环保水务集团本部党支部根据公司部室管理特点和党员实际，立足党员素养、岗位特点和实际工作，以党员四个必做项，一个“X”递增自选项，逐步实现“十个一”。“十个一”具体定位为：

立足党员业务：做好业务一改善、开展业务一创新、解决基层一问题；

立足部室管理：提出管理一建议、提萃管理一案例、赋能成长一小课；

担当党建责任：参与党建一项目、服务基层一行动、亮点宣传一通讯、讲好党建一故事。

如其中的“开展业务一创新”，是党支部要围绕企业中心工作着力发挥宣传工作的辐射功能和传播效应，促使党员开展党建实践创新，主动去寻找亮点、去创造亮点并总结提炼，让经验方法等得以传播，变成生产力。管理创新的总结提炼、技术创新的成果推广、人才培养的机制方法、党建实践的机制经验、基层治理的体系模式。

四、阶段成效

通过“党员十个一”持续推进，让党员工作有抓手、作用发挥有着力点，实现了党员先锋模范作用的发挥落到实处，增强了党员的责任感、归属感、荣誉感，使每名党员都成为一面鲜红的旗帜，每个支部都成为党旗高高飘扬的战斗堡垒，全面推进党建工作与生产经营中心工作的深度融合。

作者：袁　震

党组织标准化，“七个一”来落地

——广西北投环保水务集团有限公司党支部标准化建设“七个一”落地实践模式

一、实践背景

党支部是党的基础组织，是党组织开展工作的基本单元。习近平总书记多次强调，要把全面从严治党落实到每个支部、每个党员，推动全党形成大抓基层、大抓支部的良好态势。《中国共产党支部工作条例（试行）》明确要求，把党支部建设放在更加突出的位置，加强党支部标准化、规范化建设，不断提高党支部建设质量。广西北部湾投资集团有限公司（以下简称“北投集团”）党委印发的《“先锋北投·三年跨越”党建工作计划（2019—2021年）》强调，突出政治功能，抓好标准化建设和党建品牌创建，加强基本组织、基本队伍、基本制度建设，把基层党组织建设成为团结群众的核心、教育党员的学校、攻坚克难的堡垒。

广西北投环保水务集团有限公司（以下简称“环保水务集团”）党委紧密结合自治区国资委党委、北投集团党委等上级党组织关于党支部标准化建设相关要求，立足于国有企业基层党组织建设特点，立足于自身生产经营实际情况和现阶段党建工作重点，聚力于党支部标准化全面达标、党建工作质量持续提质，创新运作理念，探索工作路径，深入实践党支部标准化建设工作，取得了一定的成效。

二、实践理念

环保水务集团党委抓实“三个基本”，立足“三个目标”，全面推进党支部标准化建设实践，提升基层党组织建设水平。

抓实“三个基本”。抓实基本组织，拓宽基层党组织的组织覆盖和工作覆盖。抓实基本队伍，加强队伍建设，将人才培养与党员作用发挥相结合，做到发现人才、培养人才、宣传人才。抓实基本制度，加强制度建设，建立健全各项制度，将制度建设贯穿于各项工作之中，激发组织活力、激发党员潜力。

立足“三个目标”。全面推进党支部标准化建设工作，为提升党建工作质量夯实组织支撑、为推进品牌党建工作奠定组织基础、为实现党建工作与生产经营中心工作深度融合提供组织动力。

三、主要做法

环保水务集团党委统领党支部标准化建设工作，科学分解标准化建设项目，综合衡量每个党支部特点，予以分配实践任务。各党支部以党建融入中心工作为原则，以形成可复制、可借鉴、可应用的党支部标准化工作模式为目的，深入实践，持续推进，创标建模。党委搭平台、做融合，推进支部之间对标学习、示范带动，实现循环赋能、共同提升。

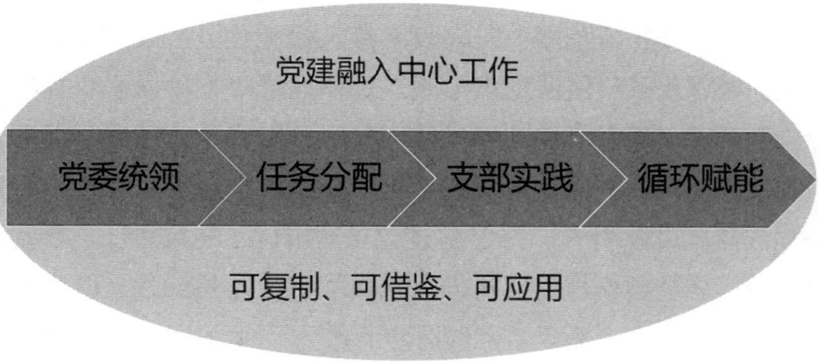

图一　环保水务集团党委统领党支部标准化建设实践运作流程图

在环保水务集团党委的统领下，各党支部基于实际深入实践，创新形成了国有企业党支部标准化建设“七个一”，即党支部工作一规则、标准化实操一手册、标准化培训一教材、标准化示范一案例、标准化评价一体系、党员教育一阵地、党支部活动一对标。

党支部工作一规则。为进一步规范基层党支部工作，更好地发挥党支部战斗堡垒作用和党员先锋模范作用，增强党支部的凝聚力、战斗力、创造力，环保水务集团按照党中央有关指示精神，依照《中国共产党章程》《中国共产党支部工作条例（试行）》《中国共产党国有企业基层组织工作条例（试行）》等相关规定，紧密结合北投集团关于基层党组织标准化规范化建设相关要求，将党支部标准化规范化建设予以规则化引领、制度化保障，制定了《北投环保水务集团党支部工作规则》。《北投环保水务集团党支部工作规则》包括顶层设计、党支部设置、党支部工作任务与职责、发展党员、党支部参与管理的内容和形式、党支部工作原则和工作方法、党支部工作制度、党小组建设、党费收缴、党员活动经费使用管理等方面，在相关要求的基础上予以明确化、制度化、规范化。

标准化实操—手册。为切实推进标准化规范化建设工作落地实践，使标准化建设工作落地有操作、操作能高效，环保水务集团严格按照标准化工作相关要求，紧密结合《北投集团基层党组织标准化规范化建设工作手册》，紧密结合公司党的建设工作和党支部建设工作实际情况，制定了《环保水务集团党支部标准化规范化工作实操手册》。《环保水务集团党支部标准化规范化工作实操手册》将工作任务清单化，工作内容模块化，工作步骤流程化，标准要求条理化，实现标准化内容的可实践、可操作，实现党支部标准化规范化建设的规划科学、执行高效。

标准化培训—教材。为提升标准化建设工作的落地质量，提高党员群众的重视程度，拓宽标准执行范围，实现人人参与标准化、人人建设标准化、人人增效标准化。环保水务集团从组织形式、工作内容等方面入手将标准化建设工作予以分门别类，以培训小课的形式将其进行总结提炼，形成了标准化培训系列教材。教材以培训课件为主要呈现形式，依据教学课程设计原理，每门小课均包括课程破冰、主题引入、内容阐述、互动研讨、成效验证、行动计划、注意事项等部分，融合理论性与实操性、兼具知识性与趣味性，既实现了标准化建设工作的全面落实、全面提质，也提升了党员干部的表达能力和组织能力。

标准化示范—案例。为更加深入地提升标准化建设实操效率和质量，为各党支部标准化建设工作示范打样，在环保水务集团党委综合协调下，各党支部针对不同的组织生活进行深入实践，形成“三会”标准化、党课标准化、主题党日标准化、组织生活会标准化、民主评议党员标准化等五个组织生活的实操案例。案例以具体党支部的实际执行为蓝本，涵盖工作要求、工作流程、注意事项、工作内容等方面，包括所需的材料范本、执行范例、行动范式等“三范”内容。以支部之间的循环示范、循环赋能，形成实践合力，进而提升公司整体标准化落实质量。

标准化评价—体系。为保障党支部标准化工作高效执行、长效落实，加强标准化工作的评优激励，及时发现工作过程中存在的问题，做好全流程的领导、管控与保障，全面发挥标准化规范化建设的基础性作用，夯实各项党建工作基础。环保水务集团党委从党建工作实际情况出发，制定了《环保水务集团党支部标准化规范化评价体系》。《环保水务集团党支部标准化规范化评价体系》以清单化积分式的形式予以呈现，分为组织设置、班子建设、队伍建设、组织生活、活动载体、工作机制、阵地建设、保障措施等项目，涵盖标准化建设的基本内容、标准要求、评分标准等，构建了完善的标准化评价体系，既严格贯彻北投集团相关要求，又紧密结合公司党支部标准化建设工作现状。

党员教育一阵地。为提升党支部标准化建设的工作力度，最大化加强成效转化，提升党员参与标准化规范化建设工作的积极性和归属感，根据北投集团“六有”党员活动室建设的要求，融合“新时代文明实践所”建设，全面打造有场所、有设施、有标志、有党旗、有书报、有制度的党员教育阵地，实现标准化建设工作的可视化、平台化，实现标准化建设成果的有效转化、高效应用，为党员教育营造良好的场域氛围。

党支部活动一对标。为加强支部之间的交流，实现标准化规范化建设工作的相互学习、相互借鉴、相互赋能，环保水务集团搭平台建展台，以对标会的形式促进党支部标准化建设工作的展示、交流，一方面提升党员干部的宣讲能力和表达能力，另一方面通过支部间的交流与赋能，营造良好的党建氛围，为党建品牌建设工作的全面开展、全面提升、全面深化夯基造势。

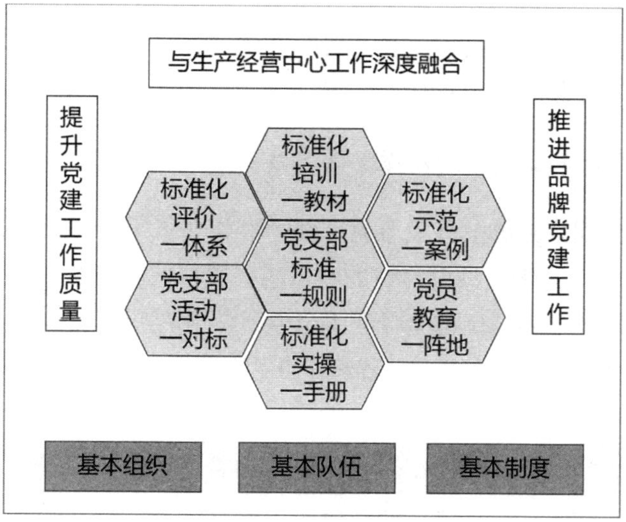

图二　环保水务集团党支部标准化建设落地“七个一”实践

环保水务集团党支部标准化建设落地“七个一”实践之间是有机融合、相互促进、相互支撑的，其中，党支部工作一规则是支撑引领，标准化实操一手册是落地工具，标准化培训一教材是推进基础，标准化示范一案例是提升抓手，标准化评价一体系是工作保障，党员教育一阵地是推广载体，党支部活动一对标是交流平台。七者之间有机相融、科学互促，共同形成了国有企业党支部标准化建设的系统性工程。

四、主要成效

（一）实现支部标准化建设全面达标

通过“七个一”实践的全面开展，环保水务集团推进各党支部间的相互学习、党建共建、循环领航、循环赋能。以基层组织的汇智聚力，共同推进公司标准化建设工作质量，实现标准化建设全面达标，并且在运作过程中借鉴先进的组织管理经验，以组织赋能为理念，以党支部标准化建设为抓手，持续加强基层党组织对党员的教育、管理和监督，实现党的组织和工作全覆盖。

（二）为品牌党建工作奠定扎实基础

品牌党建工作是党建工作融入中心工作的重要抓手，是展示企业党建工作特色和成效的重要载体，是加强基层党组织战斗堡垒作用和党员先锋模范作用发挥的重要平台。环保水务集团通过持续深化党支部标准化建设工作，为品牌党建工作持续高效地开展提供了扎实的基本组织、基本队伍和基本制度，夯实了后续各项党建工作开展的基石。

（三）为支部和党员作用发挥提供动力

环保水务集团以党员全员参与党支部标准化建设工作为契机，全面激发党员的主观能动性，深化党员对组织的归属感、责任感、荣誉感。同时，提升党员基本能力和基本素养，推进党员联系群众、服务群众、引领群众，为基层党组织战斗堡垒作用的发挥和党员先锋模范作用的发挥提供源源不断的动力。

五、实践启示

党的十八大以来，党支部标准化规范化建设成为了国有企业基层党建工作的重要内容。《中国共产党国有企业基层组织工作条例（试行）》强调，要推进党支部标准化建设，抓好软弱涣散基层党组织整顿提升。实践证明，标准化建设对提升国企党建质量、推进国企高质量发展起着重要的动力作用。但是，在很长一段时间内，国有企业在推进本项工作方面，存在着融入中心不深、机制建设不全、制度落实不严、保障措施不牢、创新意识不强、实践探索不实等问题。环保水务集团从实际情况出发，创新工作方法，探索工作机制，落地“七个一”实践，就国有企业党支部标准化建设得出如下启示。

一是要坚持系统思维。所谓系统思维，就是不能将党支部标准化工作孤立起来，不能为标准化而标准化，这样容易出现“两张皮”现象，而是要用发展和联系的眼光看问题。一方面是要加强标准化内部各项工作的相互联系、相互支撑；另一方面是要加强标准化与企业其他各项工作的相互联系，将标准化工作定位为党建品牌建设、党建与生产经营深度融合的基础性工作，集中发力、统合综效。

二是党委要全程引领。充分发挥党委的领导作用，提高公司领导的重视程度。建立健全相应的统领机制和保障机制，党委做引领，加强过程管控与监督，领导做赋能，加强工作表彰与激励。

三是支部要全员建设。坚持“全员党建、全面党建”的思路，支部全体党员参与到标准化建设中，明确任务、明确责任，循环担当、循环领航，在参与过程中充分发挥党员先锋模范作用，充分引领群众，实现党支部标准化建设激励党员作用发挥，党员作用发挥推进党支部标准化建设。

作者：龙红霞　王　媛

党群“强”职能 引带“红”势能

——广西北投环保水务集团有限公司党群工作部党建创新实践品牌案例

一、案例名称

党群“强”职能，引带“红”势能

二、实施背景

党群部门自身建设是国有企业党群工作质量提升至关重要的一环，更是提升党务干部素质能力的关键所在。党务干部党群工作的新思维新方法，党务干部党群工作的综合能力、服务赋能意识等均是目前制约党群工作质量提升的关键所在。

党群工作部是广西北投环保水务集团有限公司（以下简称“环保水务集团”）党建工作责任落实的实施部门，更是“环水红势能”党建品牌工程的推进部门，担当着集团党委品牌模式创新落地的责任，担负着联系协同各方的责任，是集团党委与基层党委、党支部的纽带，履行好党建责任，做好引导基层、带动基层、赋能基层必须加强自身建设，只有不断提升党务能力，加强素质修炼，才能确保环保水务集团党建各项工作落地，达成品牌工程建设的奋斗目标。

三、创建目标

党群工作部贯彻落实环保水务集团“环水红势能”党建品牌工程，以“建模范部室”排头兵，“六见成效”做先锋，确立党群工作部“塑型建模”创品牌三大目标：

一是强化部室自身建设，强化党建精准赋能，强化党务干部建设。

二是践行“三统三融”，实践“三减三提”，积极推进党建工作与部室建设融合，部室职能履行与赋能基层融合，党务能力提升与党员作用融合。

三是树立新时代党建工作新思维，着力打造新征程中党群工作新机制，培育新目标中党群工作新使命，塑造新时代环保水务集团党群部门工作品牌。

四、实践内涵

部室是企业生产经营管理的组织单元，是企业管理的基本细胞，承担着“战略落地、上令下达、承上启下、左右协同、赋能树标”的管理职能。党群工作部人员全部是共产党员，更需要多奉献、多担责，围绕党建实践与创新主动去融合、去服务、去赋能，以党员先锋作用的发挥促进部室职能履行、促进基层党建提质、促进党群人才培养，以党群工作的高质量发展促进各项党建工作的提质、提效、提速。

五、主要做法

（一）积极探索，确立“三大课题”

面对新时代对国有企业提出的党建课题，面对“先锋北投·三年跨越”和“环水红势能”党建品牌工程，党群工作部深度思考，针对党组织建设、群团工作、党建创新自我加压提出三大课题。

如何发挥部室的整体合力，强党建、带工建、促团建、共精进，内嵌“六见成效”着力塑造“党群工作创新模式”？

如何带动部室全体党员立足岗位做业绩、做标杆、做示范，引领党员主动提升岗位能力、主动拓展业务范围、主动协同提升管理、主动赋能服务基层？

如何引领基层党委提升领导力、带动基层党支部提升组织力、全面消除“就党建而党建”的传统思维，以党建工作的全融合服务好中心工作？

（二）三个引导，精益两项建设

围绕党群工作质量提升、党建创新的“三大课题”，党群工作部多方位引导部室人员提升党务综合能力，引导基层党委、党支部全面加强党群工作，提升党建工作质量。

一是引导思想，强部室建设。树立党的建设就是全面建设党的政治力、领导力、组织力、战斗力、凝聚力的党建理念，统一目标，合力推进党建品牌工程，助力“先锋北投·三年跨越”；统一标准，强化指导与督导，确保党支部标准化建设全面达标；统一行动，引领全员把履行好部室职能的责任担在肩上，落实在行动上，岗位间主动协同、能力上主动赋能、部室工作主动补位。

二是引导能力，强岗位建设。党群工作部涵盖业务种类繁多，工作人员少工作量大，同时还存在着党务经验缺乏、党务能力单一、服务意识不强等问题。党群工作部以“精干业务一幅图”引导全员清晰部室所有业务，掌握岗位明细分工，以“业务独立、重点协同、岗位互补”引领全体党员行动提升自身岗位能力，拓展党务综合能力和岗位互补赋能能力。

三是引导服务，强赋能基层。党群工作部牢记党委要求：党群工作不仅仅是完成规定动作、不仅仅是开会学习、不仅仅是活动表彰，更不是下下文件报报材料，而是要实打实抓党建、促管理、提安全。党群工作部利用部门会议和主题党日等引导全员树立服务意识、提升专业水平、增强赋能本领，将“党建考核变为赋能标准化建设，指导规范化落地”的课堂；将“文化考核变为理念宣贯方法，促进 VI 规范使用”的讲堂；将“党建活动变为带动工团工作创新，推进品牌建设”的赛台，全员实现“让我服务为主动服务，让我赋能到主动赋能”的转变，促进了基层党群工作的质量提升。

（三）三个带动，精创三类品牌

一是精准赋能，能力上带动。2021 年，公司党委定位，党群工作部精心筹备，围绕党务人员素质能力提升，开展了培训赋能。4 月至 5 月份，举办了两期为期四天的《党务干部素质能力修炼培训班》，赋予党务干部《组织生活标准化系列课程》《怎样当好一名基层党支部书记》《支部委员如何履行好“一岗双责”系列课程》，提升了党务干部的角色认知、思维方法和标准化落地的实操方法，推进了党支部标准化建设的全面达标工作。

二是精准问题，方法上带动。环保水务集团党委引领党群工作部认真梳理基层党委“把方向、管大局、保落实”以及领导力方面存在的问题，以《国有企业党建新时代、新使命、新征程》的专项培训和大型国有企业党建品牌最佳实践案例，引导和赋能基层党组织书记、委员如何提升领导力，如何以党建工作的高质量促进公司各项管理的高效率之法。党群工作部认真调研，梳理出基层党支部在组织力建设、党支部标准化建设、品牌建设方面存在的问题，认真查摆党建工作融入中心的意识不强、方法欠缺的问题，举办了《党务干部素质能力修炼提升》专项培训，以《主题党日，我们该怎样开展?》《小清单，大管理》《小项目，大融合》《小积分，大作用》等党建新机制工具，解决了基层党支部融入中心路径不明、方法欠缺，党员作用平台少，党建创新落地难的问题。

三是精准领航，品牌上带动。2021 年 5 月，一堂《北投党建品牌建设理念与模式导航》让大家茅塞顿开，以品牌建设促融入中心、以品牌实践促管理提速、以品牌塑模促质量过硬。同时，党群工作部突出经验总结、突出总方法提萃、突出塑型建模，打造了直属企业防城港环保水务公司党委党建工作品牌，本部、东兴、北海和防城港营管等四个党支部工作品牌，以及"主题党日 7+X"模式、党支部标准化建设等三类品牌。

（四）多维设计，"引带赋"奋进

围绕"三课题"，加强"三引导"，强化"三带动"，党群工作部以"引带赋"为主体要素促进全员实践，开展两项建设"十个一"推动党群"优"自身，促进全员增意识、增才干，育出党群工作红势能。

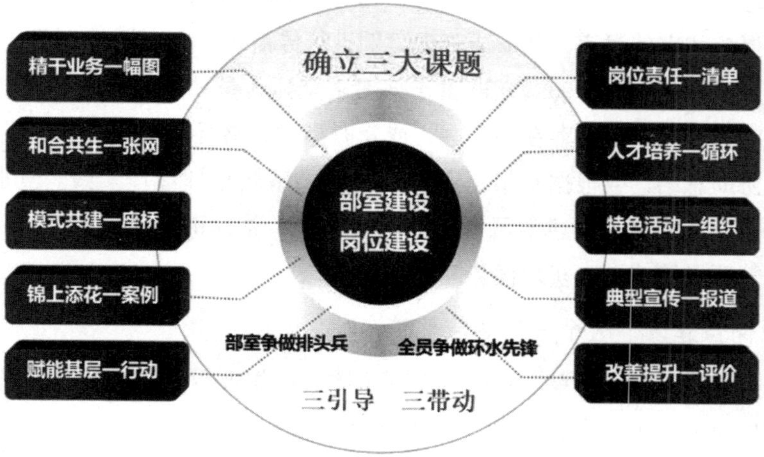

图一 环保水务集团党群工作职能建设实践模式

1. 部室建设"五个一"创新实践

一是精干业务一幅图。全面梳理党群工作部承担的业务，编制党群业务谱系图，让部室员工清晰知道部室负责哪些业务，承担哪些责任，主体业务分工等，引领全员认知自己角色、担当业务的同时，找准自己下一步业务拓展的方向、成长的目标以及主动协同、主动补位。

二是和合共生一张网。着力工会、共青团工作的落地与创新。因公司组建时间短，基层党群工作部尚未健全，党群工作人员更是严重匮乏。党群工作部以党建带工建、带团建，在发挥党员作用的同时，拓展到劳动模范、职工代表参与群团工作，参与品牌建设。重在开展谈心谈话化情绪，走进基层解难题，暖心保障聚合力，将民生工程落在实处，将党的温暖送到一线。如，东兴环保水务公司党支部联系“双网格”管理开展的“四心”服务，是党建带工建、带团建的最佳实践。

三是模式共建一座桥。环保水务集团总体党群人员配备还不足，力量上也比较薄弱，很多党建工作无法高效推进，目标达成困难。党群工作部以项目共担、模式共建为方法，与基层党支部开展共建联建。如，与直属企业东兴环保水务公司共建形成了《主题党日 7+X 模式》，并在环保水务集团推广应用，除了实现减负外，全面诠释了规定动作创新的真正内涵。再如，与直属企业防城港环保水务公司党委共建“党支部标准化建设实操手册”实现了“七个有”，为环保水务集团党支部标准化建设做了样板。

四是锦上添花一案例。党群工作部全体人员，积极发挥宣传工作的辐射效应、复制功能，发挥自身的写作特长，经常走进基层，发现安全环保好经验、经营管理好方法、解决问题好举措、技能培训好机制等工作亮点，及时指导进行总结提炼和宣传报道，并形成管理案例进行传播。

五是赋能基层一行动。党群工作部要求全体人员“党建进站点、进厂区”，或发现对口业务管理中存在的问题，或及时指导、督导解决问题，或发现亮点、闪光点协助总结，或根据举措提萃方法，形成基层管理最佳实践。党群工作部还发挥自身优势及时搭建学习平台、竞技赛台、兑标讲台等做好兑标示范，引领带动管理经验共享，实现优势互补。

2. 岗位建设“五个一”导航落实

一是岗位责任一清单。党群工作部全体人员积极行动起来，厘清岗位业务，建立岗位业务清单和实施标准，以清单明确业务关键点，完成时间节点。每月开展人人“二三问”，对业务完成的质量、时效、目标进行反思改善，确保本职业务高效完成。

二是人才培养一循环。党建工作要求越来越严，标准越来越高，党群工作部超前思考，建立部室人才培养赋能“微组织”，以部室主任带专业培养后备干部，专业岗位带专业培养“一岗多能”，专业岗位带党务专员培养基层党务人才，形成“三人”微循环，开展循环赋能，主动循环担当。

三是特色活动一组织。党建主题教育多、特色活动多、群团文化活动多，但是活动策划、活动组织人才缺乏，活动开展个人综合能力不足。党群工作部以“活动”为载体，实施活动主办“微组织”，形成“三人行”或“四人组”的临时团队，同时针对活动策划、主题设计、主持技巧、方案撰写以及统筹协调等方面开展业务上的“传帮带”，着力提升全员主办活动的能力，提升各项活动的质量和效果。

四是典型宣传一报道。在党群工作部，宣传工作全员担当，人人有责。除了围绕各自岗位业务写好宣传报道外，要求全体人员深入基层发现亮点写好宣传报道，深入部室挖掘好素材做好新闻报道，更要结合“锦上添花一案例”总结提炼，做好经验典型的宣传报道。

五是改善提升一评价。党群工作部建立“十个一”改善提升评价办法。加强部室职能建设“五个一”由主任、副主任利用部门会议共同进行评价，找出问题点，提出改善点，并制定计划确保改善提升。岗位建设“五个一”采用个人自评，部室专评的方式进行评价，提出改善点督导提升，找出闪光点表扬激励。同时，利用年度总结进行总评价，确保“十个一”开展的效果，为部室职能管理水平的提升做好保障。

“部室建设+岗位建设”全员践行“十个一”，促进了党群工作部工作效率、工作质量全方位的提升，党群职能履行水平也得到了长足的进步。2021 年以来，党群工作部完成公司党委安排的重点工作 15 项；党建项目化完成重点工作 6 项，与基层党支部共建项目 5 项；党史学习教育深入开展，效果明显；开展培训赋能 4 期，培训党务干部 240 多人次；“三个 100”特色党建活动有声有色，《百佳案例集》《百佳人物集》《百佳故事集》正紧锣密鼓的编制中。

党群“强”职能，引带“红”势能。标准化建设促规范、品牌化建设促融合、赋能化实践提能力、模式化塑型创品牌、显性化党建创价值，“三减三提”成效显著，党群职能高效发挥，为环保水务集团“环水红势能”党建品牌工程目标的实现提供了智力支持。

六、主要成效

一是塑出新模式。在部门建设中，党群工作部注重具体问题具体分析，及时发现问题、研究问题、解决问题，创新带动履好职能，逐步形成了“党群‘强’职能，引带‘红’势能”的党群部门工作品牌，党群工作部职能履行质量得到了大幅度提升。

二是萃出好方法。在职能履行中，消除“就党建而党建”的陈旧观念，以“三大课题”为主攻方向，注重总结提炼，逐步形成了“党群工作‘引带赋’工作方法”，在提升自身的同时，促进了基层党支部党建工作质量的大幅度提升。

三是带出好队伍。在岗位建设中，消除“岗位壁垒”，消缺“业务短板”，党群工作部全员心往一处想，劲往一处使，以“十个一”的创新落地，打造了一支精通岗位业务、主动服务赋能、协同补位到位的优良队伍，全员能力的快速成长促进了党群工作部工作效率、工作质量的大幅度提升。

四是创出好机制。以一己之力难以成大事。党群工作部以“责任共担、项目共建、价值共创、业绩共享”为导向，或引领或带动、或督导，与基层党委、党支部开展党建共建和廉洁共建等，形成了《党建项目化管理机制》《党员作用炼化积分机制》《党建责任清单机制》以及党建责任轮值机制、党建活动联办机制等，使特色党建活动质量和效果得以大幅度提升。

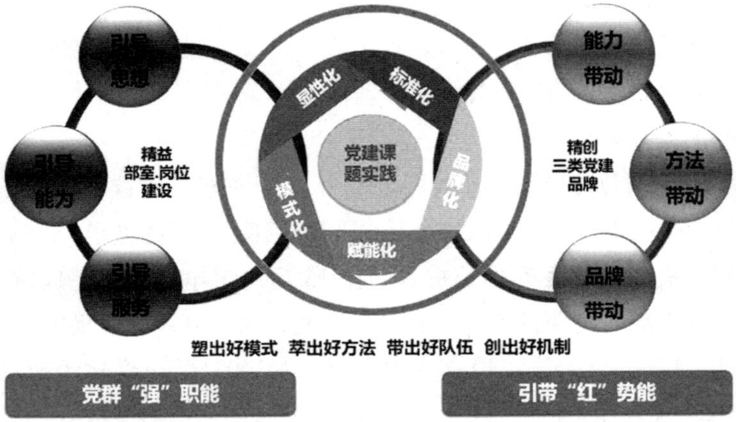

图二　环保水务集团党群工作部品牌创建模式

七、经验启示

一是开启新思维，以新时代党建工作的全新思维，创新了党群部门自身建设的新理念，塑造出部室党建的新模式。

二是开创新机制，以新征程党建工作的全新理念，创新了党建工作与中心融合新路径，塑造出部室党建的新机制。

三是开发新工具，以新跨越党建工作的全新方法，创新了党群部门队伍建设的新平台，塑造出部室人才培养新方法。

四是开动红势能，以新时代党建工作的全新话语，创新了党建品牌提萃塑模新方法，塑造出特色党建开展新势能。

作者：龙红霞

党建项目化，我们这样来实践

——广西北投环保水务集团有限公司“党建项目化”管理实践经验材料

2021年以来，在广西北投环保水务集团有限公司（以下简称“环保水务集团”）“环水红势能”党建品牌工程引领下，基层党支部在党建理念、党建机制、落地方法上全力创新，尤以“党建项目化”管理机制效果突出，党群工作部及时跟进总结，提炼出党建项目管理模式进行经验分享，为广大党务干部党建责任落实，突破工作重点、难点提供可借鉴的方法。

一、实施背景

一是环保水务集团确立了“1162”发展总基调，重点工作多、重点工程多，党建引领“六个见成效”需要强有力的机制支撑。

二是党建品牌建设“六大工程”落地，业务涉及面广，工作任务重，党建新机制新方法应用迫在眉睫。

三是党建工作全面覆盖，与中心工作实现“互融共促”需要融入的路径，需要呈现的平台。

四是党务干部在党建创新理念洗礼后，推进“党建+”方法的欠缺以及创新能力的不足，急需要机制引领和赋能提升。

二、实施原则

聚焦环保水务集团党建品牌创建“六大工程”，实践“六抓六力”党建目标，以党建项目化将党建工作根植于安全生产、内嵌于经营管理、服务于质量环保、落地于民生工程，致力于人才培育，以党建实践创新，推动基层党组织建设全面进步、全面过硬。党建工作全面覆盖契合引领“六大主体”：

一是与安全环保契合，促安全环保理念落地提升管理效果；

二是与经营管理契合，促部室重点工作推进降本增效提升；

三是与厂站民生契合，促精益管理落地提升精细服务水平；

四是与人才培养契合，促三才队伍建设提升人才素质能力；

五是与品牌创建契合，促经验提炼提萃提升党建品牌效应；

六是与企业形象契合，促党建实践创新实现党建质量过硬。

三、实践目的

一是精准项目定位。将党建工作按项目模式运作，以现代管理理念进行项目化管理、过程化控制，使党建工作具有可控性。

二是确立实施目的。通过党建项目化管理把党建工作落实到一个个听得到、看得见、摸得着、做得成的项目中，使党建工作进一步条理化、明晰化。

三是促进作用发挥。基层党支部以项目为依托，运用有效手段激发党员活力，组织党员干事创业。党员通过立足岗位，参与党建工作项目，锻炼思想，磨炼技能，创造业绩。

四、建库定位

一是党委定调，做好“五道题”。以党建工作与中心工作全面融合，党建工作全面创新为导向目标，从化解党建顽症中“破题”，在健全党建机制中“立题”，在强化党员教育中“设题”，在为职工群众服务中“做题”，在促进党建提质中“结题”，党委和党支部建立两级党建项目库。项目库建立可分为“安全环保库、经营管理库、技术创新库、重点工作库、疑难问题库和特色党建库”等六大类。

二是支部实践，用好“两级库”。党支部一方面联系公司性质、管理特征和业务主体，从环保水务集团党委党建项目库中选项立项；另一方面可参照党委党建项目库，立足本部门实际以突破工作重点、化解管理难点、解决落地问题点等建立本党支部的项目库。项目库建立可分为“重点工作库、技术攻关库、疑难问题库、特色党建库”等四大类。

三是党建项目，分类“定好级”。根据项目的难易程度、实施周期、前期投入等将项目分为一级、二级、三级，明确标准作目标，并建立管控措施，项目激励也要设定不同的激励标准。

四是项目收集，做好“小清单”。环保水务集团党委主导，党群工作部负责，协同本部部室共同建库，征集项目；建库完成，初步分类分级，环保水务集团召开党委会讨论定级，按责任分工执行。

五、实践路径

一是党支部负责建库立项，党政班子共举共建，班子成员带头领项目，带动党员做好项目、做出成效。

二是党支部牵头重点项目，根据项目业务特点，与本部部室结对共建，双方支部联合立项，协同推进。

三是党支部党建项目立项，要明确项目负责人，制定实施措施与计划，纪检委员负责督导，确保节点。

示例："环水红势能"党建品牌工程项目清单

序号	项目名称	负责领导	责任部门	责任人	完成节点	备注或要求
1	环水红势能品牌模式塑造与展播	×××	党群工作部	×××	9月	
2	党支部标准化实操手册	×××	党群工作部 防城港党委	×××	7月	营管支部参与共建
3	"主题党日"模式创新	×××	党群工作部 东兴党支部	×××	5月	共建项目
4	本部党支部品牌建设	×××	本部党支部	×××	5月	方案确立 5机制形成
5	防城港党委品牌建设	×××	防城港党委 党群工作部	×××	5月	6体系形成 机制到位
6	东兴党支部品牌建设	×××	综合办公室	×××	5月	方案确立 创新实施
7	北海党支部品牌建设	×××	综合办公室	×××	5月	方案确立 创新实施
8	防城港营管支部品牌建设	×××	党群工作部	×××	6月	方案确立 创新实施

六、实施方法

（一）选项与立项

一是选项。党支部从党委建立的项目库中进行选项，纳入支部项目库，党政班子根据自身实际认领项目。本支部建立的项目库，由支委带头认领项目。

二是立项。班子成员带头，带动全体党员参与，从项目库选定项目，可以“微组织”形式共建。党员结合自身岗位和能力选定项目，或由支委会讨论根据岗位特点、个人特长和技术能力指定项目。立项后，党支部发放立项通知单，并填写《党建项目化管理立项表》。

（二）组织与实施

一是组织。党支部要对本支部立项项目高度重视，由项目负责人或责任人组织实施，明确计划目标和时间节点，扎实推进，确保项目的顺利完成。

二是实施。负责人要制订详细的实施计划，明确预期目标，将计划报备党支部。项目实施中，党支部主动协调配合，加强过程中的指导和督导，确保项目效果。

（三）验收与评估

一是验收。任何事物的发展都是在不断发现问题、改善问题中完成的。验收与评估是发现问题和改善问题的重要环节，验收与评估是对项目完成质量和效果的检验。

二是评估。评价是对效果的肯定，评价基于：是否达到项目预期目的、是否有创新亮点和经验、职工群众是否满意、是否可建立长效机制、是否存在缺陷或漏洞、是否有改进提升的空间。

（四）总结与推广

一是总结。通过对党建项目优秀成果的总结，提炼形成基层党支部经验方法、经典模式和最佳实践案例，把党建工作显性化。

二是推广。通过总结提萃，升级了项目成果，形成可敬的案例、可学的方法、可推广的经验等，以此树立党支部的项目品牌，实现党支部的自我提高、基层党组织自我超越。同时通过党委搭建兑标平台，传播示范形成经验共享，将基层的党建经验形成规模效应。

七、主要成效

一是以党建项目促进融合，提升了企业各级人员党建水平，是政治力、领导力、组织力，更是生产力、战斗力、创造力的重要认知。

二是以党建项目突破重点，提升了市场开拓、重点工程的高速度、高效能完成，提升了各级人员，特别是党员的执行力。

三是以党建项目提升管理，提升了重点工作、疑难问题解决的速度，提升了特色党建活动开展的质量和效果。

四是以党建项目创塑品牌，促进了环保水务集团品牌建设各级组织机制方法的创新，推进了各项工作的落地，品牌建设成效显现。

五是党支部学会运用党建项目化管理这一工具，将党建工作融入企业基层治理，持续激发支部活力，激活党员潜能，带动党员“学好习、育好人、干好事”，全面提升了党建工作的质量。

八、经验启示

一是党建项目化管理是实践党建工作与中心工作融合最有效的手段，它带来的不仅仅是党建工作全覆盖，而是党建理念、创新思维、实践方法的转变。

二是党建项目化能有效增强基层党支部书记的责任意识、中心意识，有效激发基层党组织党建工作的活力创新力度。

三是党建项目化能有效实现党建工作与中心工作的“互融共促”“互促共赢”，能有效激活党员的潜能，激发党员干事创业，促使党员立足岗位、建功立业、做好先锋。

作者：王　媛

主题党日“7+X”，模式育出新势能

——广西北投环保水务集团有限公司直属企业广西东兴北投环保水务有限公司党支部主题党日创新模式

一、实施背景

主题党日制度是《中国共产党章程》《中国共产党支部工作条例（试行）》中明确规定的一项重要制度，作为党支部七项组织生活制度之一，既是其他六项制度得到落实的保障，又是规范党内生活、增强党员意识的重要途径。但是在制度执行中却存在着“以文贯文、主题不明、内容空洞、形式单一、效果不佳”等诸多问题。针对主题党日活动开展存在的问题，上级党委一再强调要创新基层党支部主题党日活动形式，要切实提升主题党日活动的质量。

二、创新目标

主题党日定位。主题党日制度是新时代加强党的建设的一项重要制度，是全面从严治党的一项经常性、基础性工作，是加强党员教育、管理和监督的“主阵地”、是党员的“法定日”、是党员的“义务日”，参加党日活动是对党员最基本的要求。

开展目标要求。广西北投环保水务集团有限公司（以下简称“环保水务集团”）要求基层党支部要把主题党日作为加强党员教育管理最有效的手段、作为融入中心工作最有效的路径、作为凝聚带动群众最有效的方法去创新实践，要在主题设计上、开展形式上、内容覆盖上敢于创新，勇于创新，全面提升主题党日活动质量。

三、主要做法

基层党支部贯彻广西北部湾投资集团有限公司和环保水务集团两级党委的要求，其中，广西东兴北投环保水务有限公司党支部积极与环保水务集团党群工作部就主题党日活动创新进行沟通，以“主题怎么定？以什么形式开？内容如何选？流程怎么走？中心怎么融？”进行深度的思考，积极创新实践，逐步形成了主题党日“7+X”的活动开展模式。

（一）活动突出三条主线

一是突出思想教育线。以主题党日活动为载体强党员教育、强党员管理、强党员监督、强党员作用，利用主题党日活动开展思想政治教育，强化形势任务教育，创新党建实践活动，解决党员现状问题，赋能党员成长成才，引领党员发挥作用。

二是突出党员作用线。以主题党日活动为平台建立党员积分，提升党员能力，增强党员素质，促进岗位建功。同时在活动开展中强化效果评价、激活党员潜能，引领党员做业绩、做标杆、做示范，真正干给群众看，带着群众干。

三是突出融入中心线。以主题党日活动为路径消除“就党建而党建”的传统思维，消除党建工作与中心工作“两张皮”现象，以党建全融合服务中心工作，让党建走进基层、服务基层、赋能基层、带动基层，实现党建工作与基层治理的“互融共促”。

（二）模式设计十要导向

一要充分调查研究；二要紧跟政治方针；三要融入中心发展；四要切合支部实际；五要设计月度主题；六要细化责任分工；七要实施轮值担当；八要严格计划落地；九要固化活动流程；十要做好活动评价。

东兴环保水务公司党支部2021年上半年主题党日轮值清单

月份	主题引领	主题设计	轮值负责
1月份	支部规划定位	1. 支部工作规划宣贯讨论 2. “干干净净迎新春，环境卫生大整治”	支部书记
2月份	双节供水安全	1. 建党员抢险队，做好管网维护抢修 2. 开展双节供水关键区段护航活动	支部书记

续表

月份	主题引领	主题设计	轮值负责
3月份	学雷锋服务月	1. 党员“四心”服务活动方案贯彻 2. 党员开展“四心”结对工作	支部书记
4月份	党员教育管理	1. 党史学习教育与建党百年庆祝方案宣贯 2. 党员“五微”党建学习讨论确定	支部书记
5月份	党史学习教育	1. 品牌支部创建方案学习宣贯，讨论定位 2. 追寻红色足迹，缅怀革命先烈	支部书记
6月份	党史学习教育	1. 党建工作品牌案例提萃 2. 党员作用“五微行动”承诺践诺活动 3. 案例、故事征集报送讨论	支部书记

（三）创新主题党日模式

为确保主题党日活动开展的规范化、中心化，东兴环保水务公司党支部塑造出“7+X”活动模式，切实提升了活动的效果。

“7”是七项固定内容，“X”是多项活动主题。

“重温一遍誓词”是增加主题党日活动的仪式感，重温誓词强党性、增荣誉。

“学习一段党章”“学习一篇讲话”是“两学一做”常态化在主题党日活动中的具体体现。

“学习一段党史”，是以主题党日活动开展突出红色教育、传承红色精神、凝聚红色力量，是党史学习教育的长效机制。

“讲好一个故事”，是致敬“四史”英雄，是我们自己身边的榜样的对标学习，是引领党员前行的一个载体。

“研讨一个问题”，是围绕支部党建工作存在问题、党员作用发挥中存在的问题、基层存在的思想教育问题等，每次选定一个组织进行研讨，拿出解决的办法或措施，引领支部委员和党员发现问题、解决问题，当好先行。

“分享一个经验”，是支部党建创新经验的分享，是部室改进管理方法的分享，是党员岗位技术技能的传授，是党员带动群众方式方法的传承与示范。

“X”，是“X”个主题引领，涵盖思想政治教育、形势任务教育、组织生活落地、基层问题研讨、党建经验分享、党建工作评价等内容，是党支部工作重点、要点在党日活动中的体现。

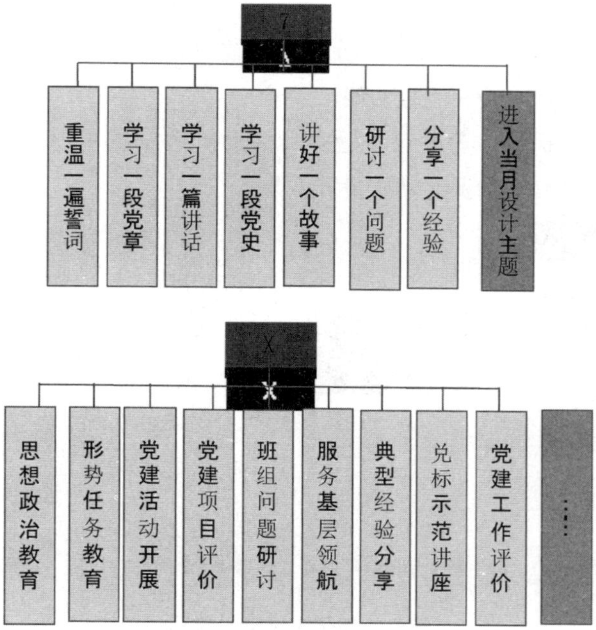

图一　北投环保水务集团东兴水务党支部“7+X”模式

（四）固化活动流程提质

为确保主题党日活动的质量和效果，党支部在“7+X”的模式基础上，固化活动流程，提升开展效率。

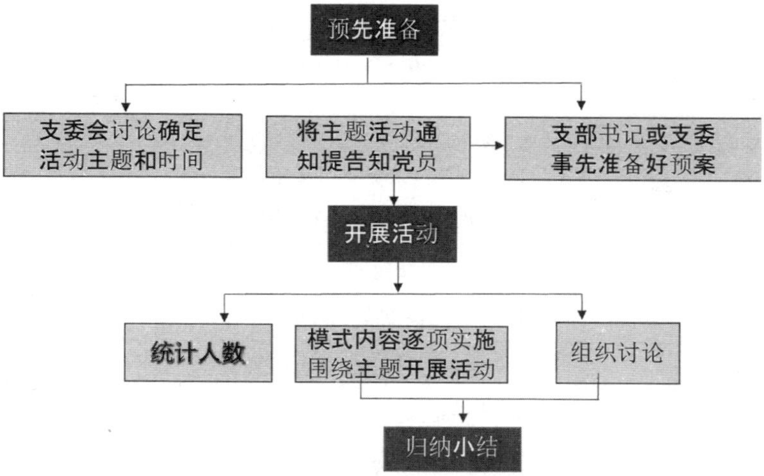

图二　北投环保水务集团东兴水务党支部主题党日活动筹备流程

一是明确筹备流程。制定主题党日活动筹备流程图，以预先准备、活动开展和归纳小结三个阶段筹备活动。

二是规定六个明确。主题党日活动开展做到时间明确、地点明确、人员明确、主题明确、责任明确和流程明确。

三是固化流程提质。为确保主题党日活动严格按照“7+X”模式执行，制定了规范的实施流程，确保活动质量和效果。

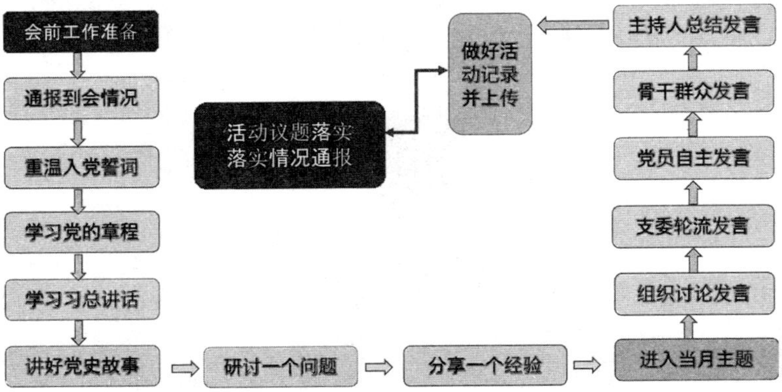

图三　固化主题党日流程

（五）主题党日开展轮值

围绕党史学习教育，结合建党百年庆祝活动，东兴环保水务公司党支部又塑造了“8+N”主题党日活动模式，并通过党员轮值机制确保集中学习到位，主题研讨到位。轮值机制带动的是党建工作融入中心，促进的是党建走进基层，推动的是党建责任共担、价值共创。

东兴环保水务公司党支部 2021 年度主题党日下半年轮值清单

月份	主题引领	主题设计	轮值负责
7 月份	党史学习教育	1. “8+N”党史学习集中教育 2. 开展党员学习率先引领研讨	支部书记
8 月份	党史学习教育	1. “8+N”党史学习集中教育 2. 开展党员创新争先引领研讨	支部书记
9 月份	党史学习教育	1. “8+N”党史学习集中教育 2. 开展党员业绩领先引领研讨	支部书记
10 月份	党史学习教育	1. “8+N”党史学习集中教育 2. 开展党员服务在先引领研讨	支部书记

续表

月份	主题引领	主题设计	轮值负责
11 月份	党史学习教育	1. “8+N”党史学习集中教育 2. 百佳案例“写、讲、评”活动	支部书记
12 月份	党史学习教育	1. “8+N”党史学习集中教育 2. 党建故事讲述与“四心”服务评价	支部书记

四、主要成效

一是解决质量不高的问题。创新的主题党日模式与严格实施，解决了党支部主题党日活动没有主题或不够鲜明的问题，解决了主题党日活动内容枯燥、形式单一的问题，更解决了主题党日活动脱离实际、质量不高的问题。

二是提升了党支部组织力。创新的主题党日模式成为基层支部党建工作融入中心、带动党员、凝聚群众的重要载体，成为引领带动党员立足岗位解难题、技巧经验传授的有效方法，不仅提升了组织生活的质量，更促进了党支部组织力的提升。

三是推广提升示范带动力。环保水务集团党委将东兴环保水务公司党支部创新的主题党日“7+X”活动模式，在全集团各个党支部进行推广应用，不仅提升了各个党支部主题党日制度落地的质量，更提升了基层党务干部融入中心的意识，解决了党务干部党务能力不足、创新理念匮乏的问题。

四是创新“三有三做”带动力。创新的主题党日引领了党员的全新思维，提升思想教育质量，实现了“三有三做”，即支部融入中心有路径，活动中做示范；党小组带动群众有平台，站点中做业绩；党员创优有舞台，岗位上做标杆。

五是实践“三减三提”示范力。创新的主题党日实现了“三减三提”，即支委减压、程序减繁、工作减负和质量提速、党建提质、管理提效，既解决了“工学矛盾”，又提升了党史学习教育的效果。

如，将党史学习教育与主题党日活动创新结合，形成了“8＋N”的主题党日活动模式。“8”即党史学习教育各项任务落地；“N”即党员学习率先、创新争先、业绩领先、服务在先的主题定位与一次一个主题组织研讨。

通过“8+N”主题党日活动模式，各支部都达成了集中教育的目的，提升了党史学习教育质量；并通过主题党日促进党史学习教育与党员先锋作用发挥的融合，引领党员、带动党员传承红色精神，争做红色标杆。

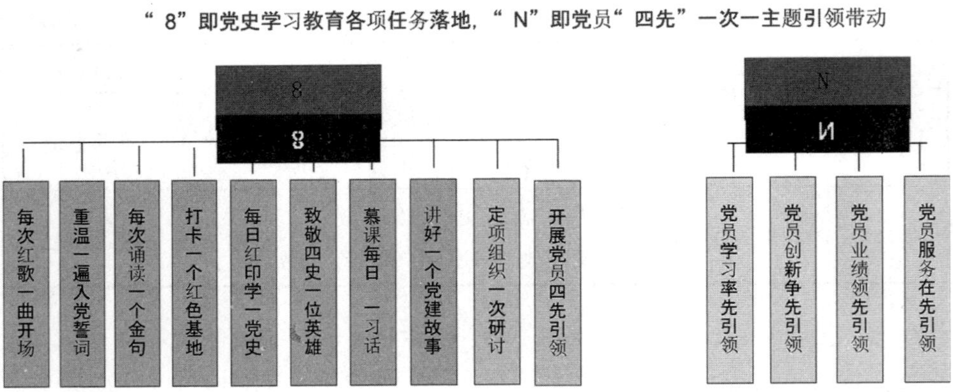

图四　党史学习教育主题党日“8+N”活动模式

主题党日活动的创新实践，解决了党员教育管理质量效果不佳的问题，激发了党员的潜能；解决了党务干部党建工作全融合的困惑，开启了基层党支部融入中心解难题、做课题的组织功能发挥。主题党日活动：

◉ 什么形式开？“7+X”“8+N”的活动模式；

◉ 主题怎么定？支委会讨论“N”个主题设计；

◉ 内容如何选？党建工作全覆盖的责任清单；

◉ 流程怎么走？预先筹备、固化流程开展；

◉ 中心怎么融？解决一问题、分享一经验；

◉ 如何保落实？实行支委、党员月月轮值。

环保水务集团基层党支部创新主题党日活动模式，固化主题党日活动流程，支委会汇智做好主题上设计，在丰富活动内容上创新、在融入中心工作上下功夫，一是提升了党员教育质量，实现了“两学一做”常态化，促进了党史学习教育长效化；二是解决了以往主题党日活动形式单一、内容空洞、融入不实、效果不佳的问题；三是强化了党员的行动力，站点班组中党员的模范带动作用更加明显，效果更加显著；四是提升了党支部的组织力，促进了支委的履责力，强化了党员的示范力，增强了群众凝聚力，激活了组织功能，筑强了红色阵地。

作者：钟文辉　龙红霞

“五化”提质　“四制”增效

——广西北投环保水务集团有限公司本部党支部提升党建工作质量创新工作模式

一、实施背景

新时代党的建设总要求明确指出，要不断提高党的建设质量。《“先锋北投·三年跨越”党建工作计划（2019—2021年）》要求，着力把党支部战斗堡垒作用、党员先锋模范作用充分发挥出来。环保水务集团本部党支部在公司党委的坚强领导下，从支部实际工作出发，坚持党建工作与生产经营深度融合，坚持抓基层打基础，把不断提高党建工作质量、持续增强基层党组织生机活力作为长效目标和基础抓手，结合工作实际、结合党员岗位、结合党建特色，探索构建了“聚合栈桥，六见红领”党建品牌工作模式，并实践形成了“‘五化’提质，‘四制’增效”的提升党建工作质量创新模式，既有本部党支部工作特色，又具有可传播、可复制性。

二、工作目标

本部党支部坚持以支部建设领航做设计，构建机制促融合，搭建栈桥走基层，搭好平台育先锋，凝聚骨干塑模式，以部室当好排头兵检验党支部建设成效，以党员争做“五先锋”展示党员作用发挥，以群众争做“三标兵”体现引领群众工作效果，全面提升党建工作质量，实现党建工作与生产经营深度融合。

（一）部室争当排头兵

本部党支部所辖部室立足职责要求和工作内容，部室领导高度重视、员工主动自驱，在日常工作中，争当人才培养排头兵、争当服务基层排头兵、争做市场开拓排头兵。

（二）党员争做五先锋

本部党支部党员立足岗位建功立业，在日常本职工作中充分发挥先锋模范作用，做好联系群众工作，争做市场开拓先锋、争做文化落地先锋、争做攻关克难先锋、争做服务基层先锋、争做赋能成长先锋。

（三）群众争做三标兵

本部党支部所联系的群众积极向党组织靠拢，不断提升自我，支持党支部各项工作，支持品牌创建工作，基于自身工作实际，着力于日常改善、提质增效、服务提升，争做反思改善标兵、争做创新创效标兵、争做精心服务标兵。

三、创新做法

本部党支部党建工作创新以“聚合栈桥，六见红领”党建品牌为理念引领，以党建工作“五化”为提升工作质量的实践路径，以“四大机制”为赋能保障，在本部各部室着力推进“党建+”工作，全面提升本部党支部党建工作质量、持续增强基层党组织生机活力。

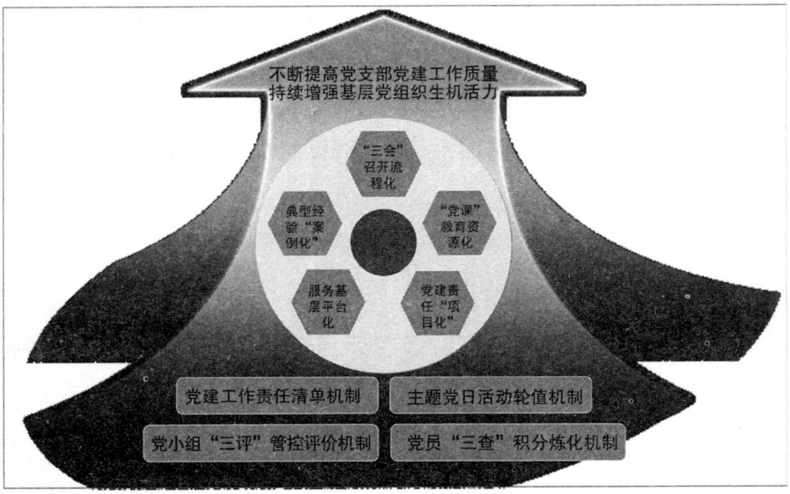

图一　环保水务集团本部党支部党建工作创新实践示意图

（一）品牌引领

为认真贯彻落实北投集团“先锋北投·三年跨越”党建工作方略和环保水务集团“环水红势能”党建品牌工程，围绕公司“1162”发展总基调，本部党支部以“建模范部室，创一流支部”为品牌抓手，积极促进支部党建与部室职能提升相融合、与岗位人才建设相融合、与角色素养水平提升相融合、与服务基层群众相融合，全面提升本部党建工作质量，把本部党支部打造成为坚强的战斗堡垒，为环保水务集团攀登国企新高地、为公司做大做强建功立业。

本部党支部以“聚合栈桥，六见红领”为品牌建设主题。品牌内涵如下：

图二　环保水务集团本部党支部党建工作“品牌引领”示意图

聚合栈桥：本部党支部是以环保水务集团所有部室党员构成的一个基层党组织。党支部是部室间沟通协作的栈桥，是凝聚基层各单位的栈桥。通过搭建栈桥，汇集提升部室管理的凝聚力，打造服务基层群众的统合力。

六见红领：部室要在公司经营规模、生产效益、业务拓展、标准化信息化建设、全产业链打造、团队建设“六个见成效”上当好排头兵，本部党支部凝聚红色势能、带动党小组发挥作用，传承红色精神带领党员在“六个见成效”中争先锋、做先锋。

（二）“五化”提质

一是“三会”召开流程化。支部党员大会、支部委员会、党小组会是党支部应该长期坚持的重要制度，也是健全党的组织生活、严格党员管理、加强党员教育的重要制度。为充分利用好会议平台，提升会议效率，发挥会议作用，构建高效、清晰、全面、科学、合规的“三会”工作模式，本部党支部将“三会”以流程化的形式进行规范，结合公司党建特色和标准化要求，形成了“三会”流程图及相应的支撑材料包，编撰了《环保水务集团党支部“三会”制度流程化工作示范手册》，为各基层党组织开好“三会”打样示范，服务基层党支部标准化建设达标。

二是“党课”教育资源化。针对党课教育普遍存在“以文代课、以会代课，形式单一、内容空洞”的问题，本部党支部在由公司各党支部集合而成的党课教育课件资源库的基础上，从课件质量、主题选择、实践应用等方面进行优选，并投入党课实践中进行验证，形成“环保水务集团党课教育课件优选资源库”。在提升本部党支部党课质量的同时，为基层党支部提升党课教育质量提供优质的课件教材资源。

三是党建责任“项目化”。党建责任“项目化”是指将党建工作按照项目模式进行运作，通过融入现代管理理念和管理方法进行项目化管理、过程化控制、目标化设计，使党建工作具有可控性，达到科学化、规范化的要求。本部党支部将支部党建工作重点以项目的形式来推进，建立党建责任“项目化”清单，以清单化明责、阶段化检验，形成党建工作的项目化管理模式，促进党小组或党员责任共担、业绩共创、荣誉共享。

四是服务基层平台化。部室是公司与基层各单位沟通的桥梁、联系的纽带，本部党支部从各部室实际工作内容和工作情况出发，基于党员岗位担当、部室职责特点等方面入手搭建起联系基层、服务基层、赋能基层的栈桥，以“一部室一平台”的理念，从专业引领、问题解决、赋能成长、提质增效等方面引领部室站位，搭建各类平台精心服务基层、精准赋能基层。

五是典型经验“案例化”。党建工作的难点在基层，亮点也在基层，本部党支部引领部室“走基层、进厂站”，发现问题、研究问题、解决问题，把解决的方法形成案例来传播，对内促进公司管理水平整体提升。同时，发现亮点、总结亮点、提萃亮点，对外宣传示范，树立公司内外部良好形象。

（三）“四制”增效

为确保党支部标准化建设达标示范和品牌建设“五化”任务的创新落地，党支部建立“四大工作机制”，即党建工作责任清单机制、主题党日活动轮值机制、党小组“三评”管控评价机制、党员“三查”积分炼化机制。以“四大工作机制”保障“六化”高效落实，实现责任共担、价值共创、业绩共享。

一是党建工作责任清单机制。把本部党支部的党建工作责任明确到支委、党小组长、骨干党员、部室负责人，时间明确到每周、每月、每季度，建立“环保水务集团本部党支部党建工作责任清单”。

二是主题党日活动轮值机制。支委会研究定主题，把主题党日作为重要的活动载体，以党小组轮值担当开展主题党日活动，在活动中设计内容实行党员轮值机制，提前制定好党员轮值名单，提前通知到轮值人，督促党员提前准备，以保障主题党日活动质量，进而促进党建工作质量提升。

三是党小组“三评”管控评价机制。针对党小组工作的管控评价工作，制定了党小组自评、党小组互评、党支部专评的“三评”工作机制，实现了评价有标准有形式、过程有管控有保障、结果有标准有转化。

四是党员“三查”积分炼化机制。针对党员作用发挥、党员素养提升、党员监督考核等工作，制定了党员自查、党小组互查、党支部专查的工作机制，在对党员进行教育、管理、监督的同时，充分调动党员的主观能动性和工作自驱性。

四、主要成效

立足于部室争当排头兵、党员争做五先锋、群众争做三标兵，着力于促进本部党支部党建与部室职能提升相融合、与岗位人才建设相融合、与角色素养水平提升相融合、与服务基层群众相融合，致力于全面提升支部党建工作质量，充分发挥基层党组织战斗堡垒作用和党员的先锋模范作用。本部党支部经过探索实践，实现了党建工作与中心工作互融共促、党员群众素养水平和人才培养水平全面提升、基层党组织和党员作用发挥水平全面提高的成效。

（一）党建工作与中心工作互融共促成效显著

将部室岗位服务基层与党员服务群众有机融合、将岗位建设与党员素养水平提升有机融合、将部室管理模式构建与党小组作用发挥有机融合，通过党建责任“项目化”、服务基层平台化、典型经验“案例化”等举措，全面推进党建工作与中心工作相融合。一方面，在党建工作的全面引领下，各部室的工作效率、服务水平、岗位胜任力大幅度提升；另一方面，基于部室的岗位职责，促进党建工作质量水平提升，形成了既有环保水务集团本部党支部工作特色又具有可复制可推广的部室党建工作模式。如，本部办公室争当排头兵，开展全员党建，创新实践“十每党建”效果很好，加强的是部室建设和岗位建设，促进的是“四个融合”，提升的是管理效率和人员素质，赋能的是业务提升，服务的是基层管理。

最佳实践：本部办公室“十每党建”

序号	“十每”引领	“部室+岗位”建设	备注
加强部室建设，“党建+服务”主题，“三提三精”目标			
1	每人建言献一策	部室职能提质人人有责	党员必做项
2	每人担当一项目	部室重点工作项目担当	党员必做项
3	每人赋能一小课	业务提升导师带徒育人	党员自选项
4	每人结对一单位	联系基层赋能业务提升	党员自选项
5	每人降本一业绩	开展降本增效全员创值	党员必做项
全员岗位建设，反思改善行动，业务“一专多能”目标			
6	每人反思改善二三问	立足岗位全员做改善	全员必做项
7	每人服务基层二三事	服务基层全员在行动	全员必做项
8	每人团队建设二三谈	谈心谈话谈出生产力	全员必做项
9	每人经验总结二三例	经验方法全员做提炼	党员自选项
10	每人宣传示范二三稿	宣传工作全员都有责	党员自选项
说明	部室建设定位五项内容，以党员“3+X”推进，即3个必做项，1个自选项 岗位建设定位五项内容，全员都要做，党员做“三”，员工做“二”		

（二）党员素养水平提升与人才培养成果突出

本部党支部切实担负起直接教育党员、管理党员、监督党员和组织群众、宣传群众、凝聚群众、服务群众的职责，引领党员密切联系群众，立足于岗位职责服务群众，充分发挥战斗堡垒作用。将党员素养水平提升与岗位人才培养有机融合，在“双培”的基础上，使党员素养水平提升引领人才培养发展，人才培养发展促进党员素养水平提升。2020年以来，职位晋升30人、获得各级表彰230人次。

（三）基层党组织和党员作用发挥能力进一步提高

基层党组织战斗堡垒作用发挥和党员先锋模范作用发挥既是部室一切工作的源动力，也是检验工作成效的参考系和着力点。本部党支部将党建工作与部室管理系统融合，一方面从党建工作切入，推进党组织和党员作用发挥，持续加强服务群众的质量和效率；另一方面从部室管理切入，激发组织活力、激活个体动力，持续提高部室职能工作水平和服务基层效率，形成了有本部党支部特色的部室党建工作模式，打造了以“部室融合、服务基层、党员自驱”为特点的既具特色又具可推广性的党支部建设模式。

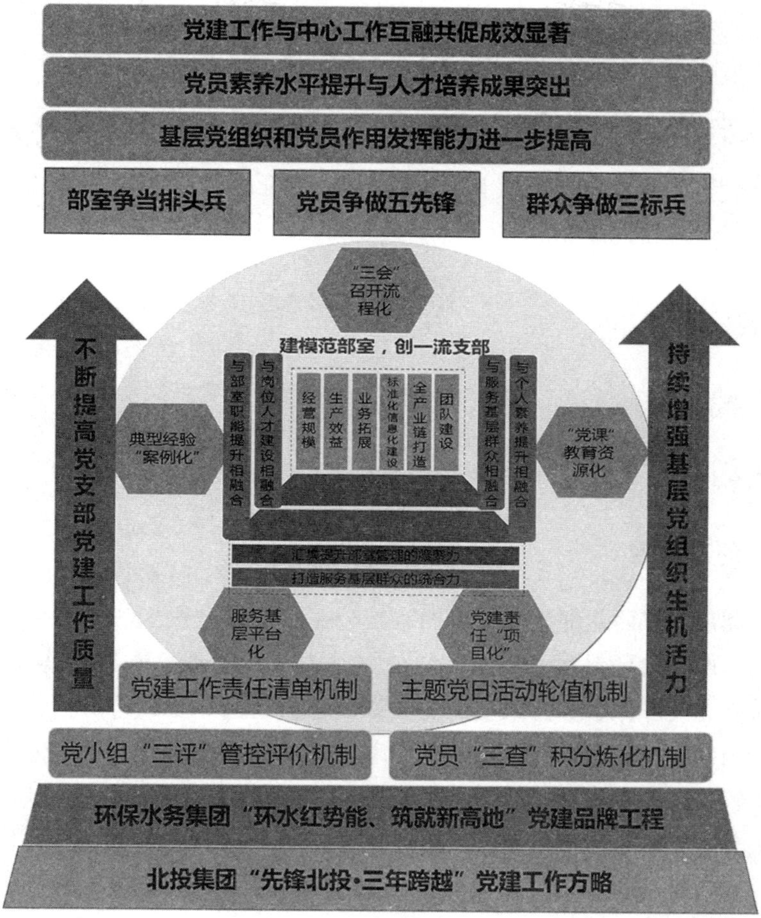

图三　环保水务集团本部党支部提升党建工作质量创新工作模式图

作者：张　驰　王利洁

三统五自　环水红帆

——广西北投环保水务集团有限公司直属企业广西防城港北投环保水务有限公司党委党建工作品牌实践案例

一、品牌名称

三统五自　环水红帆

二、创建背景

为贯彻落实广西北部湾投资集团有限公司“先锋北投·三年跨越”党建工作方略和广西北投环保水务集团有限公司党委“环水红势能”党建品牌模式，广西防城港北投环保水务有限公司党委以“三统五自”为目标导向，以品牌党支部建设为实践抓手，以“党建+X”为融合路径，争创环保水务集团先进基层党委，争塑基层党委党建工作品牌，以党建工作高质量推动公司发展高效能，为环保水务集团攀登国企新高地，北投集团实现三年新跨越做贡献。

三、品牌内涵

三统：以党建为统领，统一公司发展目标，统筹公司一切工作，统合管理各种矛盾，全力实践党建工作与中心工作的融合、融同、融汇。

五自：聚焦党支部“标准+品牌”建设，筑强红色堡垒，凝聚红色力量，全力塑造党支部自组织、自修复、自涌现、自赋能、自驱动的“五自”精神。

环水红帆：凝聚党政合力、凝聚创新动力、凝聚骨干功力，全力塑造基层党委党建工作品牌，铸就环保水务集团、北投集团基层党建工作的一面旗帜。

四、创建目标

贯彻落实“环水红势能”党建工作品牌模式，创新落地“六大工程”，防城港环保水务公司党委以“党建+X”为党支部领航，以全力拼搏开拓新业务、拓展新市场、创新新机制，努力在环保水务新业务上实现大突破，为打造环保水务综合服务商提供坚强的组织保障。

2020年——品牌建设年，党委、党支部两级组织标准化建设夯基，全力构建“三统五自，环水红帆”党建工作品牌框架。

2021年——品牌塑模年，党委、党支部两级组织标准化全面达标，提萃党委、党支部品牌经验，萃取党建工作品牌模式。

2022年——品牌示范年，党支部标准化建设创环保水务样板，品牌党支部形成最佳实践，党委创集团党建工作品牌做示范。

五、主要做法和措施

防城港环保水务公司党委聚焦党支部建设，聚力党员队伍建设，聚合群团工作能量，将党建工作根植于公司管理、内嵌于安全环保、根植于市场开拓，致力于人才培养，落地于厂站建设，服务于民生工程，以党建工作的理念创新、机制创新、方法创新，推动党组织建设全面进步，实现党建工作质量全面过硬。

（一）“13631”核心模式引领

筑强一个堡垒：党支部标准化建设样板示范，品牌党支部建设塑型建模；

搭建三个平台：赋能讲台、兑标平台、竞技赛台；

落地六项工程：先锋工程、生态工程、文化工程、人才工程、民生工程、廉洁工程；

开展三项活动：思想教育微党课大赛、管理案例写讲评竞赛、专业技能人才竞赛；

培育一种精神：党支部自组织、自修复、自涌现、自赋能、自驱动的“五自”精神。

（二）党支部“五自”精神引领

一是自组织。引领党支部筑强红色堡垒，重塑红色精神，确立品牌建设目标，建立健全激励约束机制，做好过程控制，实现创建目标。

二是自修复。引领党务干部发现问题、研究问题、解决问题，开展好批评与自我批评，提升组织生活质量，实现问题自我修复和管理改善。

三是自涌现。引领党支部加强党员教育、增强党性修养、凝聚党员力量，引领党员立信念，知责于心；明目标，担责一身；领项目，履责于行。

四是自赋能。引领党支部提升领导力、组织力，在本部门营造学习场域，培育赋能教练，塑造红色势能，实现党支部和党员的自我超越。

五是自驱动。引领党支部做强“党建+”，实现党支部“部部有品牌”、党小组“组组有课题”、党员“人人有项目”、全员“人人有担当”、组织“年年有丰碑”。

（三）品牌建设“五机制”引领

一是党建工作责任清单制。建立党委党建工作责任清单、党支部委员党建工作责任清单、党建专员党建工作责任清单、以清单明责任、以清单促落地，以清单出实效。

二是党支部“三查三评”制。建立党支部考核评价办法，定期对党支部标准化建设和党支部品牌建设进行考评，以考评检验、以专评赋能、以互评对标。

三是党员素养炼化积分制。以党员参加组织生活、“党建+作用发挥”、党建活动成效、典型经验宣传等为积分要素，引领党支部建立党员素养炼化积分，通过“党员自查、党小组评价、党支部评定”促进作用发挥。

四是重点工作党建项目制。围绕公司管理重点、支部工作难点、基层治理问题点分党建创新、重点工程、党员攻关、疑难问题、特色活动五大类建立党建项目库。

五是典型经验示范兑标制。围绕党支部标准化建设，五个党支部分工担当，实操打样做示范；围绕品牌支部建设，营管支部塑型建模，提萃“四可”做带动，党委搭建兑标平台现场观摩，研讨示范。

六、主要成效

一是党委做好品牌定位，塑好模式做示范。防城港环保水务公司党委借力环保水务集团品牌模式理念与实践导航，联系公司实际和党支部现状，着力做好品牌定位，精准实践内容，全力建设“五自”党支部，提萃品牌模式打造基层党建工作品牌。

二是党支部标准化建设，规范落地做示范。营管党支部与环保水务集团党群工作部联手共建，以“组织建设、组织生活、党员管理、信息台账、阵地建设”五个标准化规范党支部标准化建设，实现了“七个有”，即党支部工作有规则、标准化实操有手册、标准化培训有教材、标准化示范有案例、标准化评价

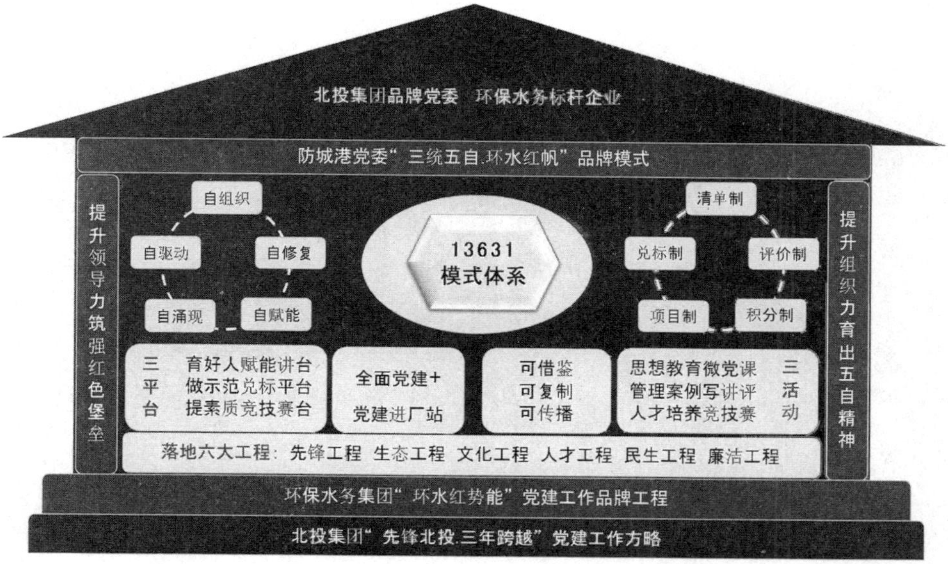

图一 防城港公司党委品牌模式谱系图

有体系、党员教育有阵地、党支部活动有对标，为环保水务集团党支部标准化建设全面达标做出示范。

三是党支部强品牌建设，提萃经验做示范。党支部激活组织功能、激发党员潜能，全面开展“党建+创新”，实现了品牌创建有主题、党小组实践有课题、党员先锋有项目、骨干争先有平台，为防城港所属党支部开展品牌建设做出示范。

如，营管党支部以安全为主线，开展了“党建+安全”之党员身边“无违章、无违纪、无事故、无差错”的“四无”活动，带动党员人人争做安全标兵，促进公司安环保工作质量提升，实现了安全生产无事故，环保管理质量达标。

再如，营管党支部以“五自”为目标，开展了“党建+管理”之党员业绩领先带头“降耗损、降成本、降投诉”的“三降”活动，并带动全员“三降”争先进，为公司管网报装、维修抢修、站点服务等管理提质、工作提速做出示范。2020 年以来，共为公司节约成本 120 多万元，投诉同比下降 63%。

四是人才工程精准赋能，机制创新做示范。党委立足三支人才队伍建设建机制、搭平台、给资源、做保障、强督导，确保人才工程有序推进。如，搭建赋能讲台，开展党建业务、专业技术、技能技巧等培训，开展“夜培课堂”，提升“导师带徒”质量和效果。再如，以党支部标准化建设、规范化落地为目标，营管中心党支部主动担当，打造了“组织生活实操一样板”，公司党委搭建兑标平台，为各个党支部做示范，促进标准化达标。

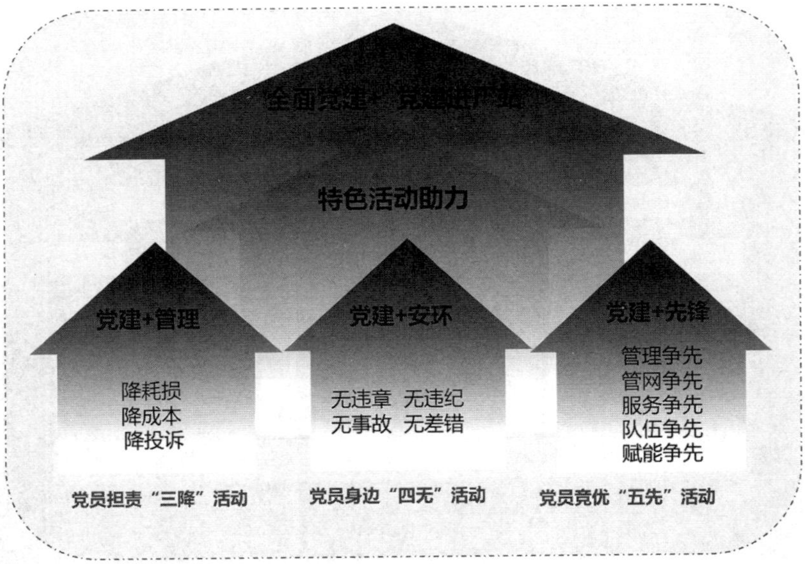

图二 防城港公司营管党支部“党建+创新”模式

2020 年以来，建立完善培训制度 7 项，签订“导师带徒”12 对，开展赋能活动 26 次。人才培养效果显著，其中培养技术人才 13 人，技能人才 25 人；选拔提升干部 14 人。

五是项目化机制萃方法，提质增效做示范。通过党建项目化管理实践党建工作全融合，以“建好五库，走好五步”把党建工作落实到一个个看得见、做得成的项目中。同时，提萃党建项目管理方法做好示范带动，2020 年以来，公司建立党建项目化管理突破重点工作 6 项，解决各类问题 8 项，提质增效 460 多万元。

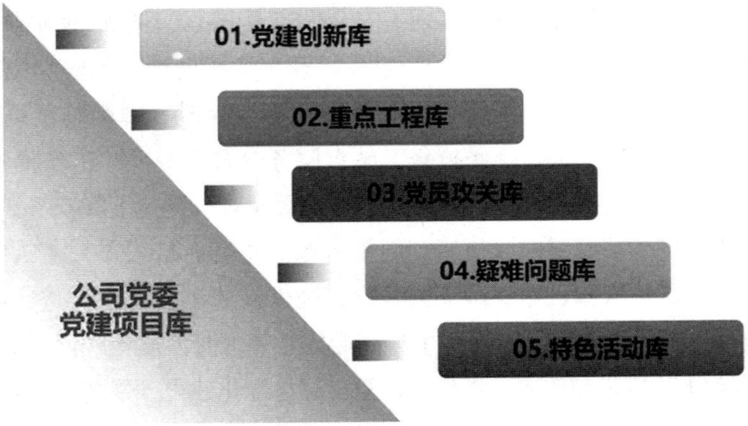

图三 防城港公司党委党建项目库模式

防城港环保水务公司党委党支部标准化建设项目责任清单

序号	项目名称	责任领导	责任人	协同共建	完成节点
1	制定《党支部工作规则》	×××	×××	环水党群部审定	5月份
2	编撰《标准化实操手册》	×××	×××	环水党群部审印	7月份
3	开发《标准化培训教材》	×××	×××	环水党委推广应用	8月份
4	提炼《标准化示范案例》	×××	×××	防城港定位示范	6月份
5	制定《标准化评价体系》	×××	×××	标准化达标评定	10月份
6	建设《标准化党员阵地》	×××	×××	六有阵地建设展示	9月份
7	开展《标准化对标活动》	×××	×××	五个支部兑标复制	9月份
要求	贯彻落实党章、《条例》，抓实三个基本，立足三个目标，为环保水务集团推进党支部标准化规范化建设落实样板。				

六是党委把方向强保障，六个到位出绩效。通过“13631”品牌模式引领，“五自”精神培育和六大工程的逐步落地，党委实现了“思想统一到位、目标一致到位、制度执行到位、学习创新到位、安环管理到位、综合绩效到位”的精准领航，创新实践了“抓党建促管理，强党建增业绩”新思维。

七、经验启示

一是在党建品牌打造中，公司党委关于党的建设的系统性思考与理念创新至关重要。防城港环保水务公司党委贯彻“全党党建、全员党建、全面党建”新理念，以全力创新引领“党建工作融入中心”，实现党建工作落地有声。

二是在党建品牌建设中，品牌内涵，目标导向，实践内容等精准与机制确立至关重要。防城港环保水务公司党委建构“13631”品牌模式，以实践核心、五自精神、五项机制引领的“个到位”，确保公司党建工作创新高效。

三是在党建品牌创建中，如何强化“三统三融”实现“三减三提”的方法创新至关重要。防城港环保水务公司党委从务虚和务实两个方面重新认识党建工作的“繁”与“简”，形成抓实党建六方法，实现去繁求简提效能。

作者：尹建明

五自登高　环水筑梦

——广西北投环保水务集团有限公司直属企业广西防城港北投环保水务有限公司营管中心党支部品牌实践案例

一、品牌名称

五自登高　环水筑梦

二、创建背景

为贯彻落实环保水务集团党委“环水红势能”党建品牌模式以及防城港环保水务公司党委“三统五自，环水红帆”党建工作品牌目标导向，防城港环保水务公司营管中心党支部以品牌党支部建设为实践抓手，以“党建+创新”为融合路径，争塑基层党支部党建工作品牌，为公司党委党建品牌建设提供坚强保障，为环保水务集团攀登国企新高地、北投集团实现三年跨越做积极贡献。

三、品牌内涵

“五自”：培育“五自”精神，付诸“五自”行动，争做“五自”的践行者，争做品牌党支部的创造者，争做环水先锋。

“登高”：党建在我心中，责任在我肩上，全体党员争做“党建+创新”的行动者，争做赋能员工的教练员，共同登高远航。

“筑梦”：党建为旗，品牌为帆，梦想就在前方，乘风破浪去筑梦，铸就营管党支部党建工作品牌，打造防城港环保水务公司的品牌党支部，树立环保水务集团基层党建工作的一面旗帜。

四、创建目标

做实党建+，逐梦在营管，标准化党支部建设样板做示范，争创防城港环保水务公司标准化党支部；

做强党建+，筑梦在营管，品牌党支部塑型建模做示范，争创环保水务集团品牌党支部；

做优党建+，圆梦在营管，党支部品牌力传播对标做示范，争创北投集团基层党支部党建工作品牌。

五、主要做法和措施

（一）知责于心，全力培育“五自”精神

一是自组织。党支部党政共举，确立品牌建设目标，建立健全激励约束机制，强化“管、控、评”，奋进创建目标。

二是自修复。党支部问题导向，确立问题解决路径，开展好批评与自我批评，强化“解决”问题，实现自我修复。

三是自涌现。党支部加强教育，增强党员党性修养，引领全体党员立信念明目标，参与党建项目，发挥先锋模范作用。

四是自赋能。党支部战斗堡垒，发挥组织功能，在营管塑造出红势能，凝聚起红势力，实现组织和党员的自我超越。

五是自驱动。党支部全面融合，强化“党建+创新”，实践“支部有品牌”“党小组有课题”“党员有项目”“全员有担当”，确保党支部“年年有丰碑”。

（二）担责于身，全力建构“五项”机制

一是党建工作责任清单制。党建工作以清单明责任，将党建责任明确到党支部委员、党建专员、全体党员及部门骨干，明确时间节点、明确标准导向、明确激励约束，做到以清单促落地、以清单促成效。

二是重点工作党建项目制。党支部主动认领公司党委党建项目，并联系部门的工作重点、支部的工作难点、厂站管理的问题点，参照党委的“五类库”建立了营管党支部党建项目清单，以选项与立项、组织与实施、验收与评估、总结与推广、宣传与形象“五步法”，确保项目质量和绩效产出。

三是党员五自培育积分制。党支部以党员“参加组织生活、党建+创新成效、特色党建活动、突击抢险贡献和典型宣传作用”五项内容建立党员积分办法，制定党员积分细则，全力培养党员的“五自”精神，带动“五自”行动。积分实行党员自查、党小组专查、党支部考查的“三查”机制进行。党员积分

情况和效果与党员评先选优相结合，与民主评议党员“格次”评定相结合。

营管中心党支部党员“五自”行动积分自查表

积分项目	积分内容	党员自查	党小组专查	党支部考查	季度积分
参加组织生活	组织生活 7 项制度落实，每次积 10 分，补会补课积 8 分				
党建+创新行动	“三降、四无、五先”活动每项活动 50 分，分项进行积分				
特色党建活动	党工团开展党建文化活动参加每次积 5 分，取得名次加分项最高 5 分				
突击抢险贡献	管网报装抢修、工程抢险等每次积 20 分，特殊贡献加分项，最高 10 分				
典型宣传作用	每季度一篇宣传稿件，投稿积 5 分，发表积 10 分；管理案例撰写积 10 分，发表积 15 分；超额完成加分项，每多 1 篇另积 20 分				
评价意见					

四是典型宣传示范兑标制。党支部以“三个 100”征集活动为依托，将党支部“党建+创新”的成果、经验、方法以及典型人物、优秀团队进行宣传示范；以主题党日活动为路径，将人才培养与党员作用结合起来，由党员轮值“解决一问题”“分享一经验”两个固定项，将技术技能技巧示范传承。品牌支部人人有担当，营管党支部积极提萃“四可”做带动，党员经验、党小组做法党支部兑标示范；党支部经验积极主动在党委搭建的兑标平台上做示范。

五是质量检验“三查”制。党支部建立“三查”评价机制，该机制是管理各项工作、控制工作过程、提升党建工作的手段。党支部定期对党员履责情况和“五自”行动进行考查，以党员自查促反思，以党小组专查促改善，党支部考查做评价、解难题、展亮点检验党建工作质量与成效。

（三）履责于行，全力实践“党建+创新”

一是“党建+专项行动”增绩效。引领党员在部门“急难险”时冲锋在前，为部门解忧患、增业绩。与法务部门联手，成立专项反窃水工作小组，营管部党员干部带头参与、严谨查访、快速行动，累计查处窃水违约用户 19 户，追补水量 5260 吨，挽回经济损失 1.38 万元。

二是"党建+双向赋能"育人才。立足岗位建设，培养技术技能人才，党员领导干部带头与员工结对子；部门一线有不少优秀的骨干，岗位能力强，现场经验丰富，党支部牵头将骨干与党员结对子，把党员培养成为技术能手。党员带骨干突出"带思想、带心态、带成长、带能力、带生活"，把骨干培养成为党员；骨干带党员突出"带技能、带技术、带现场、带实操、带管理"，把党员培养成骨干。2020 年以来，党支部主导结对子 12 对，党支部引领制定"双带"计划，开发培训课程，利用"夜培课堂"等形式，取得了较好的效果。

三是"党建+绩效管理"出业绩。管理成本与服务质量是部门业绩增值的关键因素，党支部带动党员开展"降耗损、降成本、降投诉"的"三降"活动，党支部强党建抓出部门好业绩。如，在降耗损方面，高质量完成 6 个高损片区管网整治，同期耗损合格率提升至 98%，同期耗损率控制在 23.5%以下；在降成本方面，完成计量异常工单 228 个，追补 12400 吨的水费；进行反向水量核查 47284 户，整改不规范接线 438 处；在降投诉方面，建立投诉目标控制机制，以"服务标兵"评选提升服务站点服务质量，投诉同比下降 63%。

四是"党建+安全环保"强助力。营管党支部加强安全文化建设，深化安全管理，以专项行动为依托，以党员身边"四无"活动为抓手，实现了广大党员无违章、无违纪、无事故、无差错。同时，党员先锋做示范、做带动，身边员工的"四无"带动效果明显。另外，对农村用水隐患进行整治，排查管网隐患 36 处，整改 17 项；对 19 个现场进行安全督导，消除风险隐患 12 项，违章和不规范同比下降 93%。

六、主要成效

一是党支部构建模式，创品牌。党支部落实党委号召，围绕公司党委"三统五自，环水红帆"品牌目标，全力创新开展"党建+"，形成了"五自登高，筑梦环水"的党建工作品牌模式。同时与公司党群工作部和环保水务集团党群工作部联合共建党支部标准化建设项目，完成了党支部标准化建设之"标准化实操一样板"工作，为各个党支部带了好头。

二是党小组总结经验，创业绩。围绕环保水务集团开展"百佳案例、百佳故事、百佳人物"的"三个 100"活动，党支部以党小组为战斗单元，组织党

图一 营管党支部品牌支部建设模式图

员、骨干总结各自岗位、站点的管理经验，解决问题的好方法、好措施、好机制，形成管理案例上报公司。截至2021年12月，营管党支部完成管理案例总结提炼5个；开展党建故事征集，党员骨干以“身边人、身边事”为主导，撰写党建故事6个；推荐百佳人物14个。以案例“讲、评”活动带动部门管理水平提升，解决现实问题，促进人员技能提升；以故事传播人物，给自己找到学习的榜样，促进了部门“人和事”的思想转变，实现了“由被动到主动、由强制到自觉”的转变，“五自”精神培育向全员演变。

三是党员骨干提萃方法，创价值。主题党日创新、党员骨干双培养以及“赋能争先”的引领，不仅带来了部门管理方式的转变，更带动了党员骨干思想和行动的转变。如，主题党日“解决一个问题”，党员领导干部、支部委员纷纷争先，以问题为导向，积极总结提炼自己“发现问题、解决问题”的管理经验和工作方法，形成“微课”，并在主题党日活动中讲述。2021年以来，通过主题党日活动创新，党员领导干部解决问题8项，党员分享经验6项，带动党员积极参与，促进部门管理，提升了主题党日活动的质量；提升了党员骨干的总结、写作能力，更提升了党员骨干的语言表达能力，创新了管理价值和成长价值。

四是全员“五自”育精神，创形象。党支部树立“全员党建”思维，全力开展“党建+”工作。2021年，以“管理争先、管网争先、服务争先、队伍争先、赋能争先”的“五争先”以引领，搭建“五争先”平台，带动营管部门全员践行“五自”理念，孕育出环水人认真、负责、超前、精益的“五自”精神，化育出环水人“急、难、险”时的“五自”行动，培育出环水人的“五自”形象。

“自组织”：党员领导干部解决问题积极主动，重点工作、急难工作等主动沟通，共商共举，主动形成临时“微组织”，时时做好“微循环”，部门工作效率得以提升。

“自修复”：“关系紧张”落实谈心谈话制度及时化解情绪；“产生矛盾”主动开展批评与自我批评，快速消除隔阂；“出现问题”主动协商解决或寻求组织调解，创新党建育“五自”精神，营造出部门良好的“生态环境”，优质的“工作环境”和“人本环境”。

“自涌现”：党支部书记履好全责抓主业、当主角，带动支委班子做提炼、塑模式、创品牌。党小组主动担当，轮值办好主题党日，做好党建小课题，提炼管理小案例。党员主动担责，参与党建一项目，分享管理一经验，积极投入“党建+”。党支部筑强堡垒，带出积极向上的员工队伍，实现了组织的自我超越。党员拿起笔萃经验、讲方法，走上讲台、走上赛台，能力素质实现了自我超越。

“自赋能”：全体党员和不是党员的班子成员，围绕“队伍建设争先”超前思考，主动结对子，做好“五带”规划，利用“夜培课堂”率先为他人赋能；党员骨干以主题党日“分享一个经验”，自我加压提升总结能力和写作水平，总结提炼各自在岗位上的工作窍门、小改小革、维护绝活等进行经验传承。

“自驱动”：自驱是“强制变自觉、被动变主动”的思想升华，在党支部品牌建设中，在“五自”精神培育中，营管党支部收获满满，铸就“五自登高，圆梦环水”品牌。

五是“五自”精神确立，创样板。党支部经过实践与创新，总结与提炼、验证与效果，品牌建设目标基本达成，培育出了营管党支部的“五自”精神，树立了环水人的良好形象。

1. 品牌目标基本达成

◉ 党支部有工作品牌——五自登高，筑梦环水

◉ 党小组有创新课题——管理案例“写·讲·评”

◉ 党员有党建项目——“党建+安环+管理+……”

◉ 全员比争创有行动——五个争先打造营管特色

◉ 党支部有工作丰碑——“五自”精神基本确立

2. 五自精神基本确立

◉ 五自精神：杜绝不转、强化公转、克服自转、严禁反转

◉ 五自理念：管理争先、管网争先、服务争先、队伍争先、赋能争先

◉ 五自行动：党建+管理之“三降”、党建+安环之“四无”、党建+争先“样板”

◉ 五自口号：今天再晚也是早，明天再早也是晚

图二　营管党支部“五争先”引领目标

七、经验启示

一是党支部品牌建设需贯彻组织引领导向目标，以导向作为航标，以目标促落地。

二是党支部品牌建设需契合本部门的实战需求，党建跟着重点走，以创新保落实。

三是党支部品牌建设需根植于中心管理的目的，脱离目的必走虚，以党建提管理。

作者：严瑞萍

国门先锋　生态卫士

——广西北投环保水务集团有限公司直属企业广西东兴北投环保水务有限公司党支部党建品牌实践案例

一、品牌名称

国门先锋　生态卫士

二、创建背景

为认真贯彻落实广西北部湾投资集团有限公司“先锋北投·三年跨越”党建工作方略和广西北投环保水务集团有限公司（以下简称“环保水务集团”）“环水红势能”党建品牌模式，广西东兴北投环保水务公司党支部落实品牌理念，落地“六项工程”，以打造东兴水务一体化为目标，以强化生态环境、争当生态卫士为己任，以“国门先锋·生态卫士”为主题内涵，创新实践党的领导全覆盖，推进党建工作全融合，实现党建工作全过硬，着力把东兴环保水务公司党支部打造成为国门东兴的坚强战斗堡垒，为环保水务集团攀登国企新高地，为公司做大做强建新功。

三、品牌定位与内涵

东兴口岸是国门的象征，是中越边境的国威所在，环保水务集团东兴环保水务公司担负着东兴国门的供水安全和环保生态环境建设。东兴环保水务公司以保障供水安全的民生工程、以青山绿水的环保生态工程、以水务一体化的开拓工程、以精心服务的民生工程、以品牌党建的创新工程为奋斗目标，领航生态理念、打造生态环境、塑造生态卫士，以东兴环保水务的高质量发展攀登国企新高地，创值北投新跨越。

四、创建目标

（一）三年规划目标做导向

2020 年——查问题、补短板、促改善，党支部标准化建设规范落地，争创星级党支部；

2021 年——融中心、敢创新、提管理，党支部标准化建设全面达标，争创品牌党支部；

2022 年——聚合力、萃经验、创品牌，党建工作品牌提萃塑型建模，创党建工作品牌。

五、主要做法

东兴环保水务公司党支部落地环保水务集团品牌建设“六大工程”，联系实际确立“抓班子、带队伍、强三基、育人才、促发展”五项工作任务，以“123456”的党建创新理念引领和党员“五微行动”塑造党建品牌模式，创建环保水务集团品牌党支部，创效东兴水务，创值环保水务，奉献北投集团。

（一）“123456”党建新理念

“1”是确立一个目标：以东兴水务一体化为奋斗目标，着力构建环保水务管理标杆企业，为北投集团创值。

“2”是创新两个建设：以标准化规范化党支部建设和品牌党支部建设为抓手，筑强红色堡垒，塑造生态卫士。

“3”是搭建三个平台：搭建党员先锋作用平台，服务岗位示范赛台，标杆人物赋能讲台。

“4”是强化四心服务：党员与党员谈心，党员与员工交心，宣环水文化聚心，赋能员工有爱心的“四心”服务。

“5”是创新五微行动：思想教育微党课、安环文化微案例、双向培养微组织、兑标示范微讲堂、走访现场微视频。

“6”是实现六有成果：党建创新模式成果、文化宣贯落地成果、党员教育阵地成果、赋能教练人才成果、四心服务聚力成果和市场开拓业绩成果。

（二）党员先锋“五微行动”

党支部着力六项工程，联系理念导向，致力奋斗目标定位，党员先锋作用

“五微行动”做引领，每个党员根据自身岗位特点和能力水平，选择“五个微”做好先行、当好表率，真正干给员工看，带领员工干。

一是思想教育微党课。将党员先锋作用发挥与员工思想政治教育、公司形势任务教育、文化落地宣贯教育、三观三德教育等契合，以“微党课”形式呈现，实现思想教育覆盖全员，提升教育的质量和效果。

二是安环文化微案例。将党员先锋作用发挥与全员安全责任教育、环保意识教育、安环管理经验总结、经营管理方法提萃等契合，以“微案例”形式呈现，把经验变成公司的财富，实现可学习可复制的规模效应。

三是双向培养微组织。将党员先锋作用发挥与提升培训质量、培养企业教练、赋能员工成长成才、带动骨干“一专多能”等结合，以“微组织”形式推进，把党员培养成骨干，把骨干培养成党员，双向培养抓好人才建设。

四是兑标示范微讲堂。将党员先锋作用与实施精准培训、精益经营管理、提升工程质量、岗位技能提升、教练工匠人才培育等相契合，以“微讲堂”形式开展小课讲座、案例分享、搭台兑标、对标提升等活动。

五是走访现场微视频。将党员先锋作用与服务基层、赋能基层、宣传示范相契合，将党员领导干部走访基层调研、走进基层排忧、赋能基层解难等以微视频形式呈现，提升宣传工作效应。

（三）党员骨干“四心”服务

一是党员与党员谈心：落实谈心谈话制度，党员与党员结对子，定期谈心解难题、化情绪、增党性、提干劲。

二是党员与员工交心：党员与多名员工结对子，通过“六带”实现“三促”，促进全员与公司“同步同行”。

三是宣环水文化聚心：针对环保水务集团企业文化理念宣贯，党员担当宣传员，在与党员谈心、与员工交心服务中向员工宣贯企业文化，引领“内化于心，外化于行”。

四是赋能员工有爱心：围绕队伍建设和团队建设，以职工代表、劳动模范、共产党员为主体与多名职工结对子，办实事，开新局，走进基层，访特殊家庭，解员工难题，助员工成长。

（四）管控评机制重激励

基于东兴环保水务公司党支部组织现状和党员分布状况，联系北投环保水务集团党建工作落地要求和品牌党支部创建内容，党支部做好模式设计，建立

“管控评”机制，确保党建工作落地、规划目标达成。

一是建立党建责任清单机制。把党建工作责任到支部书记、责任到党员、责任到骨干、责任到团员、责任到劳模、责任到职工代表，全员党建促进全面融合。

二是党员担责炼化积分机制。以炼化积分机制强化党员教育管理，控制“五微”党建行动，评价党员作用效果。

三是重点工作项目化机制。推进党建工作全融合，把公司重点工作、难点工作、现实问题解决等以党建项目化来推进，引领党员领导干部认领重点项目，带动党员参与党建项目，实现党建工作显性化，提升支部工作效果。

四是党员和骨干轮值机制。推行轮值机制，由党员和骨干分别当主角、担责任，在党史学习教育中担责、在主题党日创新中担当、在服务群众中赋能、在“五微行动”中创优。

六、主要成效

东兴环保水务公司党支部在品牌党支部建设中，贯彻“标准+品牌”，以标准化夯基础，以品牌化促融合，以“五微”促行动，以“四心”聚合力，品牌建设塑型建模，经验总结提萃成法，产出了六大成效，形成了六大成果。

第一，党建创新模式成果。“国门先锋，生态卫士”支部党建工作品牌模式全面形成；党史学习教育与主题党日创新“8+N”模式和主题党日“7+X”模式育出红势能。模式呈现如下：

在品牌创建中，支部书记负全责，强化品牌设计，制定品牌方案，确立实践内容，建构创新机制，搭建作用平台，做好管控评价，强化目标评定，做好经验推广，争创北投品牌支部，形成基层党建工作品牌。如，贯彻“党的领导全覆盖、党建工作全融合、党建质量全过硬”的党建新思维，以“党建工作全量化”构建党支部品牌建设工作模式，“一图概全貌，统领品牌路”。

再如，将党史学习教育与主题党日活动创新相结合，形成了“8+N”主题党日活动模式。通过该模式落实党史学习教育任务，引领带动党员“学习率先、创新争先、业绩领先、服务在先”，既促进了党史学习教育与党员先锋模范作用发挥的融合，更是解决了“工学矛盾”，实现了集中学习教育常态化，提升了党史学习教育的效果。

第二，文化宣贯落地成果。将“绿动环水，合和共生”文化理念体系落地与党建工作充分结合，以思想教育微党课促进文化落地，全员的执行力、开拓

图一　东兴环保水务公司党支部品牌创建谱系图

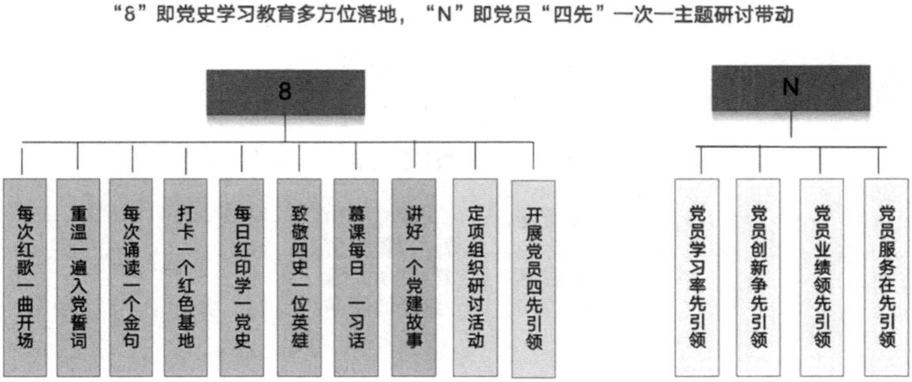

图二　党史学习教育“8+N”主题党日模式

力、示范力显著提升。

在品牌建设中，全体党员争先锋，立足岗位建功，付诸五微行动，履好四心之责，做好赋能教练，在东兴水务一体化进程中、在公司做大做强中争当环水先锋。

如，党支部精准定位开展的党员“五微行动”，并以党员承诺践诺促进落地，以党建工作融入中心多方位搭建党员作用平台。“五微行动”是党支部精准领航搭建的党员先锋模范作用平台，更是党支部在契合中开展的特色党建活动；是党建工作融入中心的创新实践，更是典型宣传的方法载体。

微党课——以主题党日活动为载体，强化思想政治和形势任务教育。

微案例——以安全文化建设为介质，强化经验总结和典型示范带动。

微组织——以人才培养的组织赋能，强化机制措施和高效赋能服务。

微讲堂——以解决问题的方式方法，强化搭建三强和兑标对标示范。

微视频——以典型事物的视频宣传，强化典型选树和标杆势能带动。

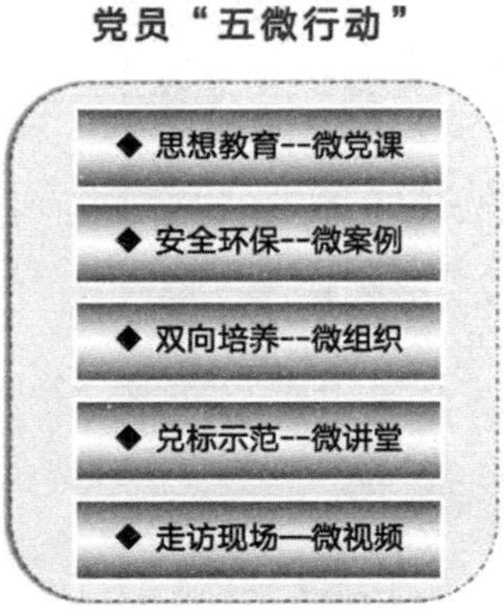

东兴党支部XX党员“五微行动”评价表

党员姓名：　　岗位职务：　　支部专评时间：2021年XX月XX日

序号	五微行动	具体任务	完成节点	积分标准	自我评价
1	思想教育微党课	党员学习率先强党性	6月份	20	
2	安全环保微案例	岗位部门经验写讲评	8月份	20	
3	双向培养微组织	结一员工做赋能成长	7月份	30	
4	兑标示范微讲堂	“三台”做一经验分享	四季度任选	20	
5	走访现场微视频	党建进基层宣传一视频	每季度一篇	30	
说明	1.党员“五微行动”每季度党员自评，党支部以季度做专评，占党员积分权重的40%； 2.第3项以季度考核，以月度积分，有赋能计划，月月有赋能行动，每月积10分； 3.第5项以季度考核，以月度积分，月月有视频报送或宣传稿件，每月积10分； 4.党员完成“五微”，按积分标准的80%进行自评，另20%党支部以专评进行积分				

图三　东兴党支部党员“五微行动”

党员争先锋承诺书

我是党员，我庄重承诺：

新征程，一体化中立新功
新担当，品牌建设勇担责
新目标，五微行动争先锋
新作为，四心服务做表率

党员签名：XXX XXX XXX
XXX XXX XXX

2021年5月

图四　东兴党支部党员争先锋承诺书

第三，党员教育阵地成果。党史学习长廊、支部活动阵地、四心服务站逐步建成，发挥着党建文化主阵地、加强教育主战场的作用。

第四，赋能教练人才成果。党支部以党员骨干为核心成员，着力开展组织是赋能平台、党员是赋能教练的人才培养模式，自党支部成立以来，技能人才培养机制不断健全，签订了赋能师徒，培养工作正在积极开展中。

图五　东兴环保水务公司党支部党员阵地建设

第五，四心服务聚力成果。支部以党建带工建和团建，精心设计党员骨干四心服务卡，将联系群众制度落在实处，以“一张联系卡，联出合和力”，谈心谈话谈出生产力，交心交出和谐力，爱心汇出凝聚力，以党、工、团工作质量的提升促进企业并购后的平稳过渡。

如，党支部契合公司经营现状和市场开拓需求以及形势任务教育开展要求，精准引领党员“服务在先”，精心设计党员“四心”服务内容，做好结对子工作，凝聚起企业合力，为公司并购平稳过渡保驾护航。

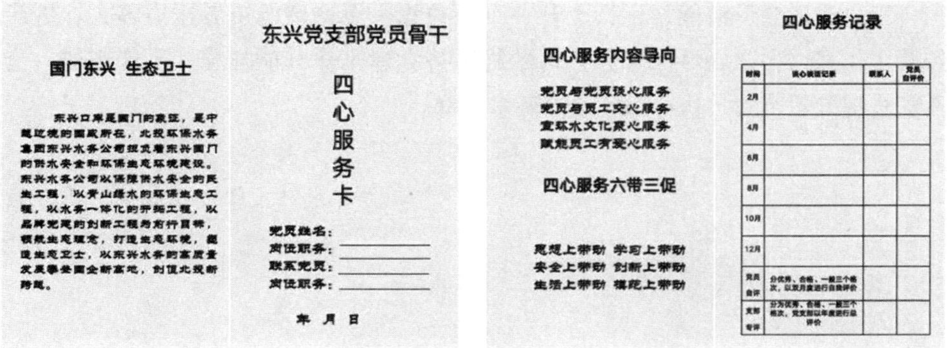

国门东兴　生态卫士

东兴口岸是国门的象征，是中越边境的国威所在，北投环保水务集团东兴水务公司担负着东兴国门的供水安全和环保生态环境建设。东兴水务公司以保障供水安全的民生工程，以青山绿水的环保生态工程，以水务一体化的开拓工程，以品牌党建的创新工程为前行目标，领航生态理念，打造生态环境，塑造生态卫士，以东兴水务的高质量发展攀登国企新高地，创优北投新跨越。

东兴党支部党员骨干

四心服务卡

党员姓名：

岗位职务：＿＿＿＿＿＿

联系党员：＿＿＿＿＿＿

岗位职务：＿＿＿＿＿＿

年　月　日

四心服务内容导向

党员与党员谈心服务
党员与员工交心服务
童环水文化聚心服务
赋能员工有爱心服务

四心服务六带三促

思想上带动　学习上带动
安全上带动　创新上带动
生活上带动　模范上带动

四心服务记录

时间	谈心谈话记录	联系人	党员自评
2月			
4月			
6月			
8月			
10月			
12月			
党员自评	分优秀、合格、一般三个格次，以双月度进行自我评价		
支部专评	分为优秀、合格、一般三个格次，党支部以年度进行总评价		

图六　东兴党支部党员骨干“四心”服务卡

第六，积极推进市场开拓工作，主动开拓市场项目 2 项，同时东兴环保水务公司民生工程质量全面提升，实现了环保全面达标和安全供水。

东兴环保水务公司党支部以标准化建设提升党员执行力，以品牌化建设提升全员行动力，以“融入中心抓党建，抓好党建促绩效”提升了政治力、生产力、战斗力，以党建工作的高质量促进了东兴水务的高质量发展和高绩效产出，为环保水务集团“1162”发展新基调做出了积极贡献，在六个见成效中建立新功。

党员姓名	联系党员姓名	联系员工姓名	备注或要求
XXX	XXX	XXX	
XXX	XXX	XXX	
XX			
XX			

图七　东兴党支部党员结对联系统计表

七、经验启示

一是加强理论武装，思想上升一个新高度，“基层党建工作做实了就是生产力，做强了就是竞争力，做细了就是凝聚力”是东兴环保水务公司对基层党建工作的精准认知，争塑基层党建工作品牌。

二是激活组织功能，行动上升一个新目标，在“环水红势能”党建品牌建设中，东兴环保水务公司提升领导力、组织力，全面促融合，以党建促管理、增效益、强民生，争创北投集团先进党支部。

三是激发党员潜能，言行上升一个新共识，无论市场拓展压力多大，生产经营工作多忙，东兴环保水务公司始终坚持党建工作只能加强、不能削弱，全面党建提升示范力、执行力，争当环水先锋。

作者：钟文辉　龙红霞　王　媛

环水红锋　拓先竞优

——广西北投环保水务集团有限公司直属企业 广西北海北投环保水务有限公司党支部党建品牌实践案例

一、品牌名称

环水红锋　拓先竞优

二、创建背景

为贯彻落实广西北部湾投资集团有限公司（以下简称“北投集团”）“先锋北投·三年跨越”党建工作方略和广西北投环保水务集团有限公司（以下简称“环保水务集团”）党委“环水红势能·筑就新高地”党建工作品牌，围绕环保水务集团“1162”发展总基调，广西北海北投环保水务有限公司（以下简称“北海环保水务公司”）党支部以“重引领、强开拓、育团队、增干劲”为目标导向，以示范党小组建设为抓手，推动党建工作与中心工作融合，以高质量党建工作推动公司高质量发展，为环保水务集团攀登国企新高地建新功。

三、品牌定位与内涵

秉承红色精神，积极开拓北海市环保水务领域项目市场，拓展公司多元化的运营模式，优化营商环境；

筑强红色堡垒，以党支部组织力提升促进公司管理水平，保障供水安全和生态环境保护，为环保水务集团创值；

凝聚红色力量，上下同心为环保水务集团创造更大的效益，打造一流党建工作品牌，在“六见成效”中竞先锋。

四、创建目标

2020 年——党支部标准化建设规范落地，树立党建品牌建设新理念，争创环保水务集团星级党支部；

2021 年——党支部标准化建设全面达标，品牌党支部建设塑型建模，争创环保水务集团品牌党支部；

2022 年——党支部党建工作质量全过硬，品牌支部经验提萃做示范，争创北投集团示范党支部。

五、主要做法

党支部树立党建工作新理念，落实环保水务集团“六项工程”，以支部跟着中心走，党员跟着重点走为理念，促使党建工作融日常、融问题、融重点、融基层，以品牌党支部创建推动北海环保水务公司各项发展，实现组织进步和公司发展。

（一）党支部引领建好能量场

1. 搭好“三台”

一是搭建微课兑标讲台。让党员骨干当主角、做教练提升党建学习质量，开展各项培训，促进管理改善，助力人才成长。2020 年以来，党支部开展集中培训 6 次，赋能党员、员工 144 人次。

二是搭建岗位竞技赛台。围绕公司人才发展需求导向和岗位技能的提升，党支部搭建关键岗位、后备人才培养竞技赛台，育好人才促发展。如针对部分员工对净水制水方面的技能短板，设立技术岗、维修岗等，组织设备维修员工参加环保水务集团技能竞赛。

三是搭建团青分享舞台。发挥公司团员青年的作用，搭建分享舞台，育出分享达人，促进公司技术技能骨干的岗位技巧和管理经验的分享传授。组织团员青年针对应急抢救、OA 处理流程搭建处理技巧进行分享；在党史学习教育中，1 名党员积极参加集团举办的“红色故事”分享大赛，并获得优秀奖。

2. 育好“三才”

一是培育市场开拓先锋。围绕市场开拓项目，引领党建工作与公司重点工作融合，激发党员潜能，引领党员在市场开拓中发挥自身优势竞业绩、争先锋。

二是培育关键岗位能手。围绕民生工程和公司形象，引领党员在保障供水安全和生态环境保护方面，立足岗位争做岗位能手创业绩，争做环水先锋。

三是培育赋能成长教练。围绕各项管理工作的质量提升，引领党员骨干在精准培训、育岗位能手、做党务专家等方面争做赋能教练，加速人才成长。

3. 做好“三化”

一是重点工作项目化。把公司、部室的重点工作以党建项目化的形式来推进，以党员人人“参与党建一项目”担当责任，建立项目清单，促进重点工作突破，推动公司管理。如，对公司本部办公场所大院入口内侧围墙进行了维修翻新、绿化，并制作了企业文化墙，不仅美化了环境，还全面提升了公司的整体形象。

企业文化墙党建项目管理结项表

项目编号：　　　　结项时间：2021　年 6 月 30 日

项目名称	企业文化墙制作项目	项目负责人	XXX
项目成员	×××		
项目类型	党建体系库√　实践创新库　人才模式库　重点工程库 技术攻关库　疑难问题库		
项目等级		完成时间	2021.06.04
项目背景	北海环保水务公司一体化管理后，为方便和市政府相关职能部门对接工作，拓展环保水务市场，推进北海水务一体化合作整合等工作，北海环保水务公司将公司办公场所搬回原来上海路办公楼进行办公。		
预期目标	创造优良的办公环境，全面提升公司的形象，进一步做好公司企业文化宣传。		
项目预算	3.1万元		
项目计划	对公司本部办公场所大院入口内侧进行维修翻新，并制作企业文化宣传栏。		
配合需求	寻找三方广告公司进行询价，广告制作费用总价以报价最低价单位中标		
项目成果	公司本部办公场所大院入口内侧进行了维修翻新，并制作了企业文化墙。		
项目评估	能够达到预期效果		
	支部意见	签名（盖章）：×××	
项目结项			
项目激励			
推广价值			

图一　党建项目化管理

二是党建工作流程化。把支部党建工作以流程化形式来推进，明确完成目标、完成节点、完成质量，提升党建工作质量和效率。

三是典型经验案例化。以“抓典型、树标杆、推经验”为导向，促进公司在管理经验、管理方法、管理成效、解决问题方法等方面以案例的形式来呈现，推动经验共享、价值共创。

4. 创好“三例”

一是安环文化案例。落实环保水务集团优秀案例征集活动，做好北海环保水务公司党支部案例征集的撰写申报，将以案例讲述、评价的实施促进公司各项管理的提升，塑造公司文化软实力。

二是市场开拓案例。市场拓展是目前工作的重中之重，也是支撑多元发展的重点工程，党支部引领做好市场拓展中经验的总结、方法的提炼，以经验案例做示范引领公司做大做强。提炼北海环保水务公司的管理经验，以《多措施并举，营造良好营商环境》《工作有效率 考核来助力》《抓管理、强沟通、推建设》《PLC 自动加药投加系统的应用》《合浦县污水处理厂关于对二沉池吸泥机的技改》等典型案例申报集团创新成果。

三是标杆人物案例。以“身边的人、身边的事”“公司的人、公司的事”“现场的人、感人的事”为主题引领全员讲好党建故事，选树公司各方面的标杆人物，形成标杆案例为全员树立学习对标的榜样。选树了污水中心维修团队为标杆团队，团队以提高团体专业技能、抓好设备基础管理为核心任务，完成了多个设备大修任务，多次攻克设备难题，用“小技改”做出“提质增效”大文章，为设备优化改造和安全稳定运行保驾护航。

5. 塑好“三模”

一是党支部品牌创建模式。落实环保水务集团党建品牌六项工程，落地党支部品牌建设创建内容，着力打造北海环保水务公司支部党建工作品牌模式。

二是示范党小组实践模式。发挥党小组的作用，落地支部党建品牌各项工作，以党小组的实践创新，着力塑造示范党小组模式。

三是党员争先锋引领模式。发挥党员的先锋模范作用，引领党员立足岗位做业绩、做标杆、做示范，着力塑造党员炼化积分模式。

（二）党小组实践做好能量源

公司以水厂、污水厂和部室为三个主体，成立三个党小组，以党小组作用的发挥和创新实践，组建三支队伍，搭建党员作用平台，组织党员立足岗位学好习、干好事、争先锋。

一是组建党员抢险队。围绕管网报装、报修、抢修等，组织党员抢险队，引领党员在重点工程、重点工作、抢修抢险中发挥模范作用，争做环水先锋。如，2021 年广西“壮族三月三”期间，供水管道途经 16-17#连通井段红花根村木薯地处、泵站上游亚细村排水沟处、红花根村路口铁棚屋处连续发生爆管，党员抢险队员们身先士卒，主动放弃假期，兵分三路第一时间奔赴现场，以“白加黑”“5+2”的工作强度，以最短的时间完成爆点的抢修，彰显了北投环保水务人的使命担当。

二是组建本部服务队。落实“服务、指导、监督”三项职能，组织部室管理岗位的党员开展服务基层进厂区、进站点，夏送清凉到现场，岗位技术送班组，解决难题在基层等工作，促进部室职能发挥，提升部室工作质量。如，本部服务队深入现场工地，为冒着高温酷暑战斗在一线抢修人员送去清凉饮品，送去党组织和工会组织的关怀和爱心。

三是建设教练赋能队。人才的培养需要公司的平台支撑，人才的成长需要赋能的教练，北海环保水务公司立足关键人才成长，需求人才培育，着力发掘有本领、有技术、有技能、有责任心的教练人才，培育出公司自己的教练队伍，以“人人争当赋能教练”为方法推进公司人才建设，促进管理提质。

（三）党员勇冲锋做好能量体

党支部以党员作用发挥“平时看得出来、难时站得出来、险时豁得出来”为目标，开展党员“十个一”活动，为党员搭建发挥作用的平台和担当责任的平台，并将通过党员“十个一”炼化党员素质素养和品格习惯，实践党员干给群众看，带动群众干。

1. 水厂、污水厂党员“十个一”引领

党支部根据水厂、污水厂岗位特点和党员实际，定位“党员十个一”导向，党小组引领党员创新落地，以党员能力、岗位特点和党员实际，以党员三个必做项，一个“X”递增自选项，逐步实现党员“十个一”。

2. 公司部室党员“十个一”引领

党支部根据公司部室管理特点和党员实际，定位党员“十个一”导向，党小组引领党员创新落地，以党员能力、岗位特点和党员实际，以党员四个必做项，一个“X”递增自选项，逐步实现“十个一”。

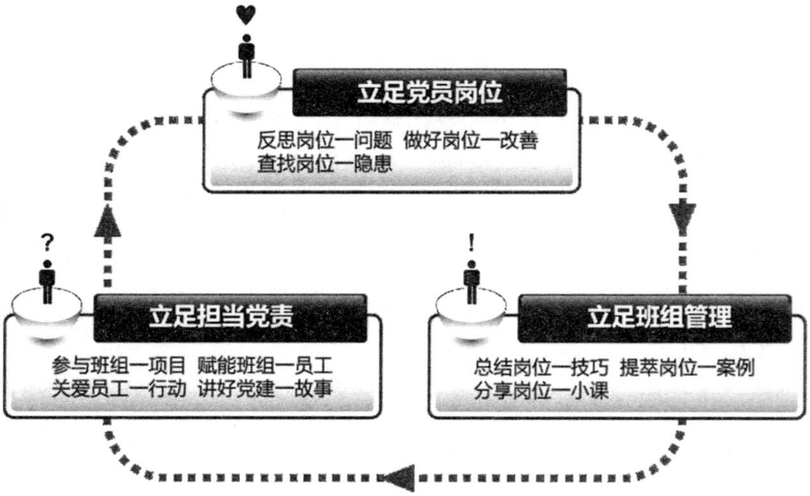

图二 水厂、污水厂党员“十个一”引领

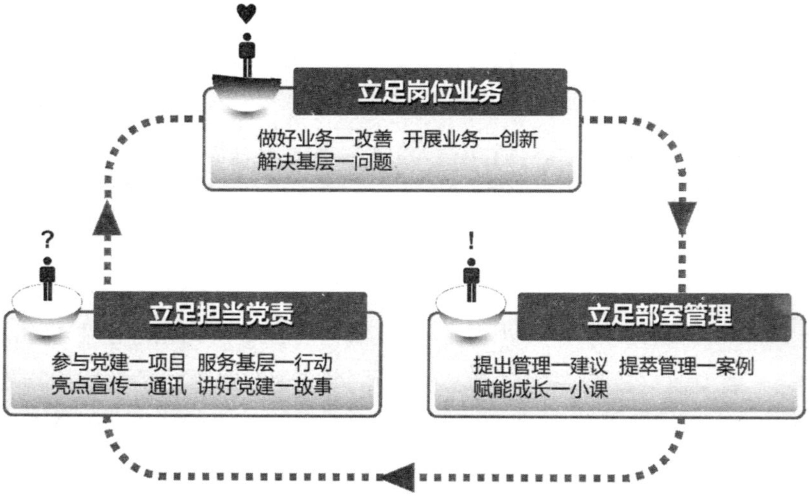

图三 部室党员“十个一”引领

（四）建立“管控评”三项机制

一是建立党建工作责任清单机制。将党建工作责任到支部委员、责任到党员、责任到骨干，促使党建工作党员人人肩上有责任、骨干人人有担当。

二是建立示范党小组评价机制。以党员自查、党小组互查、党支部专查为手段，把党小组作为活力之源推动党支部工作全面落地，创建示范党小组。

三是建立党员炼化积分机制。以党员参加组织生活、党建担当“N 个一”活动、参加党建活动质量等为要素，建立党员炼化积分办法，提升党员素养。

北海党支部党员炼化积分细则

序号	项目	积分内容与积分标准	备注
1	学习率先	1. “三会”参加，每次积 5 分； 2. 党课教育参加，每次积 10 分； 3. 主题党日活动，参加每次 10 分； 4. 支部或党小组特色活动参加，每次积 5 分； 5. 组织生活会和民主评议党员积 10 分，会后整改措施到位落实到位有成效积 10 分； 6. 主动担当开讲“微党课”或“微案例”，每课积 10 分； 7. 按要求参加党内业务、党员主题教育培训每次积 5 分。	1-3 项因故不能参加，但是能及时补课的按 4 分或 8 分进行积分
2	业绩领先	1. 党员责任区或党员示范岗活动有特色有成效，支部评价进入前三名的积 10、8、6 分，主动利用平台做示范带动的积 10 分/每次； 2. 党员有新闻宣传报道稿发表积 5 分/每篇；有经验总结宣传通讯报道的积 10 分/每篇； 3. 每月度参与班组建设活动，有赋能服务积 5 分/每次； 4. 积极准备参与公司举办的各项党建活动的积 5 分/每次，取得名次的按名次积分。 5. 各项活动分享有 PPT，有专项点评积 5 分； 6. 积分周期党员自身无“三违”积 5 分，结对群众“无三违”积 10 分； 7. 党员所在班组无安全事故且完成任务，党员积 10 分。	践行党员十个一
3	创新争先	1. 主动参与党员攻关项目积 5 分/每项，独立项目且高质量完成积 10 分/每项； 2. 党员立足班组赋能进班组、党建进班组，每项赋能服务活动积 10 分； 3. 党员产出质量成果，每项积 10 分； 4. 质量控制、管理创新、技术创新成果有经典案例产出且很好宣传示范，积 10 分/每项。	践行党员十个一
4	服务在先	1. 党员群众结对子学习帮扶到位，有服务计划，服务内容等积 5 分； 2. 党员骨干“双培养”活动开展到位，有成效积 5 分； 3. 党员主动走进班组、服务群众有特色积 5 分。	践行党员十个一

图四　党员炼化积分细则

六、主要成效

一是书记扛大旗，中心意识越来越强。党支部书记履行党支部工作全面责任，在品牌支部创建中抓主业、担主责、当主角，抓好班子，带好队伍，树好典型，塑好模式，推好经验。党支部书记知责于心、担责于身、履责于行，建立“三制”做好管控评，搭建“三台”育出好人才，做好“三化”重点有突破，组建“三队”党员作用好，双“十一”引领带动创优，创出“三例”经验做传播，塑型“三模”集团做示范，扛起了六项工程，筑强红色堡垒的大旗。

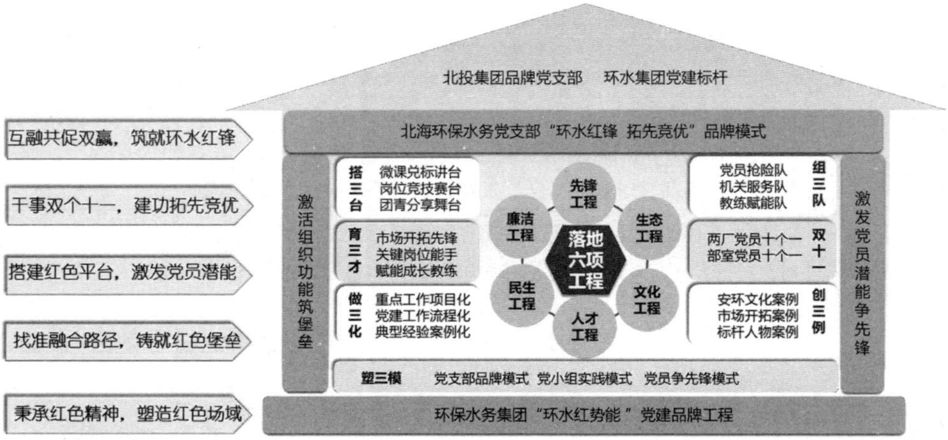

图五　北海环保水务公司党支部品牌模式谱系图

二是支委做表率，带动力越来越强。党支部委员履好“双责”，把岗位职责与履行党建工作责任有效融合，在品牌支部建设上做表率，做好三个一；在市场开拓中创业绩、争先锋，干给党员看，带着党员干。

图六　支委做表率，开拓做先行，干给党员看，带着党员干

三是党员当先锋，执行力越来越强。全体党员勇于担责，组织生活学好习，立足岗位创业绩，“十个一”中做先锋，人才培育做教练，党建活动展风采，当好先行，树好形象，真正带着员工干。

四是员工不掉队，进取心越来越强。党员是群众的一面镜子，是员工身边的榜样，全体员工要以标杆党员为榜样，增强政治意识，提高思想觉悟，提升岗位本领，强化团队协同，参与党建项目，在北海环保水务公司市场开拓中多元化发展、在优化营商环境中做业绩、争先进、不掉队，为公司做大做强贡献力量。2020 年以来，培养入党积极分子 5 名，发展对象 3 名，发展党员 3 名。

五是宣传跟得上，示范力越来越强。党支部引领党建与中心工作融合，致力于实践创新，做好宣传引导和发动鼓劲，共创党建创新成果和生产发展业绩，在选树好标杆、培育好人才、推动好经验、宣传出形象等方面加大宣传力度，综合办公室按环保水务集团新的 VI 标识，整改和制作了一批企业宣传文化版块，创造了良好的办公环境，全面提升了公司的形象，进一步在做好公司企业文化宣传上，为全员树立了榜样。

2020 年环保水务集团组建以来，北海环保水务公司以党支部品牌建设为依托，带动党员骨干，主动进行市场开拓 43 项（水量拓展、安装工程承揽等），营业收入增加 2709. 03 万元，实现了安全生产、环保全面达标，实现了组织进步和绩效提升，以高质量的党建工作推动生产经营任务的落实，实现了北海环保水务公司的高质量发展。

七、经验启示

一是消除“就党建而党建”传统思维，创新党建工作理念，以品牌党支部建设为抓手，建机制、管控评，实现了党支部党建工作与公司各项管理的完全融合。

二是消除“支部书记唱独角戏”现象，创新党建工作机制，主题党日活动创新，列清单明责任干好事，促进了支部委员的能力提升和“一岗双责”的完美履行。

三是消除“党建就是学习开会”异声，创新党建工作方法，党建项目化管理，党员“十个一”推动，实现了支部有抓手，党员先锋模范作用得以充分发挥。

作者：王明惠　庞进闯

环水红“芯” 智慧上善

——广西北投环保水务集团有限公司直属企业广西上善若水发展有限公司党支部党建品牌实践案例

一、品牌名称

环水红“芯” 智慧上善

二、创建背景

为认真贯彻“先锋北投·三年跨越”党建工作方略和广西北投环保水务集团有限公司（以下简称“环保水务集团”）“环水红势能”党建品牌工程，上善若水公司党支部以党建为统领，以“1162”发展总基调为核心，抓班子、带队伍、强创新、开新局，落地“六大工程”，坚持依靠自主创新推动企业发展提质增效，为实现环保水务集团“主导广西环保水务产业发展”目标，建成区域领先、国内一流的环保水务领域综合服务商提供坚定的基层组织保障。

三、品牌内涵

红：以党建为统领筑强红色堡垒，让智慧水务成为环保水务集团的核心竞争力；以党员为“红芯”打造红色力量，推动科研创新、市场开拓、管理提升，让党建创新成为公司发展的“内生动力”。

智慧：“智慧水务”建设势在必行。上善若水公司作为北投环保水务集团唯一一家以科技创新为驱动的新兴企业，坚持以党建工作全融合，实践党建工作全过硬，以党建理念机制的创新推动“智慧水务”建设，创建民生上善、智慧上善。

四、创建目标

2020 年——党支部标准化建设促融合，品牌建设助创新，打造智慧水务，争创环保水务集团五星党支部；

2021 年——党支部品牌建设经验提萃，塑型建模促示范，精益智慧水务，争创环水、北投集团品牌党支部；

2022 年——党支部筑强堡垒“全过硬”，党员先锋有带动，塑造智慧标杆，争创环保水务行业党支部党建工作品牌。

五、主要做法

围绕环保水务集团品牌建设“六大工程”，“突出六抓”打造党建经建全新业态，以“市场开拓、科技研发”为双翼，以“创新主题党日、强化人才培养、打造标杆工程、塑造企业文化”为四轮驱动，形成“双翼四轮”的全新格局，加快智慧水务建设，实现组织进步和业绩发展。

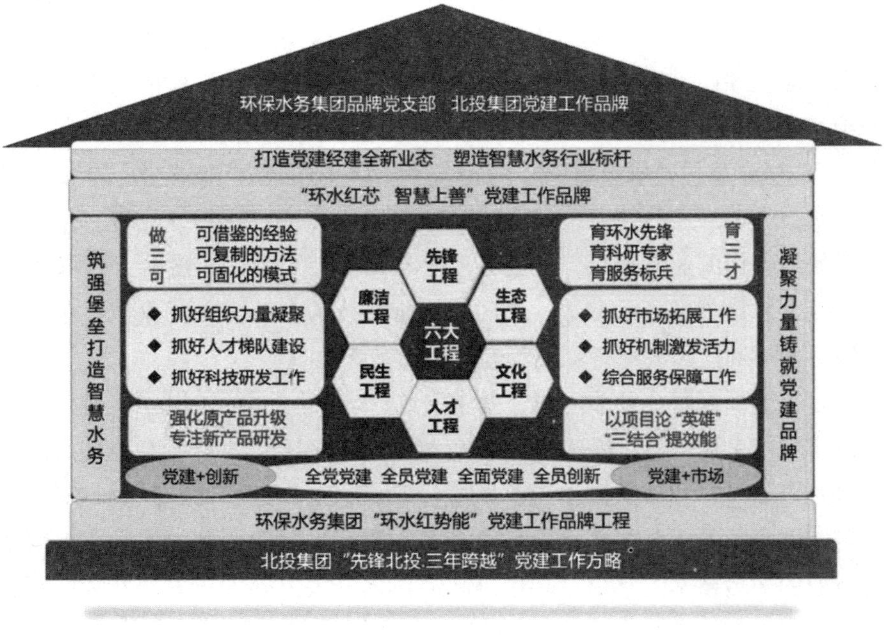

图一　上善若水党支部品牌模式图

一是突出抓好组织力量凝聚。紧紧围绕做大做强主营业务的战略目标，紧盯国际国内智慧水务、水处理设备生产行业技术发展方向，以“党建”为“红色引擎”，积极探索党建与中心工作融合新途径，“一把手”亲自抓，班子成员靠上抓，全体党员干部一起干，依托建党百年、党史学习教育等契机，创新开展主题党日活动，丰富载体，以主题党日凝人心、聚人力。2021 年 4 月，组织全体党员与兄弟单位前往桂林全州、兴安开展“紧跟习总书记步伐，打卡红色教育基地”主题培训。抓好党员教育。截至 2021 年 6 月，组织开展各类专题学习会共 6 次，完善好公司党史学习长廊和企业文化长廊；践行好“我为群众办实事”初心，积极从自身业务中发掘出与群众的联系点，组织党员业务骨干在南宁市全方位开展二次供水设备市场调研，“下沉”各类社区、各个楼盘，摸清楼盘物业公司、小区居民对于二次供水设备管理的难点堵点痛点，并及时给出解决方案。针对群众二次供水普及率不高的问题，积极组织党员干部们赴防城港、东兴开展二次供水知识培训；创新开展党员“先锋队”活动，在市场项目开拓、科研技术创新中敢为人先、率先垂范，不断将技术创新和技术进步作为企业发展动力，不断激活企业“创新细胞”。

二是突出抓好人才梯队建设。以党管人才为指引，坚持围绕中心来思考谋划人才工作，不断创新体制机制，大力改善人才环境，优化人才培育渠道，编织人才培养“摇篮”。用好“传帮带”，提升“导师带徒”能力。多层次、多渠道、全方位开展“导师带徒”人才培养工作，充实专业技术骨干力量。以业绩为导向，对业绩高、工艺精、技术尖或在稀缺领域有特殊专长的员工，纳入公司专项工作先锋队，为骨干人才的发展提供组织保障。抓好“树典型、立标杆”，实施榜样学习，积极组织好评选优秀员工、先进生产工作者、“十佳人物”等，激励员工以高度的使命感和奋斗激情投入工作。定期举办党务、运营、市场、科研等方面的业务知识，增进各专业之间的相互了解和融合。采取“技术走出去、技术请进来”的方法，先后组织研发技术人员前往行业知名企业以实地考察、面对面学习、座谈交流等方式进行系统学习。

三是突出抓好科技研发工作。紧紧围绕“产品升级”，以“党建+”为抓手，以市场需求为牵引，组建科技研发先锋队，发挥党员主观能动性，有针对性地进行产品研发和品质提升，推动技术转移升级。注重加强与科研单位合作，加大与绿城水务等单位共建智能远传水表大数据平台的合作力度，有组织地强化与行业内知名技术企业结对共建协同创新以及大力推进技术开发和转移，整合统筹源头创新的技术成果，打造科技成果向区域和企业转移“高速公路”，为上善若水公司在专利获取、新产品研发上提供强有力的技术支撑。

四是突出抓好市场拓展工作。紧紧围绕市场需求，以市场效益为导向，积极组建一支狼性团队——党员市场开拓先锋队，发挥好党员带头作用，带动公司“全员营销”，打造主题劳动竞赛载体，营造拼搏进取、争做先进的浓厚发展氛围，确保公司各项业务高位开局、有序推进。一方面，坚持以项目论“英雄”。根据市场营销人员的能力、特点、业务特长，分别组建各业务团队，将项目细分落实到人，实时监测项目跟进程度，紧紧扭住日常市场开拓难点和重点环节，确保重点项目推进提速。另一方面，坚持“三结合”提升团队效能。首先是授课与调研相结合，采用课堂讲授、案例分析、小组讨论、外出调研等多种方式对员工进行知识、技能培训，全面提升团队的整体素质和能力；其次是实践与总结相结合。团队人员定期交流业务进展情况、轮流讲授市场营销和项目拓展等业务知识及要点，有效促进团队成员全面了解掌握基本业务，达到以讲促学、以学促用、以用促强的目的；最后是学习与考核相结合，为督促团队成员认真学习培训课程，相应的培训课程结束后安排考试，成绩排名公布到公司宣传栏，并将对考核不及格的员工在年终考核中扣除其相应分数。

五是突出抓好机制激发活力。围绕“先进机制引领”，定时做到机制制度“回头看”，以制度与业务实际结合为标准，持续不断建立健全党支部各项制度，持续不断完善治理结构、不断优化经营机制，从机制入手，塑造企业文化；加大从薪酬待遇、激励考核等制度上创新的力度，积极探索市场化、多样化的薪酬激励措施，结合公司实际，针对公司市场化营销人员，注重薪酬激励的灵活性和多样性，以此鼓舞员工的激情和干劲、激发企业的生机与活力。

六是突出综合服务保障工作。以“塑造企业文化”为目标，以党建品牌建设为契机，紧紧围绕公司中心工作，认真贯彻落实公司党支部规范化标准化建设的要求，不断提升基层党组织的组织力，坚持问题导向，以“保障+创标+创品+创星+监督+塑造”为抓手，做到“六坚持”，实现“六提升”。组织策划“转作风 强执行 提效率”纪律作风建设活动，制定印发了《广西上善若水发展有限公司“转作风 强执行 提效率”纪律作风建设活动工作方案（试行）》。坚持转变作风，强化执纪监督，目前，共下达了9份《任务监督执行单》，警示教育5次，立行立改，保质保量地做好巡察反馈问题整改工作41条。

七、主要成效

一是融入标准化建设，企业基础活力“朝气蓬勃”。坚持新形势下加强党支部建设思路创新和组织生活形式创新，解决了党建工作与中心工作“两张皮”的问题。通过组建党员先锋队，引导上善若水公司员工“人心思进，人心思变”，激活了全体员工投身干事创业的精气神。

二是融入企业发展，创新拓展能力“与日俱进”。以“打造标杆工程”为契机，使基层党建工作更加围绕工作大局、贴近中心，形成了围绕创新抓党建、抓好党建促创新的良好氛围。近年来，公司自主研发有山泉水直饮系统、农村饮用水净化提升解决方案等多个智慧系统和产品，其中农村饮用水净化提升解决方案已在宾阳、大化等地的多个乡镇共20余村实施，帮助数万村民喝上了干净卫生的“上善制水”。获得专利2项，软著3项，荣获“国家级高新技术企业”“第一批数字广西建设标杆引领示范企业”“自治区知识产权优势企业培育单位”称号。

三是融入企业文化，职工战斗力“竿头直上”。党支部坚持党建与企业文化建设紧密结合，深度融合环保水务集团“绿动环水·和合共生”以及“一形五品十观”的企业文化体系，结合公司定位打造好上善若水公司市场拓展狼性和韧劲文化，定期开展“劳动竞赛”，着力营造月月树立先进典型、人人争做单位“明星”的浓厚竞争氛围，以“企业软实力”提升加快助推“企业硬发展”。

八、经验启示

一是党建品牌建设要聚焦企业发展。企业党建的本质是推动企业高质量发展，因此，一定要围绕发挥党组织的战斗堡垒作用和党员的先锋模范作用这一主题来展开党建工作，做到紧扣中心、服务大局，使加强党建工作的过程成为统一思想、形成共识、凝聚人心的过程，不断激发党员、职工的内在动力和活力。

二是党建品牌建设要坚持量体裁衣。要根据企业业务中心的不同情况和特点，紧密结合生产经营实际，充分发挥自身特长，开展企业党建工作。如生产单位、经营单位、辅助后勤单位的工作任务、定位、党员结构特点各有不同，党建工作要注重把握好“三个点”，即“找准重点、突出特点、展现亮点”，不断增强品牌创建的针对性和实效性，着力提升自身的品牌价值。

三是党建品牌建设要注重抓小抓细。党建品牌创建是一个需要慢慢沉淀的过程，也是一个持续培育和提高、不断接受党员和群众检验的过程，与推进创先争优的常态化、长效化是相辅相成的。抓党建工作要立足当前、着眼长远、与时俱进地研究和解决国企党建工作面临的新形势、新问题，为国企党建注入新的生命和活力，努力提高国企党建科学化水平。

作者：刘宇阳

管理实践篇：
纸上得来终觉浅，绝知此事要躬行

不同的人对“实践”有不同的定义，正如不同的人对“生活”有不同的理解。

在环水人眼中，“实践”就是为了去创造美好的生活！

工作模式、实践方法、工具应用……不同的方向、不同的领域，却经历了奋斗者、实践者、奉献者同样的滋养：探索、践行、创新、沉淀……

探索，是用好奇心去打量世界，用拼搏向上、不断攀登的精神去深入践行。

践行，是用实干家的豪迈去战胜困难，用革新者的豪情去勇于创新。

创新，是去见证这个过程的奇迹、感受它的魅力，一次次地论证，一次次地验证，纵然这期间中有痛苦、有失落，却在迎来成功的喜悦中去沉淀精华。

沉淀，是总结、是分享、是赋能、是宣传，是期待我们的实践成效能为后来人增效、为兄弟单位提供参考、为与我们有着共同目标的前行者指路。

党建跟着重点走，项目建设促双赢

实施背景：

饮用水安全是关乎民生的重大问题。北海市采取综合措施，有效遏制北海市地下水超采状况，切实防止地下水超采造成的地下水位持续下降、水质恶化、海水入侵等一系列生态与环境问题的发生，确保北海市供水安全、生态安全和社会经济可持续健康发展。为提高供水安全性、可靠性，北海市委、市政府决定重新启动北海市北郊水厂地表水供应，要求广西北海北投环保水务有限公司（以下简称“北海环水公司”）实施建设北郊水厂—牛尾岭水库水源工程（二期）。北海环水公司围绕抓进度、推建设、保工程质量、保工期切实加强项目管理，推进项目建设。

主要做法：

北郊水厂—牛尾岭水库水源工程（二期）管网铺设工程是北海市重点民生基础设施项目工程，主要为北郊水厂供应地表原水，工程工期紧、任务重。为确保工程建设顺利进行，北海环水公司加强组织协调，全力加快推进工程建设，完成项目管道安装，并向北郊水厂正式供水。

一是强化组织发动。北海环水公司党支部高度重视，一方面坚持问题导向，科学制定操作性强的工程实施方案，积极争取北海市政府及相关职能部门的大力支持；另一方面做好组织发动，公司领导坚守岗位，党员干部做出表率，为工程推进提供组织保障。

二是强化项目准备。在项目准备阶段，北海环水公司党支部高度重视，确保项目推进符合现场实际情况，工程实施重点主要放在工程进度和项目质量控制方面。要求以进度控制和质量控制为重心，开展精细化管理和安全施工工作，积极推进项目进度，确保项目工程质量。

三是强化头雁作用。项目实施过程中，北海环水公司党支部充分发挥统领作用，号召党员领导干部率先垂范，带好头、起好步，强化“头雁”效应。引领党员立足岗位，攻坚克难做示范，带动职工勇往直前，为工程建设作贡献。如，在征地工作中党员干部迎难而上、冲锋在前，带动员工群众奋勇争先、争当先锋，及时解决了征地问题，为项目启动提供保障。

四是强化质量管理。一方面，督促相关单位提升质量意识，通过不断加强施工作业技术与管理人员的质量意识，切实加强质量、进度及安全目标管理。在施工过程中发现违规施工或达不到标准要求的责令重做；另一方面，严格按照施工规范、安全规程进行现场管理，对达不到规定质量的，要求立即返工或修整，同时严格施工工序验收制度，确保每道工序验收合格。

五是强化材料管控。在材料进场上严格检测把关，不合格的材料不予使用。要求质量管理人员，一要做好入场前的材料质量检测；二要做好入场后的存放监管。

六是强化工程监管。严格执行工程量计量及签证要求和规范，工程量计量必须经承包人、监理、业主代表三方签证方可有效。工程进度款依据合同经监理、第三方审核机构签字确认后方可进行支付。

七是强化安全管理。该项目地处市郊，安全隐患主要存在于环境、临时用电、管线保护、有限空间操作等方面。针对存在的主要安全隐患，强化安全培训，落实安全管理制度，健全事故应急预案，做到安全无小事，发现即整改。项目参与人员均要熟知操作规程，同时现场配备安全员进行联合作业。

八是强化环境安全。项目施工方在土方、沟槽开挖前均对现场地质进行了详细勘查，避免对管线造成破坏。项目施工方对作业人员定期进行安全培训，对存在交通干扰的地段，全路段进行围挡作业，确保交通畅通和安全。

九是强化施工保障。一方面注意加强与施工单位的协调沟通，认真审核施工组织设计方案，根据施工进展和现场情况，及时优化施工方案；另一方面针对项目施工过程中会出现的阻挠施工等情况，及时与相关职能部门沟通，争取地方和职能部门的配合，千方百计协调解决好征地等问题，全力以赴为项目施工抢时间、抢速度。

主要成效：

一是支部统领，五部门协同助工程。项目建设除成立项目工程建设指挥部外，公司工程管理部、运营管理部、供水中心、财务部、综合办公室等五部门全员联动，对项目专项推进、施工管理、调配资源等聚合能量，协同推进工程建设。

二是科学统筹，党支部引领做后盾。在贷款资金的筹集、征地补偿费支付、工程进度款支付、配电、维修改造等方面，党支部超前引领凝聚队伍，发挥团队协作精神，重积累经验，强人才培养，为工程建设提供坚强保障。

三是同频共振，地企谐工程做保障。多方协同，多措并举，确保项目顺利推进。项目建成后，牛尾岭泵站将达到日供水量 15 万吨，供水收入提高的同时，也满足了北海市北郊水厂的供水量，保障了双线供水安全，进一步提高了北海市地表水供水的可靠性。

案例启示：

党支部统领促进党建工作融中心，党建引领促进党员干部做表率。北海环水公司以“党建+重点工程”践行着党的领导全覆盖、党建工作全融合，以项目建设的良好经济效益和社会效益实现了组织进步和绩效双赢。

作者：莫礼萍

劳模工作室 降耗排头兵

实施背景：

陈钦良同志是广西防城港北投环保水务有限公司（以下简称“防城港环保水务公司”）营管中心的一名共产党员，是广西壮族自治区的劳动模范，也是防城港环保水务公司目前唯一的自治区级劳动模范。他参加工作20多年来，从一名普通工人成长为业务熟练、技能精干的主要技术骨干，拥有一手过硬的焊接绝活，更拥有工匠的品质。防城港环保水务公司为促进劳模的劳动技能、创新方法、管理经验的广泛传播，积极建团队，主动搭平台，引领劳模为他人赋能、为团队授业，在管道修漏、补漏技术方面为公司科学降耗作出了突出贡献。

主要做法：

大力弘扬劳模精神和工匠精神，创建劳模创新工匠工作室，防城港环保水务公司营管中心党支部全方位支持，积极组建团队为劳模工匠“传业布道”提供强有力的支撑。

一是党委搭平台。营管中心党支部在防城港环保水务公司党委的大力支持下，根据中华全国总工会的相关标准，于2019年9月在营管中心创建了“陈钦良劳模创新工匠工作室”。陈钦良工作室下设节能降耗攻关小组、管网维护攻关小组、计量管理三个攻关小组。

二是支部设擂台。防城港市城区由于历史原因，现有自来水管网是由原4个单位管网整合为一体的，管道材料各不相同，管网敷设图不全，管道大部分深埋于地下，给管理带来很大不便。根据前几年测算，管道供水漏失率居高不下，给公司财产带来损失，管道多处渗漏也降低了用户水压，用户意见较大。针对这两大问题，党支部设擂台，由陈钦良带领小组成员进行课题攻关，加快问题的解决，为公司增收。

三是劳模战高台。在陈钦良同志的带领下，工作室紧紧围绕经营目标开展工作，以“查漏修漏、降本增效、保障供水”为攻关研究课题，针对地下管道材质各不相同的问题，工作室成员对管道漏损控制方法进行了详细的实验和研究，通过最小流量法、局部压力控制法、代表性区域漏损率测定等方式，积累了重要的基础资料和数据且加以实践和改进，创造了“劳模工作室探漏法”，为供水管网更高效、更安全、更稳定地运行提供了保障。

四是赋能开讲台。营管中心党支部引领工作室将多项工作经验、实战方法进行总结提炼，形成教学课件，并搭建培训讲台，为公司节能降耗、管网维护、计量管理人员赋能，推进全员技能提升。如，将探漏经验向营管中心管道维修队推广，还将“工作室探漏法”对供水管网全面铺开进行查漏修漏，降低供水成本，既提高了供水量和用户水压，又创造了更大的经济效益和社会效益。截至 2021 年，“陈钦良劳模工作室”已开展赋能讲座 6 场，赋能人员 200 多人次。

五是成长有舞台。陈钦良带领工作室成员在夜深人静时，根据水压流速变化，利用探漏仪及听漏棒反复摸索管道流水声波规律，发现地下管道漏水位置。在部分地段通过最小流量法、局部压力控制法、代表性区域漏损率测定等方面进行计算，利用数据比对确定片区或管段是否有自来水渗漏。为切实降低漏损率，防城港环保水务公司于 2021 年 6 月在劳模工作室成员的基础上又成立了探漏小组，依据“工作室探漏法”开展管网维护工作。工作室成员在无私奉献、勇于付出的同时，收获了知识，收获了技能。

主要成效：

一是支部引领，劳模带路成效显著。工作室成立以来，设课题、解难题、攻难关，仅 2020 年 5 月份就查出管网暗漏点 62 处，8 月份查出管网漏点 126 处，挽回经济损失 350 多万元。劳模工作室已形成常态探测暗漏机制，2021 年连续 6 个月漏损率控制在 25%以内，2021 年漏损率将持续控制在 25%以内。

二是工匠赋能，攻关小组全面进步。陈钦良劳模创新工匠工作室目前有 4 个攻关小组，共计成员 32 人。在陈钦良的带动下，攻关小组在个人技能提升、岗位能力提升、团队协作高效、实现自我超越的同时争当“陈钦良”，争做工匠大师，成为科学降耗排头兵。

案例启示：

什么是劳模精神？什么是工匠精神？陈钦良用他爱岗敬业、争创一流、甘于奉献的劳模精神，执着专注、精益求精、追求卓越的工匠精神给了我们最好的答案。

作者：梁志军

金滩污水直排，治理在行动

案例背景：

2021年4月17日，中央第七生态环境保护督察组暗访组指出了金滩景区那片海生活污水直排污染海域问题。为解决金滩污水直排问题，根据东兴市人民政府的指示，广西东兴北投环保水务有限公司（以下简称“东兴环保水务公司”）负责全力解决该区域的污水直排问题，切实保障海域生态环境。

主要做法：

一是彰显国企担当。东兴环保水务公司快速响应政府号召，迅速组织人员、采取措施，无偿承担起原有设备的运行工作。通过对该排口水质水量的研判，决定新增两套一体化设施，以满足处理水量的要求确保达标排放标准，同时向东兴市人民政府提请相关报告。

二是实施专人盯守。2021年4月18日起，东兴环保水务公司及时组织精干人员快速到岗，派专人值守，实行24小时现场值班，以确保300立方/日的原有设备的正常运行和安全生产。

三是组织快速施工。2021年4月30日，东兴市委相关领导带队到金滩景区那片海黑臭水体旁，与京岛管委、东兴市城市管理监督局相关人员解决和落实一体化设施用地问题。用地问题解决后，东兴环保水务公司快速行动组织施工，争分夺秒赶进度，以“时不我待”的精神抢工期。5月1日上午，浇筑设备基础，下午供电部门到现场安装临时用电。5月2日上午，进行设备吊装并安装到位，下午进行菌种投加。菌种投加完成后，设备投入培养挂膜阶段并逐步开始调试运行。5月6日，已完成另外一套设备地面硬化，同时做好另外一套设备安装的准备工作。5月9日，第二套一体化设施到场安装。5月10日，第二套一体化设备安装完成并投入试运行。至此，金沙滩污水直排治理暂告一段落。仅用10天时间，东兴环保水务公司顺利完成了东兴市政府下达的整改任务。

主要成效：

一是问题得以解决。目前，金滩那片海区域的生活污水已全部完成了收集处置，下游截流坝不存在污水溢流现象，顺利解决了金滩那片海区域的污水溢流问题。

二是治理行动快捷。从接受任务到方案确定，从每套一体化污水处理设施设备拆装到基础浇筑，从设备调试到正常运行，均在三天之内完成。金滩污水直排治理行动充分体现了北投环保水务人的速度，体现了北投环保水务人的专业化水平，体现了北投环保水务人的奉献精神，彰显了国企责任担当。

案例启示：

生态环境不容破坏，美丽海域需要保护。污水直排是排放行为问题，更是环保理念责任问题。东兴环保水务公司付诸的是治理行动，树立起的是生态理念，保护的是广西优势生态。

作者：黄景甲

上善红“狼”，市场先锋

实施背景：

自广西北投环保水务集团有限公司重组改革以来，广西上善若水发展有限公司（以下简称“上善若水公司”）紧跟环保水务集团赋予的“环保水务科技产业综合服务商”的定位，坚持党建引领，积极求生存、谋发展，作为上善若水公司营收主力军，该如何破解知名度不高、信息渠道有限、业务人员短缺等难题，是上善若水市场部亟解决的关键问题。

主要做法：

一是组建新团队，开启市场开拓新征程。统一思想认识，以业务为导向，理顺工作思路，市场部组建了一支凝聚力强、敏锐度高，能吃苦、能战斗、能奉献的市场拓展先锋队。对重点项目进行全面梳理、摸底，并积极寻找市场项目突破口，开展重点攻坚，“啃”下了一批硬骨头。

二是找准新方向，成功转战农饮水市场。在深入调研区内农村饮用水现状的基础上，市场开拓先锋队发挥公司水处理技术的研发优势，首次推出农村饮用水安全提升智慧化综合解决方案，分别针对农村单户饮水安全、集体净化供水等细分场景，开发了农村微型超滤净水器、乡镇水厂超滤净水系统等一系列产品。

三是解决新问题，拓展售后服务新市场。为解决农村饮水净化设备后期运营维护困难和技术人员短缺等痛点，市场拓展先锋队积极与研发部门沟通对接，自主研发了饮用水安全智慧云监控平台，通过移动端即可实现对净水设备的远程管理、智慧化管理，降低了设备后期运营维护成本，并为业主单位管理决策提供了大数据支撑。

四是挑战新领域，高效完成“三供一业”改造工程。北投集团直属单位的生活住宅小区“三供一业”供水分离移交改造工程共涉及6个生活小区、2728

户居民，且需在10个月内完成。由于年代久远、图纸资料缺失、地形复杂、地下管线不清，施工难度巨大。市场拓展先锋队以党员干部为主力军，在充分理清9份政策文件的基础上，多方协调解决业主单位、供水单位及居民间种种矛盾，顺利在2020年6月10日前完成4家单位生活住宅小区“三供一业”供水分离移交改造工程。

五是实施“三结合”，有效提升团队效能。为使团队人员紧跟时代发展脉络，掌握新技术新模式应用场景，市场拓展先锋队通过定期举办业务培训、经验交流等方式为团队赋能。第一，授课与调研相结合。采用课堂讲授、外出调研等多种方式对员工进行知识、技能培训，全面提升团队的整体素质和能力；第二，实践与总结相结合。团队人员定期交流业务进展情况、轮流讲授业务知识要点，有效促进团队成员全面了解掌握基本业务；第三，学习与考核相结合。在相应的培训课程结束后安排考试，成绩排名公布到公司宣传栏，并对考核不及格的员工在年终考核扣除相应分数。

六是推进“一对一”，提升团队凝聚力。开展以“拓规模、抓落地”为主题的劳动竞赛，新老员工“一对一”组队参赛，以竞赛为抓手，助推老员工帮扶新员工，激励新员工主动学习，全面激活团队整体战斗力。“老人”覃平生与新入职员工魏丹丹组成的团队是主题劳动竞赛中最耀眼的组合，在覃平生的帮助下，新人魏丹丹在工作技能、业务能力等方面飞速提升，同时魏丹丹的成长也帮助覃平生减轻了后勤工作压力，相互促进，最终两人在年底拿下“明星团队奖”。

主要成效：

一是项目拓展出成效。市场拓展先锋队在南宁宾阳县、梧州岑溪市高标准实施23个农饮水项目，惠及群众近10万人，为公司创造营收1343万余元；北投集团直属单位生活住宅小区“三供一业”供水分离移交改造工程均已竣工通过验收，为公司创造了逾1339.43万元营收。

二是团队效能大提升。通过一系列系统培训，团队成员素质普遍提高，新员工和老员工能力全面提升。近年来，得益于市场部整体战斗力的提升，市场部已将业务范围拓展到防城港、河池、贺州等地。

三是团队凝聚力增强。通过主题劳动竞赛的磨炼，团队内形成了党员干部主动担当、团队成员积极配合，劲往一处使、心往一处想的团队氛围。2020年，市场拓展先锋队在没有任何经验可借鉴的情况下，全员通力合作，顺利举办2场直播营销活动。

案例启示：

上善若水党支部以党员干部为主体建立一个优秀团队，在市场开拓、项目拓展、团队效能上勇当先锋，创出“两创新”“三结合”“一对一”的党建工作经验方法，值得我们学习借鉴，为市场先锋队点赞。

作者：倖维秋

攻坚郁江调水工程，人民幸福水到渠成

实施背景：

为解决钦州市水资源紧缺问题，郁江调水工程应运而生。工程建设完成后，不仅能满足钦州市及钦州港区未来20年内生产、生活用水的增长需求，还将有效改善钦江两岸生态环境和钦江水质。该工程输水线路长，沿途地形、地质构造十分复杂，还存在着岩石节理发育较复杂、地下水丰富、施工出渣困难、安全隐患多等诸多问题，“引水隧洞”施工十分困难。广西钦州北投环保水务有限公司（以下简称“钦州环保水务公司”）就如何保证安全施工、如期提闸通水这一关键问题开展项目攻坚。

主要做法：

郁江调水工程项目建设指挥部超前谋划统筹协调，钦州环保水务公司党委下辖的丰源公司党支部发挥优势助力保障，在保安全、保质量、保工期的前提下顺利完成工程建设，获得北投集团和地方政府的赞誉，树立了北投环保水务人的良好形象。

一是夯实基础提速度。郁江调水工程战线长、工程内容多，工作准备是否充分直接关乎项目启动的快慢以及后期工程的顺利开展。在前期，采用EPC模式组织招标，积极争取新增用地指标，同步妥善解决征地拆迁和村民阻工问题。在建设期，组织制定每日项目推进计划，定期收集、分析各个工作面完成情况、偏差情况及存在问题，严格以日为节点对工期进行考核。严格审核人员、机械到位情况，严格按合同条款约定追究违约责任。抓住问题导向，及时查找原因，以“钉钉子”精神，把人员、设备、资金、征地等问题逐项解决，稳步推进工程建设。

二是充实力量抓速度。项目指挥部一方面结合工程进度和质量实行业主单位、监理单位、施工单位协同联系机制，整合各方力量形成“全员抓项目”“每天查项目”的工作机制，每个工作面现场配齐施工管理人员、技术人员和监理人员24小时连续轮班作业，定期召开三方沟通协同专题会找出并解决阻碍点，千方百计推进项目建设；另一方面抓好施工标准化建设，从方案论证、图纸会审、技术交底、安全培训、爆破准备到严格细化实质性施工爆破开挖的掌子面钻孔、清孔、装药、连线、起爆、通风、排险、出渣、锚杆支护、挂网、喷砼等每一道施工工序，时刻对施工人员加强安全教育和施工工艺的监管以确保安全和质量。

三是专人紧盯跑速度。项目指挥部深入分析推进项目建设关键节点，明确项目每个环节“任务到人、责任到人”的压力传导机制，实行“专人盯项目”“专人盯问题”，推进项目“快步跑”。一方面，紧盯项目推进中遇到的外部问题，及时反馈解决有关项目建设、资金、运营等问题；另一方面，成立督导组深入现场，把控关键工程节点，对项目建设中出现的问题进行分类，安排专人跟进做到及时汇报、及时解决。建设中，参建各方发扬“白+黑”“5+2”的精神斗志保障了项目建设稳步推进。

四是“党建+项目”促速度。引水隧洞施工是整个郁江调水工程中最难啃的“硬骨头”，工期仅有一年多。在高强度、高压力且施工环境较恶劣的情况下，面对参建各方人员中思想波动、思想松懈等情况，项目部充分发挥党员的示范带动作用，分别在久隆段、沙坪段安排党员入驻项目，深入施工队伍做好思想教育、安抚稳定工作。通过谈心谈话、工作协调会、警示教育会、工作心得分享等多方法，凝聚参战各方的战斗力。

主要成效：

一是郁江调水工程于2020年10月15日提闸通水，长达10.6千米的引水隧洞安全贯通，郁江与钦江实现了贯通，项目建设全过程安全事故发生为零，工程质量全优。

二是郁江调水工程的提闸通水不仅改善了钦江生态环境，更为钦州市区提供了优质的生活、生产用水，而且解决了制约中国（广西）自由贸易试验区钦州港片区发展的用水问题。

三是丰源公司党政统筹管理布局工程建设，多措并举推进工期，党员入驻项目及时化解情绪、协调解决问题，“党建+项目”推进给力。

案例启示：

在郁江调水工程建设过程中，钦州环保水务公司创建出了联动工作机制，实行了党员入驻项目机制，“党建+项目”统筹推进跑出项目施工建设加速度。

作者：李　燕

两手抓两手都要硬

实施背景：

安全生产是企业的生命线和员工的幸福线，是企业做好各项工作的基础和保证，确保队伍安全生产、稳定和谐、健康发展，既是企业党组织的政治责任和历史使命，也是党组织义不容辞的责任。广西南宁明湖供水有限公司（以下简称“明湖公司”）党支部将政治优势和组织功能作用于公司安全管理，贯穿于生产经营的全过程，以党管安全的组织力提升推动企业高质量安全发展。

主要做法：

明湖公司突出强党建、抓安全，强管理、塑文化，以党建与安全工作“两手抓，两手都要硬”的理念促进企业实现安全生产。

一是突出“学”字抓思想武装。明湖公司党支部坚决贯彻落实习近平总书记关于安全生产的重要论述和指示精神，全面落实环保水务集团党管安全要求，通过“组织生活+安全教育”常态化推进以及每年至少开展一次安全生产专项党课教育，努力将党支部打造成“安全指挥部”。

二是突出“责”字抓作风提升。明湖公司党支部切实抓班子、带队伍、保稳定、促发展，通过与各部门签订年度安全生产责任状，明确各部门主要负责人为安全责任第一人，明确党员干部的安全生产责任，安全管理实行“一岗双责”，充分发挥党支部的战斗堡垒作用，强化责任心，提升执行力，把党建工作的优势延伸到企业安全生产的各个环节，实现党建工作和生产经营深度融合。

三是突出“教育”抓人才培养。明湖公司党支部积极引领党员同志配合、协助企业开展安全培训、安全演习、安全知识竞答等各项活动，带领企业员工比服务、比技能、比进步，提高员工的安全意识，促进企业的安全发展。通过特色宣教活动将党员培养成服务、技术能手，将服务、技术能手培养成党员。

四是突出“奉献”抓优质服务。明湖公司充分发挥党建文化在企业员工心中的重要优势，提高党建工作的影响效力，实现公司发展与服务教育的融合。引领党员重塑工作目标和服务意识，带动党员在志愿服务中重新认识自己的使命，重温入党时的初心。如，开展敬老爱老、美化环境、宣传节水知识等活动，增强党员甘于奉献的意识。再如，选树榜样引领党员干部、职工对标学习，找出差距，从而重新定位自己的角色，思考自己的责任，考量自己的作为，培育党员冲锋在前的精神。

主要成效：

明湖公司党支部党管安全措施得力、方法给力，通过“四突出”抓出安全责任心、抓出安全好成效。

一是制度建设不断完善。在党支部的引领下，近两年来，明湖公司陆续制定或修订完善了关于安全生产管理等方面的制度，建立起企业安全管控体系，加强了公司内控管理。以制度管人、管事，推进了公司规范化管理，党建引领公司逐步走向规范化、标准化发展轨道。

二是年度考核成效显著。在党支部的带动和全体员工的共同努力下，明湖公司连续多年实现安全生产无事故。每年度党建与安全生产考核指标均完成了集团下达的任务，在党建工作、安全管理方面取得了优异的成绩。

三是厂容厂貌焕然一新。在党支部指导下，严格监督制水工艺设备设施、管网、在建管道安装工程项目，各作业人员遵守操作规程，规范施工作业。明湖公司厂区党建氛围浓厚、安全文化新颖、物品摆放规范、员工积极向上。

四是党建工作全面融合。党建工作对企业的生存发展起着至关重要的领导作用。通过党建工作加强政治建设、思想建设、文化建设和制度建设，带动明湖公司全员思想觉悟不断提高，规范管理持续提升，不仅营造了一个良好的发展环境，更为供水安全、高效、优质和公司发展提供了坚强保障。

案例启示：

明湖公司党支部一手抓党建，一手抓中心工作，通过重视思想强教育，注重实操强规范，深度融合强党建，践行了“党建是根，安全是基；党建是魂，安全是本”的大安全理念，实现了“两手抓，两手都要硬”的目标，以党建为安全生产护航。

作者：李洁伟

开拓新思维　创出新路子

实施背景：

广西泽川环保水务有限公司（以下简称“泽川公司”）自2021年2月成立以来，积极贯彻环保水务集团“一年打基础、两年见成效、三年大跨越”的总体要求，树牢一个目标，落实六个见成效，认真抓好日常管理工作，大力推进项目建设。上林县城乡一体化供水网工程PPP项目（以下简称“上林县PPP项目”）作为广西首个城乡一体化重点民生工程，于2020年4月22日获可研批复。为加快项目进入实质性建设阶段，泽川公司不定期组织召开总经理办公会、项目内部协调会等会议，专题研究项目存在的重点、难点问题，确保项目建设按计划推进。同时，此项目还面临着开展项目前期和征地协调工作、征地协调人手力量不足、解决管网临时用地频繁调整、不能及时准确确定最终线路等问题。

主要做法：

针对项目前期工作推进以及临时征地所面临的问题，公司组织召开总经理办公会、项目内部协调会以及全体员工大会等进行讨论，拿出举措，加快项目建设推进。

一是统一全员思想认识。泽川公司党支部围绕当前所面临的困难，确定征地、确权、管网的走线以及青苗的赔偿问题是当前问题的重中之重。通过统一大家的思想，引领大家快速付诸行动，为项目建设作贡献。

二是统一步调采取行动。各部室的主要负责人及员工，白天深入一线开展临时征地、管网走线、农户确权等工作，通过“一部门一区域”的模式，积极与当地的县级、乡镇级政府工作部门进行沟通，晚上回来加班加点，完成个人的本职工作。

三是聘请当地人员协助。项目推进过程中，临时聘请当地人员协助开展相关工作，进一步提高与当地村委、村民小组长、村民之间的沟通，便于加快项目建设推进进度。

四是聘请第三方助力。泽川公司聘请第三方测绘机构，采用无人机航拍的方式，通过运用自然资源局和农业农村局的储备资料对航拍地形图进行确权和内分，为项目推进做好资源储备、落实依据。

五是梳理问题及时解决。各部门负责人利用晚间开会研究问题，包括政府、村委、村民反馈的问题和实地跟进过程中遇到的现实问题，及时进行汇总分析，积极讨论如何解决问题，拿出解决议案，确保项目能顺利推进。如，前期工作在当地县级、乡镇级政府工作部门的大力支持下和村委、村民小组长、村民之间的配合下，项目临时征地、确权、管网的走线、青苗的补偿问题都在有序进行。因上林县各乡镇的换届选举，项目前期推进工作暂时陷入了停工状态，对此，泽川公司及时组织召开全体员工大会，统一思想，避免乡镇的换届选举阻碍工作进度，继续推进各自手头上的工作，及时获取当地换届后的县级、镇级政府工作部门的支持。

主要成效：

通过泽川公司党支部的正确领导和措施保障，全体员工统一思想、统一步调、统一行动，共同努力，无私奉献，确保了项目前期临时征地等工作快速高效推进，为项目顺利开工奠定了坚实的基础。项目于2021年1月22日开工，率先在自治区内开展实施城乡一体化供水网工程PPP项目，实实在在解决群众用水问题，助力实现乡村振兴战略目标。

案例启示：

泽川公司通过新项目建设的推进，开拓了新思维、创出了新路子，展示了环保水务人的奉献精神和敬业风采。“办法总比困难多”是泽川人最好的写照。

作者：梁善亮

ISO 三标一体，做好认证助力

实施背景：

ISO 管理体系认证是企业管理现代化的重要标志，也是向公众展示企业良好形象和社会责任的佐证。认证初期，除了直属企业上善若水公司已于 2019 年取得管理体系初次认证，其余企业尚未开展过管理体系认证。本次认证范围为环保水务集团本部及直属企业防城港环水公司、钦州环水公司、贺州水务公司、北海环水公司（含湖海公司、合浦污水处理厂）、明湖公司（含六景水厂）、灵山公司等 6 家子公司开展的“三标一体化管理体系”认证工作。

主要做法：

针对主要问题及难点，勇敢面对

一是本次认证为初次认证，公司内部普遍缺乏专业知识，起步较低。

二是认证覆盖的范围大，认证场所较多，涵盖环水集团本部及各直属单位原水供应、自来水生产和供应、污水处理厂等 15 个认证场所，而且场所较分散。

三是认证合规性手续（前置性条件）历史欠账较多，补办难度大。

四是管理体系建立和认证工作量大，协调难度大，共涉及 7 个单位，52 个部门，而且需补办大量的认证场所合规性手续，同时需要较多资金支持。

针对体系建立及认证，控好过程

一是确定第三方认证机构。2020 年 5 月，总工办对中国质量认证中心等认证机构进行了现场调研，同时对广西区内，如广西绿城水务股份有限公司、广西博世科环保股份有限公司等单位进行管理体系认证调研。经询价，确定中国质量认证中心（以下简称“认证机构”）为环保水务集团 ISO 三标一体管理体系认证中标机构。认证机构对公司认证范围企业开展现场调研，并提出了认证主要存在的问题及解决建议。

二是组织补办认证合规性材料。本次认证合同范围内单位（7家）管理体系认证场所共15处，认证需要办理的合规性事项主要有竣工环境保护，职业卫生、安全、消防专项验收，职业危害因素，环境保护年度例行检测及实验室计量仪器设备校准、检定等，共计119项。

三是进行管理体系认证动员。2020年7月17日，环保水务集团组织召开ISO三标一体管理体系认证培训及动员大会进行动员。

四是建立公司ISO贯标机构和人员。2020年6月起，分别组建了ISO三标一体管理体系认证项目交流群，建立了直属单位认证工作进度周报反馈制度，印发成立ISO贯标领导小组的通知，并要求各直属单位成立相应贯标领导小组。

五是组织环保水务集团内审员技术培训。共组织了8期内审员的专题技术培训，培养内审员52名。

六是组织环保水务集团管理手册及程序文件编印。总工办于2020年8月中旬至10月初，编制完成《公司体系管理手册及程序文件（A版）》且正式开始试运行。同步完成《目标和绩效指标分解考核控制程序》《监视和测量资源控制程序》等20个程序文件。

七是组织环保水务集团内审。2020年10月16日至30日，总工办组织直属单位开展《公司体系管理手册及程序文件（A版）》宣贯，组织第1次内审。

八是认证现场审核及问题关闭。2020年11月，组织审核组专家前往灵山公司、贺州水务进行ISO质量管理体系现场审核；分别在环保水务集团本部、防城港环水公司、北海环水公司、明湖公司进行为期4天的现场审核，同时做好首次会议、末次会议相关准备工作以及跟踪各直属单位现场审核情况。通过现场审核，开具不符合项7项，日常改进清单项共67项。通过整改，截至2020年12月17日，不符合项7项已全部完成整改，不符合项关闭。

九是顺利通过管理体系认证。2020年12月，环保水务集团本部及4家直属企业（防城港公司、钦州公司、北海公司、明湖公司）获中国质量认证中心lSO9001质量管理体系、ISO14001环境管理体系、ISO45001职业健康安全管理体系初次认证证书，2家直属企业（贺州水务公司、灵山公司）获ISO9001质量管理体系证书，标志着集团公司标准化建设取得重大突破。

主要成效：

一是短时间内建立lSO管理体系并通过中国权威认证机构颁发的管理体系

认证。

二是环保水务公司本部及4家直属企业于2020年12月15日获中国质量认证中心颁发的lSO9001质量管理体系、ISO14001环境管理体系、ISO45001职业健康安全管理体系初次认证证书，2家直属企业获ISO9001质量管理体系证书，较计划提前半个月获得管理体系认证证书。

三是ISO管理体系建立为环保水务集团全面推进标准化建设奠定了坚实基础，规范化运行管理水平得到显著提升，潜在合规性法律风险及隐患得到有效控制。

四是初步在环保水务集团层面建立了保障ISO管理体系正常运行的机构、制度和人员。

案例启示：

ISO“三标一体管理体系”的建立和认证，对环保水务集团及直属企业现有的质量、环境、职业卫生健康管理体系进行全面、系统的梳理、优化和再造，全面持续提升公司标准化、规范化运行管理水平，持续提高公司市场核心竞争力和提升企业形象，为环保水务集团早日实现建成区域领先、国内一流的全产业链环保水务综合服务商目标提供强有力支持。

作者：俸荣伟

创星级厂站，六景水厂在行动

实施背景：

六景水厂积极响应环保水务集团直属企业“星级厂站”创建的号召，在标准化水厂建设、管理方面加强引领，通过科学组织、创新模式、建章立制推进“星级厂站”的创建工作，全面提升水厂管理水平，为环保水务集团建设成区域领先、国内一流的环保水务综合服务商提供可靠保障。

主要做法：

六景水厂针对生产管理理念落实不到位，一线班组对规范化管理理解不透彻、标准执行不严谨、过程管控不规范等问题，以“星级厂站”创建为契机，以规范化和标准化建设为基础，多措并举完善运营管理体系，打造星级厂站。

一是有效统筹制定创建方案。第一，制定星级厂站创建方案，成立工作领导小组，明确目标、明确任务、明确责任、明确节点，全力推进创建工作；第二，强化领导组织，采取有效管控创建过程，有问题及时整改，确保创建达标；第三，建立长效维保机制，全面落实标准化责任体系，确保规范化、标准化的良性运转。

二是管控有道规范有序推进。第一，制定标准化、规范化管理制度，完善各项生产制度且指导生产运行班组全面落实，严格执行标准化、规范化的运行措施且做好运行记录；第二，指导落实分级检测制度，确保水质符合国家现行《生活饮用水卫生标准》GB5749-2006 标准，做到安全优质，惠民利民；第三，落实特种作业人员持证上岗，给予岗位人员学习帮助和取证赋能；第四，严格生产工艺和水质要求，强化生产巡视、水质化验，确保精准、节能、安全、优质生产；第五，加强技能学习、开展技术分享，做到全员精通，以标准化、规范化夯实基础，营造全员学习的良好氛围；第六，举办班组技能大比拼，带动全员工作积极性、强化岗位责任心；第七，落实安全管理制度，健全事故应急预案，强化安全培训，做到安全无小事，发现即整改。

三是建章立制明确工作进度。第一，将生产运行的规范化、标准化落地工作与公司绩效考核机制相结合，以约束确保进度及成效；第二，制定工作进度时间表，以节点控进度且对未能如期完成的项目进行重点督导；第三，工作领导小组深入生产现场、化验区域、值班区域等涉及领域进行指导和现场验收；第四，严肃工作纪律和监督，对执行过程中出现的违规、违纪问题进行问责。

主要成效：

一是加强教育一目标，提高认知推进标准化、规范化管理，全力创建星级厂站。

二是统筹管理一盘棋，制定创建方案，“四个明确”全力助力星级厂站创建。

三是管控有道一体系，七项管控举措全面落地，建立长效机制确保创建有序。

四是精准实现一成果，资质管理、目视化管理、生产运行管理、设备设施管理与化验及安全应急管理全面达标，助推企业管理升级有成效。

案例启示：

星级厂站创建是中心工作，党支部组织功能发挥势头足，六景水厂在行动，以创建“活动”推进标准化、规范化管理升级，取得了“四个一”的成效。

作者：李振斌

红色引擎　智慧水务

实施背景：

为贯彻《关于加快推进国有企业数字化转型工作的通知》和《广西北投环保水务集团有限公司2020—2023年企业信息化建设三年规划》要求，广西上善若水发展有限公司（以下简称“上善若水公司”）始终坚持新理念发展，以“如何建设好环保水务集团一体化智慧水务信息管理平台”为思考方向，致力于聚力智慧水务建设，坚持党建工作与企业产品研发深度融合，党建引领科技创新，打造智慧水务，推动企业科学环保绿色发展。

主要做法：

一是深研苦干，集成创新，推进智慧水务硬件智能化升级。第一，从智慧水务平台的物理感知层出发，对市面上的旋翼式水表、容积式水表、电磁水表，开展技术调研；第二，着手于用户智能水表改造，发布了《智慧水务一体化解决方案》；第三，对标燃气、电能等能源行业，推出预付费水表理念。先后开发出智能远传水表主控板、智能预付费水表、智能远传水表遥控器、自动抄表外挂配件、水质检测器等一系列解决供水、排水、水质检测等环节问题的硬件产品，在仪表仪器上解决智慧水务建设过程中数据收集、传输的根源问题。

二是课题立项，立足实际，大力发展智慧水务系统数据可视化建设。上善若水公司充分发挥党组织的政治引领作用，针对营销系统平台及二次供水管理平台进行科研立项。第一，针对环保水务集团统一的营销系统平台建设，多次派出研发部职员前往钦州、防城港等地，对其使用的收费系统进行调研；第二，参考广西绿城水务、湖南成聪水务及中山同创等多家的收费系统，取其精华，去其糟粕，推陈出新，推出一套标准的、统一的、集团化的营销系统；第三，根据各地水务公司收费的实际情况提出系统切换解决方案，指定专业技术人员，定期反馈，及时跟进项目进度及解决系统问题；第四，针对水表数据远传问题，上善若水公司自主开发了表务管理系统平台，通过物联网技术将水表数据远传到表务平台，实现全自动抄表数据上报、审核，无需通过水表厂家自带软件进行人工的数据导出导入，减少人为操作失误，保障环保水务集团各公司营销核心数据安全，为水务“钱袋子”保驾护航。

三是科研申报，当好桥梁，聚集力量建设成为区域技术领先企业。2021 年，上善若水公司响应公司党组织科研产出的号召，在环保水务集团总部的带领下，向外部单位立项申报，在科技研发先锋队的领导下，与环保水务集团联合申报了《高效低能耗脱氮除磷型 SNADPR 公益成套技术的研究》《基于智能算法的城镇污水处理新型控制系统研发与应用》《新型智慧水务供排水一体化管理服务平台研建与应用》《供排水一体化数字管理服务平台》等 4 个课题。目前，《基于智能算法的城镇污水处理新型控制系统研发与应用》已经被收入 2021 年第一批南宁市良庆区科技开发计划项目备选库。其余课题正在完善申报材料，稳步推进申报中。通过课题外部立项申报，将上善若水公司科研工作成果建成全面过硬的示范，把环保水务集团智慧水务项目建成全面进步的示范。

主要成效：

一是有效提升了公司的引领能力。以党建工作牵头的科研工作，将党建工作融入信息化建设的各个领域，体现了党统领全局、协调四方的作用，上善若水公司从鼓励员工内在创争意识和技术潜能出发，不断进行研发优化创新，开发的水务业务软件平台包括了直饮水、污水、二次供水。截至 2021 年，已取得专利 20 件、软著 30 件，使智慧水务走在了信息时代的潮头，实现了效能最大化。

二是有效扩大了公司的影响力。在党建的引导下，上善若水公司荣获“高新技术企业”“知识产权优势企业培育单位”称号，智慧水务项目获得了第一批数字广西建设标杆引领重点示范项目，公司业务实力与影响力愈加突出。

三是有效拓展了水务行业的服务功能。通过物联网、云计算、大数据等信息化技术，有效解决了抄表、漏损、收费等问题。通过智慧水务信息化建设，及时传递了党的政策、及时为民办实事、及时反馈群众意愿需求，为各级党组织及时掌握社情民意、精准化解问题矛盾、实现管理服务精细化创造了条件。

案例启示：

上善若水公司拉动红色“引擎”助推科技研发，创新了信息化建设的新理念、新方法、新内涵。通过激发红色动力，激活服务功能，卓有成效地推动了环水集团智慧水务建设，实现了党建创新和科技立功的“双赢”。

作者：何思仪

以“三强”实践“全覆盖”

实施背景：

广西北投环保水务集团有限公司工程分公司（以下简称“工程分公司”）党支部贯彻落实集团“环水红势能”党建品牌建设模式和“6556”党建工作体系要求，以“强思想、强监管、强建设”实践党建工作全覆盖，以增强党性修养、提升思想觉悟、强化“一岗双责”、促进中心工作等为导向目标，创新实践党支部党建工作融中心、融人才、融工程，切实以党建工作的高质量推进工程分公司发展的高效率。

主要做法：

强思想，提高认识

一是强化思想引领。坚持把思想建设摆在突出位置。通过加强理论学习，严格监督管理，及时做到缺“钙”补“钙”，严防党员干部理想信念滑坡，引导大家坚定理想信念，增强党性修养。

二是强化党史教育。通过严格落实组织生活制度促进党史学习教育的开展，以党员大会和党小组会的召开强化集中学习教育，以上专题党课和开展主题党日活动丰富学习形式，以定期抽查党员学习笔记强化学习教育质量，提升党员认知。

三是强化特色党建。在推进党史学习教育的过程中，根据党员思想现状和存在的问题，适时开展读书交流会、党的知识竞赛等活动，以活动促学习质量提升，以活动检验学习效果，多方位引导党员和员工“学史明理、学史增信、学史崇德、学史力行”。

强监管，落实一岗双责

一是强化党支部标准化建设。落实环保水务集团加强党支部标准化建设的要求，完善党支部标准化建设基本制度，健全党支部党建责任工作体系，以组织生活标准化、党员管理标准化、信息台账标准化、阵地建设标准化，促进支部工作开展规范化。

二是发挥领导干部带头作用。支部领导带头将学习宣传贯彻党的十九大精神和习近平新时代中国特色社会主义思想作为首要政治任务，持续加强政治理论学习，准确把握习近平总书记在全国国有企业党的建设工作会议上重要讲话的丰富内涵，多渠道、多角度、多层次全面落实学习宣传工作，严格落实“三重一大”机制，强化监督机制建设与过程管理，推进企业各项工作的良性运转。

三是明确党风廉政责任主体。树立“不抓党风廉政建设就是失职”的政治意识、责任意识，严格落实“一岗双责”。按照“一把手负总责”和“一岗双责”的要求，将党风廉政建设与分管工作相结合，实现“两手抓、两手硬”。通过把廉洁建设任务横向分解到各班子成员，纵向分解落实到各个部室，在工程分公司形成党风廉政建设层层有责任、人人有担子的氛围。

强建设，打造坚定队伍

一是严把选人用人关口。习近平总书记多次强调过选人用人的重要性，各级党组织，要从思想政治、廉洁纪律、工作能力、作风家风等方面，严格把好关卡，规范选人用人机制。工程分公司建立人才选用办法，通过严格民主测评、开展谈心谈话和任前公示等方式，确保所选拔的干部没有脱离群众、理想信念坚定、工作作风扎实。

二是强化后勤管理保障。加强组织群众、宣传群众、凝聚群众、服务群众工作，通过完善公司各项管理制度、健全管理保障办法、强化工会工作和服务职工意识，保障职工的切身利益。在增强职工责任感的同时，培育“企业感恩职工、职工感恩企业”的感恩意识，增强员工对企业的归属感，提升企业的向心力，让员工无论是在物质上还是思想上，都能够认同企业，认同党和国家的领导，坚定不移地听党话、跟党走。

三是加强党工人才培育。“光有思路和部署，没有优秀的人来干，那也难以成事”。工程分公司成立时间短、支部刚刚建立，党建工作起步晚、起点低。为确保各项党建工作的顺利推进，工程分公司一方面通过培训和赋能，加强党工人才培育；另一方面，明确党工人员的责任分工，强化党建带工建、团建工作地开展。

主要成效：

一是通过强思想，工程分公司的党员思想觉悟、党建认知有了较大提高，党性修养得以增强，党员干事创业氛围越来越浓，带动员工的意识明显增强。

二是通过强监管，工程分公司的党风廉政建设制度体系逐渐完善，明确责任主体，明确责任分工，促进了“一岗双责”的落地，党员干部的廉洁意识、责任意识、担当意识明显增强。

三是通过强建设，工程分公司党工干部队伍初步建立，并通过培训赋能党务能力提升，促进了公司党建工作的落实，“党的领导全覆盖”逐步有序推进。

案例启示：

工程分公司切实加强党的领导，以“党的领导全覆盖”为根本，以“三强”为方法，从思想认知到实践行动，不断增强国有经济活力、控制力、影响力、抗风险能力。

作者：王　磊

采用消毒新技术，安全优质保供水

实施背景：

为提供安全优质的生活饮用水，推进精准、科学、依法、系统的供水服务，协同推进降本增效，广西东兴北投环保水务有限公司（以下简称“东兴环保水务公司”）供水中心经过综合考量，决定尝试应用“次氯酸钠发生器”新消毒设备，以不断改善制水工艺。

主要做法：

一是坚持问题导向，打好思想基础。公司在供水生产过程中采用的是二氧化氯发生器，其原理是利用盐酸和氯酸钠为原料生成二氧化氯并用于自来水消毒。由于盐酸是强酸药品，氯酸钠是易爆药品，安全性差，在采购中受公安机关的严格管制。同时，由于二氧化氯具有强氧化性，性质极不稳定，受热或者遇光易分解成氧和氯，在使用二氧化氯时易存在副产物“三致”（致癌、致畸、致突变）物质超标的可能。东兴环保水务公司供水中心坚持问题导向，在保证优质安全供水的前提下，通过发挥党员先锋模范作用，引导带动每个员工发挥自身主观能动性，主动思考，打破原有的惯性思维，为新技术的运用打好思想基础。

二是注重综合考量，选好新型设备。结合目前公司消毒设备效能低、易超标等实际情况，东兴环保水务公司供水中心管理人员就市面上新的消毒设备技术进行多次探讨及调研，选定了市场上比较成熟的新型消毒设备——次氯酸钠发生器。次氯酸钠发生器通过成熟电解工艺电解低浓度食盐水生成0.8%次氯酸钠溶液，其优势在于原料采用食品级精制盐，纯度高，且不受公安部门管制，对环境无毒害，液态投药，安全性佳，可准确控制加氯量，是最为安全的氯消毒方法。

三是进行全面分析，做好技术先导。东兴环保水务公司供水管理人员对新设备的使用从多方面进行分析考量，从经济成本上，新设备的一次性投入稍高，但运行成本低，受限程度小，在3—4年内可收回投资；从安全生产上，消毒过程所产生的副产物，其氧化能力弱于氯气，致癌、致畸、致突变物质较少，同时在加药过程中与氨、高锰酸钾等药品进行联合投加，所产生的副产物更少，更有利于安全优质供水。

四是发挥试点引领，践行绿色发展。东兴环保水务公司在下辖的江平水厂进行新设备的试点运行，并根据实际情况调整加药模式，前后加氯，前加次氯酸钠起到灭藻作用，又利于沉淀和保护滤池、减少滤池反冲洗次数和耗水率，进一步提高滤池的过水量和水厂制水量，后加氯满足了出厂水消毒效果。

主要成效：

东兴环保水务公司供水中心通过对试运行各类数据的收集，同比去年同期数据，综合生产成本生产一吨水次氯酸钠发生器比二氧化氯发生器节省了0.013元/吨；在自用水方面，次氯酸钠发生器相较二氧化氯发生器，每月可以减少自用水24869吨。通过数据比较，此次技术改造取得了成功，为公司节能降耗提供了行之有效的方法，该技术值得推广应用。

案例启示：

打破旧技术需要胆量，采用新技术需要考量。东兴公司供水中心以敏感的思维和精细的数据比对，精准投入产出比后大胆采用新技术，既提高了供水优质安全的服务，同时也有效地降低了制水成本。

作者：姚国威

导师带好徒，互融共精进

实施背景：

2020年以来，广西防城港北投环保水务有限公司（以下简称“公司”）招聘大学毕业生62名，为使新入职员工尽快适应工作环境，提升岗位工作能力，发挥专业特长，公司切实加强新入职员工的岗前培训、岗中帮扶、赋能“地面塔”，以“导师带徒”促进互融精进。

主要做法：

一是建立师徒“导师带徒”机制。公司以发挥“老师傅”的实践经验和岗位能力为新入职员工赋能，以发挥大学生的专业理论知识为“老师傅”赋能，通过互融共进，培育既有专业理念知识，又有丰富实践技能的专业技能人才。重点通过“师带徒”活动帮助新入职员工快速掌握岗位技能和安全规范等。为此公司专门制定了《防城港环保水务公司导师带徒管理办法》，从制度上强化师徒双方教学相长、互帮互助的刚性约束，倡导师傅与徒弟互学互鉴、互取所长、共同学习、共促提高，着力打造培训效率高、教学体验好、人才获得感强的人才培养和服务环境。

二是创新方法“一师一徒”赋能。公司为新员工精心选拔了一批技术能力高、责任心强、工作经验丰富、乐于助人的优秀师傅，与新员工“一对一”结成师徒对子，签订师徒协议，培训部门加强管理和评价，确保师傅把过硬的专业技术、岗位技能、丰富的经验传授给徒弟，达到培育效果。要求师傅不仅做徒弟业务的“引路人”，更做思想和生活上的“知心人”。

三是强化师徒“传帮带促”行动。公司通过一系列举措，积极引领师傅承担起培养责任，尤其在技能提升、思想教育、安全意识、岗位责任、团队建设、敬业精神等多方位言传身教，在传授技能、赋能成长做到有计划、有目标、有落地，要真正履行好师傅责任，确保徒弟快速掌握岗位技能，实现独立操作。

倡导徒弟以谦虚、勤学、积极、争先的学习态度迅速将书本知识转化为岗位工作能力，确保在本职岗位上可独立操作。

四是师徒一心实现“同频共振”。实行“师徒谈话”制度，徒弟每半年将学习和工作情况向师傅做一次书面汇报；师傅认真填写《“导师带徒”结果评估表》，及时指出徒弟的不足，并督促其改善，发现徒弟的优点时给予激励。

五是带徒成效加强“组织评价”。在“导师带徒”协议期间，师傅考核被评为“不称职”的、未能按照“导师带徒”协议履行个人职责的、被投诉并查属实的，公司提出严厉批评，并取消导师资格。未按授艺计划内容开展教学活动，导致徒弟考核不合格的；徒弟因违反制度而出现责任事故受到批评和处罚，导师负有责任的等情况，将按规定对师傅进行处罚。同时，对导师带徒弟协议期间，能真正履行责任教学相长、徒弟评价效果好、成长进步快，公司对师傅给予激励。

主要成效：

通过“师带徒”活动，新入职的员工技能提升快，成长进步快，大部分新员工都能脱颖而出，在本职岗位上做出了较好的成绩，独立完成工作的能力提升较快。如，工程管理部 2020 年入职员工曾凡宇，在导师洪泽剑的精心培育下，短期内就能负责项目工程。再如，财务部 2020 年入职员工宁思文，在导师裴育的耐心指导下，3 个月就能独立开展业务工作，6 个月后就能严格按财务规定核算公司经营情况并撰写财务分析报告，为公司生产经营发挥好参谋作用。

案例启示：

人才是企业的宝贵资源。防城港环保水务公司以“导师带徒”活动促进新入职员工快速掌握岗位技能，独立开展工作，完成岗位任务，真正把育人“传、帮、带、促”落到了实处，为防城港环保水务公司发展夯实基础。

作者：梁志军

降本六强化，实践增效益

实施背景：

为加强降本增效，有效解决供水生产线上的成本问题、效能问题和人员综合素质问题，钦州环保水务公司供水管理中心党支部积极发挥组织优势和党员作用，在保证生产安全和优质供水的同时，围绕降本增效工作进行技术革新，切实解决合理降低药耗、电耗、控制水的漏损率等问题，着力为公司增收创效。

主要做法：

从水质管理、技术改造、管网巡检、降低电耗、技能提升五个方面加强引领，全面统筹“六强化”促进降本增效工作高效开展。

一是强化水质管理，优化工艺降低药耗。第一，加强生产管理，强化供水厂与各泵站之间的沟通，合理调节水量，保证原水调度、供水调度和用水调度工作的有序规范开展；第二，安排好当班人员加强巡逻，以便及时发现问题并及时调整加药参数；第三，提高化验室水质检测的频率，以更好地掌握水质情况，为药剂的投加提供依据；第四，对聚合氯化铝的加药工艺流程进行优化，通过观察搅拌过程中矾花的形态来控制药剂投加量，以实现减少药耗的目标；第五，配备相应设施对供水厂清水池进行清洗，优化出厂水水质，避免供水水质事故发生。

二是强化成本管理，有效开展技术改造。第一，完成自来水厂供水新线反应池微窝支架的改造工作，以实现快速混合，增强絮凝效果，节省混凝剂用量，降低制水成本，同时保证安全高效供水；第二，研究查阅原设计资料和图纸，通过对现有滤池采取加装不锈钢拦网的措施，有效解决了滤砂漏失严重的问题，节约生产成本。

三是强化管网巡检，成立党员先锋队。通过制定巡管计划、排查漏损点以及加强管网巡检和维护工作等方式，达到及时发现、及时处理漏水，切实减少管网漏损的目的。供水管理中心党支部成立管网巡检先锋队，发挥党员在各个泵站和生产线上的模范作用，促进巡管工作常态化，确保安全优质供水的同时降本增效。

四是强化智慧水务，推广智能水表安装。公司对 18525 户开展普查工作，发现其中智能水表用户个数仅为 4226 个，占用户总水表数的 22.81%，剩余用户均使用机械水表。为提升计量准确率、减少漏损，公司积极推广智能水表的使用，对使用年限较长的 DN50 口径以上的机械水表进行更换，以提高用水计量准确度，从而在为客户提供优质服务、降低费用的同时，为公司智慧水务建设助力，实现增收扩效作贡献。

五是加强电耗管控，多措并举降本增效。电耗、药耗和供水管网水耗是供水的主要成本元素，其中电耗约占生产成本的 30%。供水管理中心通过合理开展大风江调水工作、加强供水调度管理、改变用电类别，实现基本用电费的减免、研究供电政策争取相关优惠、推进用电主体改造、参与市场化用电交易、进行设备改造等多种措施降低生产电费。如，通过对企山泵站的电容补偿柜进行改造，率调费调零，节约用电成本约 3 万元。

六是强化技能培训，提升职工综合技能。第一，推进“党建+技能培训”提升行动，由供水管理中心党支部牵头，采用理论与实践相结合的方式，聘请专业教师进行教授赋能、邀请优秀职工分享技能经验传艺；第二，积极举办岗位“老手”和技能专家以帮扶互助形式开展不同主题的技能交流活动，通过分享促使职工增长才干；第三，开展“传帮带”活动，由实践经验丰富的老党员、老员工针对供水生产线、水质化验过程、抄表实践中可能发生的各类问题，向新员工、转岗员工答疑解惑，多方位促进员工技能提升。

主要成效：

降本增效“六强化”较好地控制了自来水生产的药耗、电耗和漏损成本，达到了降本增效的目的。从水质安全方面看，优化了加药工艺，降低了生产药耗；从设备技术方面看，加装拦网解决滤砂漏失节约成本；从智慧水务推广方面看，提升服务成效，降低了管网漏损；从员工技能水平方面看，多方位培训全面提高了员工技能素质；从党建引领方面看，管网巡检先锋队在各种“急难险重”任务中起到了很好的先锋模范作用。

案例启示：

钦州环保水务公司供水管理中心党支部发挥党建引领和带动作用，以“六强化”带来了“六成效”，为钦州环保水务公司“降本增效”工作创造了最佳实践。

作者：苏小东

资金降成本，融通我有道

实施背景：

2020年1月，广西北投环保水务集团有限公司（以下简称“环保水务集团”）重组成立后，大力拓展环保、水务等领域业务。财务部在2020年“打基础”之年，运用多种方式降低财务费用，重新梳理资产，着力降低融资利率，优化融资结构，为未来环保水务集团融资打造优质主体，为未来融资工作铺平道路。

主要做法：

2020年，在金融行业实行LPR利率的大环境和疫情后复工复产热潮之中，财务部积极申请北投集团发债资金、桂惠贷，通过调整债务结构，置换高成本债务，办理协定存款提高利息收入等一系列的举措，降低财务费用，为减亏增利作出一定贡献。

四大举措，降低资金成本

一是紧抓利率调整机遇。将原有债务中利率高于LPR的贷款进行重新梳理，联系债权人要求按照即时LPR利率进行重新定价。各合作银行积极配合，在原有利率基础上下降了26—70个基点，较原利率节省利息支出约500万元。

二是积极争取桂惠贷。根据2020年12月自治区政府人民办公厅印发的《关于深入开展“桂惠贷”支持广西经济高质量发展实施方案的通知》精神，财务部积极组织申报工作，环保水务集团本部及子公司共13家企业获得进入“桂惠贷”的通道贷名册，每家公司每年获得最大贴息额度为500万元。

三是置换高成本贷款。2020年4月，北投集团发行了优秀企业债，财务部积极申请，获得了3年期（可展期两年）的3.5亿元资金，不仅降低了财务费用，还缓解了归还本金的资金压力。通过梳理国开行贷款余额及剩余年限，财务部制定了以同等年限低成本的融资租赁资金置换国开行贷款的融资方案。该融资方案在 2020 年 12 月落地了一部分，置换了至少 2 亿元的国开行贷款本金，降低了未来 5 年的财务费用。

四是办理协定存款提高利息收入。财务部在严格遵照北投集团资金管理办法等相关制度规定的前提下，与桂林银行签订了协定存款的相关协议，在不影响资金使用且保证资金进出自由的条件下，将存款利率提高了个约 3 个百分点，增加了利息收入，从而冲减了财务费用。

整合资产，打造优质融资主体

一是通过重新组合资产，评估资产融资能力。财务部重新盘点环保水务集团所有可用于融资的资产，将利润率高的资产和利润率低的资产组合搭配用于融资租赁，获得了额度较大、时间较长、综合利率较低、使用自由的资金，不仅替换了资产原有的高成本贷款本金，而且解决了环保水务集团其他投资项目本金来源的问题，将资产融资能力最大化。

二是展现原水行业发展前景，增强金融机构合作信心。借力国务院发展研究中心与区北部湾办签署的战略合作协议、北部湾经济区发展的科学规划研究和国家一些政策资源支持的企业相继落地或项目建成投产，环保水务集团的原水供应量将大幅度提高，原水收入将呈倍数化增长，向金融机构呈现原水收益的广阔前景，增强了金融机构对原水设施投资回报的信心。

三是依托经营成果，争取各方融资支持。2020 年是“打基础”的关键之年，环保水务集团上下同心实现扭亏为盈，各家金融机构均主动表达了合作意向。财务部对外积极争取各类金融机构授信，开拓融资渠道，并尽量优化融资条件；对内积极争取环保水务集团担保支持和内部借款支持。

主要成效：

一是通过把存量的内外部贷款结清续贷、LPR 转换等方式，2020 年实现贷款利息减少支出约 446.11 万元，其中环保水务集团本部的贷款减少利息支出约 414.32，各子公司自主对外融资贷款减少利息支出约 31.82 万元。

二是通过优化存款结构，与招商银行、桂林银行、浦发银行签订协定存款、通知存款协议，增加了约 107 万元的存款利息收入，合计节约 553.13 万元开支。

三是截至 2021 年 7 月 1 日，环保水务集团（包括北部湾水务集团、子公司、参股公司）一共支用桂惠贷额度 4.66 亿元，其中 3.62 亿元按 2%利率进行贴息，另 1.04 亿元约按 1.1%利率进行贴息，合计获得年利息补贴金额约 838.4

万元，拓宽了未来环保水务集团的融资通道。

案例启示：

财务部知责于心，为“环水”分忧；担责于身，为“环水”降本；履责于行，为“环水”创效。“办法总比问题多”是财务部知责、担责、尽责最好的写照。

作者：李甜甜

民生高站位，营商环境优

实施背景：

积极打造一流营商环境，是习近平总书记在新时代提出的重大命题，获得用水是国家营商环境评价的一个重要指标。北海市为打造国内一流、广西第一的营商环境，不断推陈出新，广西北海北投环保水务有限公司（以下简称“北海环保水务公司”）着力打造优质的营商环境，面对“如何提高用水便利度？如何节约用户用水成本？如何提升办事效率?”三大问题，提高政治站位，以“党建+服务”找准优化营商环境的切入点，着力提升用户服务满意度。

主要做法：

一是创新模式，推出网上供水业务办理。第一，2019 年 7 月，湖海公司开通企业公众号及企业商户号，推出线上查询功能，对于用水户关注的水质公告、水价标准、水费账单等提供实时、便捷的查询服务；第二，推出“线上业务办理服务”，如用水报装、水费缴纳、报修报漏等业务可通过公众号办理；第三，联合上善若水公司，于 2020 年 4 月建立了“水务营收系统”，2020 年 11 月升级网上营业厅。联合广西政务 APP 技术、“壮掌桂”微信小程序技术展开研发，将线上营业厅成功接入广西政务 APP 和“壮掌桂”小程序，用户不仅能通过线下现场办理业务，还可以通过多种线上方式办理。

二是提高站位，降低非居民用水的价格。北海环保水务公司重视民生工程，践行服务宗旨。第一，为降低企业用水成本，2019 年 5 月 1 日至 12 月 31 日非居民用水价格（不含污水处理费及水资源费，下同）按 10%幅度调整水价；第二，为支持打赢疫情防控阻击战，促进经济平稳运行，促进企业平稳发展，公司党支部研究决定，2020 年 2 月 1 日至 6 月 30 日对铁山港区工业、经营服务用水实行临时降价，降价幅度为非居民用水价格的 10%。

三是有效统筹，推进小型工程“三零”服务，为助力北海市优化营商环境，对于供水连接水管直径不大于5厘米的社会投资简易低风险小型工程，提供“零上门、零审批、零投资”的“三零”服务。免去行政审批手续，由供水企业负责建设，用户无需承担任何费用。

四是提升理念，为客户提供“一站式”服务。一方面，接受用户的委托，全程代办方案设计、行政审批、现场施工等工作；另一方面，指定专人负责，推行用户“最多只跑一次”的服务理念，真正做到“我为群众办实事”。

五是精益管理，深挖内潜“精简”报装材料。2018年，北海公司企业用户用水报装材料包括报装申请表、授权委托书、委托人身份证复印件、营业执照、项目批文、用地红线图等，用户需在2019年6月前提供加盖公章的报装申请表。为提升服务质量和服务效率，2019年下半年开始，用户申请用水报装由原来的3至6件材料简化为零材料报装。

六是精准落实，优化报装流程“压缩”报装。获得用水报装流程由“客户申请、资料审核、受理办理、现场勘查、安装方案、工程预算、工程施工委托、中间检查、工程竣工验收、签订供水合同、通水”11个环节优化为“用水报装（咨询服务）、施工通水验收（接入服务）”2个环节，最大限度地压缩获得用水报装时间，满足接水条件的，1个工作日内实现装表通水。

主要成效：

一是更新载体，创新落地。开通网上营业厅以来，用户足不出户就能完成业务办理，真正实现业务办理“零跑腿”。回建地小区、彬定村委等居民用户及部分企业用户实现在公众号上缴费；部分用户通过公众号申请报装，用户无需来回跑，大大节约了用户时间。

二是践行初心，惠民利民。不同时间段适时降低非居民用水价格，2019年减免企业水费62.58万元，2020年减免水费32.90万元，在惠民的同时更是降低了企业的用水成本。2021年围绕党史学习教育“为群众办实事”，免费为广西北海和源石化安装DN50水表一组、为北海天何新材料技术有限公司安装DN20水表一组。

三是争做先锋，争当标杆。党员专人负责为用户提供“一站式”服务，一个窗口解决用户提出的各种需求，用户无需再奔走于各个部门间申请，同时全程跟踪，定期回访，动态了解用户需求，提高服务质量。

四是简化材料，提高效率。用户申请用水报装无论是在窗口现场办理还是电话办理，无需提供任何纸质材料，用户节省了收集材料的时间，减少了跑腿，服务办事效率得到大大提升。

五是优化流程，报装节时。接到用水报装申请立即与用户联系，现场勘查、编制接水方案送达用户审核，用户同意方案后立即安排装表。工作人员办事时间间隔紧凑，用户从用水报装到通水时间比以往大大缩短，用户的满意度大幅提升。

案例启示：

北海环保水务公司党支部提高政治站位，围绕营造营商环境发挥好领导作用。以提升党员干部的执行力、担当力、行动力，持续推动线上线下服务的融合、“一站式”服务等，切实提高供水接入效率和服务水平，增加了客户获得感和认同度，提升了公司的形象。

作者：李其夏

节能四强化，降耗四成效

实施背景：

广西青秀北投环保水务有限公司（以下简称“青秀公司）以建设节约型供水企业为目标，认真贯彻环保水务集团节能降耗会议精神，积极开展企业节能降耗活动，通过宣传教育、强化管理、设备技改、合理投药、创新机制，千方百计地降低水生产过程中的能耗和生产物资消耗，推动明湖公司生产节能降耗迈上新台阶。

主要做法：

青秀公司党支部通过加强组织引导，强化党员先锋模范作用发挥，提升全员意识，切实加强公司的节能降耗工作，以党建引领作用的发挥为明湖公司增收创效提供保障。

一是加强成本管理，强化全员节能降耗意识。第一，党支部充分发挥战斗堡垒作用，大力加强节能相关知识专题宣传，培养员工的节能意识，引导员工高度认识节能降耗的重要意义；第二，充分发挥党员先锋模范作用，引领党员干部为节能降耗出谋划策，并组织开展研讨活动，带领广大员工多措并举扎实推进节能降耗；第三，建立健全考核制度，将员工绩效考核与节能降耗工作挂钩，以考核机制促进全员“节能降耗”。

二是加强技术改造，强化降低生产电耗效用。电耗在供水企业生产成本中占比很大，控制好电耗可以大大降低供水的生产成本。青秀公司党支部党建跟着重点走。第一，对现有取供水设备的运行参数、效能进行科学分析，结合每天用水以及水压的需求情况，在确保安全供水的前提下，对取供水系统的四台机组进行技术改造，选用在最佳工况下运行且能够满足用户需求的高节能设备；第二，在水泵流量和扬程满足日常用水最高平均需求的情况下，预留 10%左右的富量，重新安装高效能水泵机组，采用变频运行控制。所选用的水泵与电机相匹配，避免了机组与供水不匹配造成的不必要浪费；第三，健全设备维护保养制度，按要求加强对其他运行设备设施的维护保养工作，更换老旧设备元件，保持各生产设备安全优质运行。

三是完善生产工艺，强化降低过程物资消耗手段。供水生产过程中的物资消耗主要集中在净水剂和消毒剂两大块，明湖公司党支部带领党员干部超前思考如何通过加强生成过程控制来降低药品的消耗。第一，建立健全生产运行过程中的各项制度，根据制度规定做好生产制水工作；第二，按照水厂水质三级检测要求，增加化验检测频次，提高化验的检测准确度；充分收集数据进行分析，最大程度指导生产运行；提高运行值班人员的制水专业能力，加强运行过程控制，降低制水生产成本；第三，合理选择净水剂和消毒剂并且有效控制药剂的投加条件，在达到有效去除水中杂质和消毒效果时降低药量的投加，进而达到降低药耗实现节能降耗的目的；第四，提高反应池的反应时间，通过提升反应效果来降低药品的使用量，降低成本。

四是科学合理控制，强化降低制水的漏损率控制。降低水厂制水过程中的漏损也是节能降耗的重要工作，只有合理控制才能有效地降低制水过程中的水资源损耗。第一，根据制水要求合理安排制水过程中网格絮凝池平流式沉淀池的排泥刮泥时间；第二，控制制水系统反冲洗滤池反冲洗的时间和频次以及反冲洗水的沉淀回收、再次利用，从而降低反冲洗时的水资源浪费；第三，根据用户用水要求合理调控出厂水压力，实行阶段性的调控压力恒压供水，在确保用户需求的同时最大程度降低外管网的爆管率，进而实现节水效果。

主要成效：

一是青秀公司党支部战斗堡垒作用明显，强化成本管理意识，通过专题宣传和特色活动提升全员节能降耗的意识，推进节能工作有序开展。

二是青秀公司党支部领导力发挥到位，强化凝聚团队力量，党员在班组、岗位上迎难而上当先锋，实现了生产过程中的节能降耗，降低了企业的投入成本，提高了企业的经济效益。

三是青秀公司党支部节能降耗措施得力，强化考核机制应用，通过科学分析和有效激励，提升了全员节能降耗的行动力，降耗工作效果突出。

四是青秀公司明湖水厂公司节能降耗创效益，通过合理药剂投加，药耗较2019年相比节能效果达到22.9%，节约成本约5.5万元；电耗较2019年相比节能效果达到13.2%，整体改造后可节约电费约21.5万元。

案例启示：

青秀公司党支部思路清晰，党建围绕“中心”转；措施得力，党建跟着“重点”走，在节能降耗方面发挥了领导、带动、考核、管控的作用，为节能降耗工作上台阶出成效保驾护航。

作者：赵有力

上善红“娘”，编织“摇篮”

实施背景：

企业良好的人才培养机制，有助于员工深入了解自身在企业中的定位和未来的发展方向，有助于企业及时了解员工的能力、素质和职业规划，并结合企业的现状提出有针对性的人才培养策略。广西上善若水发展有限公司（以下简称“上善若水公司”）在人才培养探索实践中存在人才培养目标模糊、培养手段单一、培养评价机制不够健全的三大问题，而如何兼顾人才需求培养、如何前瞻性培养高素质人才、如何建立起高效长久的人才培养机制是摆在公司面前的重要课题。围绕这一课题，上善若水公司做出大量创新与实践。

主要做法：

通过“三着力”，即着力搭建育人平台、着力优化育才渠道、着力规范育人评估，使人才培养实现目标明确、手段丰富、评估闭环；做到“六用好”，达到“六提升”。

一是着力搭建育人平台，明确人才培养目标。上善若水公司通过劳动技能竞赛、研发课题开发等竞争性比拼活动，为员工提供一个展现自我价值的平台，通过平台的搭建，根据公司发展战略、业务重点、竞争环境和人才规划等方面的需求，进一步明确公司人才培养的目标。

二是着力优化育才渠道，丰富人才培养手段。第一，用好“传帮带”，提升“导师带徒”能力。根据环保水务集团的部署安排，上善若水公司于 2020 年 7 月开始开展了第一批“导师带徒”人才培养工作，涉及研发、工程、市场等多个部门共 7 名新入职且毕业未满 2 年的员工。通过“导师带徒”，7 位培养对象的工作能力和业务水平均得到较大提升，进一步充实了专业技术骨干力量；第二，用好“精细分”，提升细分培养水平。针对不同的岗位要求，制定相应的岗位培养内容，以达到有针对性提升员工岗位技能的目的。针对综合管理人员，培养任务主要是培养其沟通协调能力、创新前瞻思维、统筹执行能力等；通过岗位练兵、内训等方式提升市场营销人员的技能；专业技术人员则需要根据行业的发展不断吸收新经验、学习新技能来保证自己的技能不被淘汰；第三，用好"高精尖"，提升骨干队伍素质。以业绩为导向，对业绩高、工艺精、技术尖或在稀缺领域有特殊专长的员工，纳入上善若水公司专项工作先锋队，为骨干人才的发展提供组织保障；第四，用好"学促创"，提升个人精神力量。实施榜样学习，评选优秀员工、先进生产工作者、"十佳人物"等，以名誉、荣誉激励员工，使人才具有高度的使命感和工作奋斗激情；第五，用好"考评审"，全面提升综合素质。通过年度绩效考核、各专业职称评审、考试以及人才资格认证等策略，促使员工在工作中不断学习，提升业务素质和专业素质，业务骨干得到发现和重用；第六，用好"嘉奖赏"，提升外源激励动力。优化创新职工激励机制，制定《劳务外包或派遣人员薪酬管理暂行办法》、申报广西北部湾经济区发展专项资金等，积极探索市场化、多样化的薪酬激励措施，充分激发科技研发和市场营销团队干事创业的激情活力。

三是着力健全育人评估，实现人才培养闭环。上善若水公司建立人才培养闭环机制，在人才培养中关注效率兼顾发展，招聘引进适合公司发展的人才，对考核不胜任的能够做到职级有升有降，薪随岗动，人员能进能出。有效的人才闭环管理将每一项人才发展计划如"导师带徒"、项目评估等跟企业现实问题对接，全程跟踪人才的发展，对其表现进行综合评估，有效纠正其运行的轨道，使得人才发展更有方向感，企业目标更容易实现。

主要成效：

一是战斗力提升，成功打造"三支先锋队"。第一，以"党建+产品升级"为引领，以市场需求为牵引，组建了一支具有强大知识储备以及攻坚克难毅力的科技研发先锋队，催生"上善力量"，有针对性地进行产品研发和品质提升，打造科技成果向区域和企业转移的"高速公路"，为公司在专利获取、新产品研发上提供强有力的技术支撑；第二，坚持以市场为导向，以效益为中心，积极组建了一支敢于担当、勇于作为的市场开拓先锋队，激活"上善担当"，确保公司各项业务高位开局，有序推进；第三，坚持以保障为立足点，以提供优质服务为核心，组建了综合服务先锋队，通过"四抓"，做到"六更加"，全面提升综合服务能力和水平，促进上善若水公司高效运转。

二是多方认可，公司软实力不断增强。上善若水公司 2019 年 5 月入库科技型中小企业，2019 年 8 月获得"全国高新技术企业"称号，2019 年 10 月获得

“第一批数字广西建设标杆引领重点示范项目——智慧水务平台建设项目”“2019 年度自治区知识产权优势企业培育单位”，获得 2019 年广西北部湾经济区发展专项资金（重大人才项目）60 万元奖励，2021 年入选南宁市产业发展急需人才企业名单。

三是破茧成蝶，人才成果显著。获得北投集团 2019 年度先进集体称号，2020 年 2 人获环保水务集团先进生产工作者称号，2020 年培养初级职称 2 人，中级职称 2 人，高级职称 1 人，2021 年 2 人获得环保水务集团优秀共产党员称号、1 人获优秀党务工作者称号。谭龙霞同志在 2020 年 5 月环保水务集团“我邀明月颂中华”爱国诗词诵读比赛中获得一等奖。

案例启示：

上善若水公司党支部在人才培养上以新思维、新方法解决了自身人才培养的三大问题，建立起长久的人才培养机制值得大家借鉴。

作者：钟　春

“党建+安全”，“加”出高成效

实施背景：

安全生产是企业管理永恒的主题。广西灵山北投南流江环境治理有限公司（简称“灵山公司”）着力于党建工作与安全生产的深度融合，以党建引领提高安全生产意识，推进安全责任履行，构建起“党建+安全”的工作模式，以党建引领确保安全投入到位、安全宣传到位、基础管理到位、应急救援到位，以党建提质助力安全生产上新台阶。

主要做法：

灵山公司树立党管安全理念，创新党管安全方法，塑造“党建+安全”工作模式，为安全生产保驾护航。

一是强教育，加强安全宣教。建立安全文化宣传教育网络，通过安全文化主题宣传、重点场所警示教育、宣传展板重点教育、宣传资料专项教育、组织员工观看警示教育片等形式广泛开展安全宣传教育工作，并通过签订安全责任书、开展“安全生产活动月”、举行消防安全应急演练等活动，时刻提醒党员职工保持警醒，筑牢安全生产思想防线。截至 2021 年 8 月，灵山公司共开展消防安全应急演练活动 1 次，警示教育 2 次，制作宣传展板 2 个，签订安全责任书 24 份。

二是强责任，强化安全意识。灵山公司党支部时刻树立“抓安全就是抓发展、抓安全就是抓稳定”的责任意识。把安全生产纳入支委会重要议事议程，以保障安全生产的“坚持定期召开安全生产工作会议、坚持不定时开展安全生产监督检查、坚持‘党政同责、一岗双责’、坚持把生产责任严格落实到岗位、责任到人”的“四个坚持”，全面提升全员的安全生产责任意识，守住安全管理的底线。

三是强基础，强化组织领导。为做好安全防范工作，灵山公司成立了安全生产委员会。以公司党支部书记为主任，组织委员兼宣传委员为副主任，各部门负责人为委员的安全生产工作领导小组，切实加强对安全生产的组织领导，同时组织开展公司在建项目、办公及生产场所安全隐患排查整治工作，2021 年以来已开展安全隐患排查 29 次。以党支部发挥战斗堡垒作用统筹引领带动各级人员在安全管理、安全教育、隐患排查治理、消除各类安全隐患中履职尽责、守土有责。

四是强防范，建立制度规范。灵山公司实际制定了《安全生产“党政同责、一岗双责”暂行办法》《安全生产约谈实施办法》《生产风险分级管控管理制度》《生产安全事故综合应急预案》等 7 项安全生产制度和相关规范性文件并强化落实监督，促进公司安全管理制度化、规范化、科学化，有效防范质量安全事故的发生。

五是强表率，提升党员作用。灵山公司党支部引领党员在安全生产中冲锋在前，带动员工开展安全排查，建立起一道道隐患排查的严密防线，广大党员在安全生产中担责、守责、尽责。如每逢节假日项目停工，灵山公司扎实安排部署停工前的安全检查、值班应急等安全工作，以党员带头担责、带头行动，安排专人负责值班值守，确保及时高效地处置各类突发事件。

六是强警示，提升谈话质量。公司党支部充分发挥党建工作优势，深化党建工作对安全生产的引领和保障，通过对安全生产主管部门负责人、关键岗位人员采取集中谈话和个别谈话的形式，推动安全生产责任制、安全精细管理的落实，就安全管理问题及时进行警示谈心和诫勉谈话，提升安全管理人员的责任心，确保安全生产责任落地。截至 2021 年 8 月，就安全管理问题开展谈心谈话 14 人次。

主在成效：

灵山公司强化党组织抓安全，以“党建+安全”助力生产高成效，党管安全产出四大成效。

一是加强了党对安全工作的领导。以党支部书记抓安全的新思路、新方法助力安全管理工作上台阶、提效率，公司组建以来，连续实现安全生产无事故。

二是进一步推动了党建责任的落实。党支部切实履行主体责任，以强化班子成员的责任意识，推进了安全生产“党政同责、一岗双责”责任的落实。

三是塑造了“党建+安全”的模式。搭建起党管安全的能量场，形成党建工作与业务工作齐抓共管的良好局面，实现了党建工作与安全生产的互融共进。

四是提升了党管安全工作的战斗力。通过“党建+安全”打破了各专业壁垒，解决了以往党建与安全生产分轨运行的问题，进一步激发党员职工干事创业的激情，提升了党管安全工作的战斗力。

案例启示：

灵山公司树立党建新理念，落实党管安全要求，履好主体责任，党支部书记抓安全、塑模式，为环保水务集团塑造了“党建+安全”的最佳实践，切实把党建工作优势转化为企业的生产力。

作者：苏金玲

优化城区区域水厂，提高供水能力

实施背景：

东兴市城区水厂近年来供水一直超负荷运行，供水水质无法保证，供水压力也满足不了用户的需求，而新建的城东水厂供水能力因供水管道问题无法发挥出最大、最优的供水能力。2020 年 9 月，广西东兴北投环保水务有限公司（以下简称“公司”）接手城区区域水厂管理后，坚持问题导向，充分发挥国企党建优势，借助“国企党建，创造价值”课题的设立，着力解决城区区域水厂供水能力问题。

主要做法：

一是找准问题解成因。公司党支部组织人员深入调查，认真查找城区区域水厂存在的问题，剖析问题存在的成因，积极思索解决问题的方法。公司领导班子与各中心、部室一同协商，就缓解城区水厂超负荷供水的状况进行协商讨论，制定出解决方案。

二是对症下药出对策。经过充分协商，公司决定在罗浮桥临时铺设一条 DN300 的钢管，将城东水厂和城区供水管网碰通，发挥出城东水厂的供水能力，全面缓解城区水厂的供水压力，最大限度地满足城区居民用水需求。

三是行动迅速精施工。从公司决定敷设临时管道到完成管道敷设，营管中心只用了 3 天的时间，敷设管道总长 300 多米，且一次便试水成功。从工程启动到施工完成，施工队始终保持着安全、质量、高效、快速的行动原则，保持着激情的工作状态，全力以赴为民生。

主要成效：

一是优化用水保障。城区区域水厂优化工程完成后，既达到了缓解城区水厂供水压力的目的，又保证了出厂水质的达标以及水压的稳定，更满足了城区居民的用水需求。目前城区供水范围内，用户的投诉率已降低，民生用水问题的解决，得到了东兴市人民政府的认可。

二是实现降本增效。城区区域水厂优化运行后，提高了城东水厂的供水能力，降低了公司的运营成本，不仅促进了东兴水务一体化的合作，更为东兴环保水务公司扩容增收奠定了基础。

案例启示：

一个优化工程，赢得一片赞誉；解决一个问题，促进民生和谐；实现增收扩容，促进一体化合作，东兴环保水务公司把想干事、能干事、干成事落在了实处，做出了实效。

作者：姚国威

周一晚夜培　习学硕果丰

实施背景：

广西防城港北投环保水务有限公司（以下简称“公司”）作为广西北投环保水务集团有限公司实现区域水务一体化的核心企业，必将在新项目建设、内部管理上迎来更多的发展机会，对人才的需求不断增加。公司推进精细化管理、标准化建设和信息化保障都需要人才支撑，加强管理、技术、技能三支人才队伍建设势在必行。

主要做法：

落实人才建设工程，积极构建员工综合素质全面发展的人才培养体系，切实加快复合型技术人才、技能型人才培养，着力打造学习型企业。

一是正视问题作思考。公司青年员工较多，管理人员技术业务水平参差不齐，高技术、技能的综合素质较好的拔尖人才缺乏。如，工程管理方面，技术人员年轻化，理论知识虽然丰富但是实战经验缺乏，特别是在项目技术交底、编制施工方案方面，提升空间较大。公司人力资源部结合现状，组织人员进行“头脑风暴”，深度思考公司的发展急需要的人才从何而来？管理人员的综合素质如何提升？高技术人才培养如何开展？

二是积极应对创新招。公司坚持以“内部培养为主，外部培养为辅”的原则，组织开展“夜培宣讲课堂”。第一，以学为本，利用每周一 19 时至 21 时（2 个小时），组织各中心技术骨干和部门人员进行业务技术学习；第二，专人导学，各中心、部门安排一名业务骨干，制定详细内容进行导学，达到一人导学、多人受益的目的；第三，坚持“引进来”培训工程，邀请公司外聘律师、院校老师、消防教官等通过多媒体进行网络专题讲座。

三是夜陪宣讲有助力。大力开展以“拓宽知识面、掌握新技能、解决新问题、创造新业绩”为主旨的宣讲。第一，通过“夜陪宣讲课堂”集思广益，形成解决生产经营中存在问题的解决指导方案；大力实施员工素质提升工程，拓宽员工“赋能成长”通道；第二，坚持员工“缺什么、补什么”的原则，通过多媒体宣讲教学。已开办了《消防安全》《工程建设管理办法》《合同管理办法解读》《二次供水（一户一表）市场开发研讨及相关政策法规解读》《公司职工纪律处分办法要点解读》《污水处理运行管理》等宣讲。

四是形式创新解难题。为从根本上解决因经验不足、技术力量薄弱、现场组织协调能力不强等问题，多部门在方式上创新、内容上创值、结果上创效。如，工程管理部坚持“形式灵活多样、内容注重实效、课程按需培训”的原则，创建学习型项目工地，有针对性地开展专业技能、施工技术、施工工艺要点等现场教学。还会针对施工现场发现的紧迫性疑难问题及时进行剖析解答，采取“夜培与项目现场宣讲相结合”，“一师带一徒”的方式，助力新员工不断成长。再如，各部门均采用“互联网+”的形式在公司平台上开展宣讲，实现了线上线下联动，做到相互融合、相互补充，有效提升培训效果。

五是夜陪宣讲出梯队。公司人力资源部提前做好培训科目组织，做好宣讲学习台账，做好学习成效评估，实现教学信息透明化，宣讲课程早知道。各中心、部门内部建立新的师徒关系，形成“老带新、高带低、强带弱”的人才梯队建设组织架构，形成了员工与员工之间业务对接、专题案例讨论交流的良好氛围，提高了发现问题、分析问题、解决问题的能力。如，工程管理部会同合约运营部、污水中心积极利用新技术知识开展环保技术的基础性和应用性研究，采用 CIPP 非开挖微创、地埋式一体化泵站、无人值守分散式一体化小型智能污水处理设施等新技术、新手段，完成了防城港市污水直排口建设整治任务，有效改善了沿岸海域及城市黑臭水体问题。

主要成效：

“夜培宣讲课堂”在实践中不断探索，实现培训模式的规范化与制度化，达到人才的可持续发展，为人才培养创造了全新的学习方式和教学方法。

一是夜培的教育功能。通过“夜培宣讲课堂”向员工提供相应的培训课程，使员工了解政治理论知识、掌握技术技能业务，建立健康向上的生活与工作态度，拓展个人综合素质。

二是夜培的辐射功能。通过“夜培宣讲课堂”接受培训的年轻管理人员辐射周边更多的基层员工，起到传播知识、激发需求的作用。

三是夜培的推广作用。通过“夜培宣讲课堂”贯彻人才强企战略，不断提升青年员工的大局意识、服务意识和岗位履职意识，引导员工树立正确的人生观、价值观，培养打造学习型、创新型的员工队伍。

案例启示：

“夜培”的愿景是助力人才建设，“夜培”的目的是赋能员工成长，“夜培”的目标是助力管理提升。防城港环保水务公司通过“夜培宣讲课堂”实现了学习常态化、培训效益化，并将其办成了青年员工的“加油站”、解决问题的“诸葛会”、人才梯队的“竞技场”。

作者：梁志军

决战大榄坪工程，我们一马当先

实施背景：

作为2020年中央环保督察的重点项目，钦州市大榄坪污水处理厂及管网一期排海管项目一直备受瞩目。2020年4月，广西钦州北投环水有限公司（以下简称“公司”）接到任务，务必在2021年1月20日前完成该工程，确保深海排放建设如期实现。公司工程管理部立即行动，克服施工环境复杂、现场施工困难、时间紧任务重等诸多困难，全力投入钦州市大榄坪污水处理厂一期工程排海管工程建设当中。

主要做法：

钦州环保水务公司坚持以“党建+项目建设”为引领，超前规划做好保障，精心组织、协同推进，突出“四个一”，确保项目如期完成，树立了北投环保水务人的良好形象。

一是“一盘棋”统筹，聚力迎难而上。紧急成立钦州市大榄坪污水处理厂一期工程排海管工程指挥部，由公司负责人担任项目建设总指挥，分管领导担任副指挥，明确分工，层层压实责任。领导班子以上率下，部门负责人以身作则，党员干部冲锋在前，在现场协调、安全生产、质量保证、资金保障以及后勤供应等环节发挥作用，为各项工作的快速推进凝聚环水力量。

二是“一条链”运作，团队攻坚克难。该项目工程招标控制价约为1300万元。为确保项目顺利实施，解决资金困难，钦州环保水务公司作为招标单位，积极对接钦州港招投标监督管理站出具资金证明，确保资金满足项目建设要求，让各参建单位无后顾之忧，后勤维稳得到精心保障。土建、管网安装、商务成本、质量安全等十多个作业区“一条链”运作，在赶工时刻更是指哪打哪、高效联动，施工现场大家穿插作业、协同作战，确保“兵马粮草”足，攻坚“战必胜”。

三是“一先锋”带动，“党建+项目”助力。实行“党建+项目管理”模式，全体党员“亮身份、亮职责、亮形象”，立足项目，在3个方面发挥作用，争做项目推进先锋队。第一，对各参建单位明确岗位职责，严格审查编制的施工组织设计、施工方案、施工进度计划，审查工程中的材料和设备清单及所列的规格与质量；第二，严格督促各参建单位执行工程承包合同和严格按照国家技术规范、标准、地方建筑安装规程以及设计图纸文件的要求进行施工和施工验收签证，控制工程质量；第三，对于工程的关键部位及关键工序的施工，要求监理工程师必须24小时现场旁站监理，并做好旁站监理记录。

四是“一体化”推进，多举措保工期。第一，倒排工期，2021年1月20日为施工终点，正式开展项目决战倒计时，公司党员、部门负责人现场带队管理，采取“白加黑”“5+2”的模式，加班加点、争分夺秒开展好项目建设；第二，在确保工程质量和安全生产的前提下，按照“能快则快、能赶则赶、能紧则紧”的要求，科学组织施工，精准协同作业，将作业内容细分到每一天，以“服务、指导、监督”定位全力保证项目建设进度。

主要成效：

一是在2021年1月20日前，钦州市大榄坪污水处理厂及管网一期工程排海管工程尾水深海排放建设任务如期完成，全过程无安全、质量事故发生。全面整改了大榄坪污水处理厂临海排海口，将污水排放到指定的A2排放区，保障了钦州市入海排污口水质稳定达标排放。

二是该项目工程实现了工程效益+环境效益，每年减少生化需氧量、化学需氧量、悬浮物排放，对保护和改善水质具有决定性意义和作用。

三是强化过程管控，对项目进度、安全管理、质量管控、成本管控、人员履职五方面的情况进行监督检查，培育了“白加黑”的激情工作精神，创造了“5+2”的项目施工模式，打造了“党员先锋”团队，为“76”天完成项目建设作出贡献。

案例启示：

转机制、调方式、抓创新、强管理、重实干是项目建设的经验总结，更是项目参建人员的精神体现。突出“四个一”攻坚克难抢工期，“5+2”施工模式保安全、促管理的项目经验更值得推广借鉴。

作者：易佳佳

推进信息化，报销数字化

实施背景：

广西北投环保水务集团有限公司财务部以落地实施费用报销业务模块为主体，通过信息化系统实现对现有费用报销业务的优化及管控，就如何提高财务核算效率以及预期应达到的效果开展信息化管理。目前，实施的费报系统以推进公司费用管理标准化、规范化、便捷化为实施目标，以费用报销平台、票据OCR识别、发票验真查重等技术为手段，以业务审批流程、费用类型、费用预算、报销标准为控制节点，实现对公司费用支付风险的有效管控，同时也能提升费用报销全业务流程的效率。

主要做法：

费用报销标准化

一是通过将审批流程嵌入系统，以实现单据的自动流转、单据的审批流程追溯，杜绝传统手工流转出现的审批流程颠倒错误、审批节点遗漏造成的内控问题，实现审批流程的标准化。

二是通过将现有差旅制度、业务接待等制度中相关费用报销标准嵌入系统，实现从事前申请到事后报销的管控，杜绝传统人工审核对制度理解不统一，费用报销标准执行不严格造成的内控问题，实现费用控制标准化。

三是通过与预算模块的关联，实现费用事前申请的预算提醒，事后报销柔性管控或强性管控，杜绝传统人工审核事前无提醒，事后忽视预算控制，导致预算与实际业务相脱离的问题。

四是通过将日常费用报销账务处理规则嵌入系统，费用报销业务能自动关联生成财务凭证的功能，杜绝传统人工录入凭证时易出现的金额出错、选用科目错误、出账规则不规范不统一的问题，以实现费用报销业务账务处理的标准化。

费用报销规范化

一是通过与税务云模块的关联，实现对纸质发票、电子发票的真伪验证、重复报销验证、开票信息的校验，杜绝传统人工审核时真伪验证费时费力、对重复报销电子发票识别能力低、开票信息遗漏错误的问题，实现费用报销发票单据规范化。

二是通过对税收编码的识别、设置税收编码与费用报销类型的映射关系、禁止报销某项费用类型等方式，实现对中央八项规定等制度禁止报销的费用类型进行精准识别拦截，杜绝人工审核时对违规报销费用类型时把关不严、审核遗漏的问题，实现费用报销类型规范化。

费用报销便捷化

一是通过将差旅报销制度、业务接待制度内嵌系统，实现业务人员差旅标准、费用报销额度、开票信息的便捷查询，避免传统业务中业务人员对标准及开票信息了解渠道单一，制度变动后未及时告知，导致事后因发票不符、费用超标导致无法报销等问题，提高业务经办人员的报账体验。

二是通过发票 OCR 识别、电子发票导入以及对报销发票的税收编码识别，实现对部分费用报销项目的自动填写，降低报账人员填单工作量，提高单据信息填写的准确性与便捷性。

三是通过集成 PC 端和移动端应用，实现 PC 端和移动端进行费用报销单据的经办发起及审批支付，通过发票及单据的影像电子化，实现异地审批以及共享中心审批，解决传统手工流转时必须回公司填单，领导必须回公司审单的问题，提高审批便捷性。

数据分析多维化

一是通过对费用开支信息的分类，费用的跨部门、跨组织分摊，实现从费用类型、费用项目到部门、车间、人员类型等各维度的费用开支数据统计汇总，形成对相关财务数据的多维网状数据支撑，并可通过数据穿透联查、数据挖掘，实现从财务数据到业务数据的追溯，以此增强业务数据与财务数据的相关性，达到增加财务数据可分析维度与深度的目的。

二是通过轻分析、多维数据表等功能，实现个性化费用报表的编制生成，不再局限于会计报表的更新周期以及会计报表格式，为业务分析提供更为实时、详细、个性化的数据支撑，以实现费用报销业务数据查询、统计、分析的便捷化。

主要成效：

财务部通过费用报销标准化、规范化、便捷化和多维化的实践：一是解决了报销数据可分析维度单一、时效性差的问题；二是杜绝了数据处理主要由人工完成，财务数据的真实性易受会计人员业务能力和责任心影响的问题；三是增强了会计核算效率、降低了人工成本、优化了会计人力资源配置；四是利用规范自动的会计处理缓解会计信息失真的问题，提升了信息质量的“实时性”；五是提升了公司财务信息化管理的水平和能力。

案例启示：

财务部以费用报销为主体进行实践，不仅提升了会计信息质量，而且提高了会计核算效率，为推动财务信息化转型进程作出贡献。

作者：李修文

二沉池吸泥机技改攻关进行时

实施背景：

2021年4月9日早晨，广西北海北投环保水务有限公司（以下简称“公司”）工艺技术员早早来到合浦县污水处理厂里巡检，突然发现1#二沉池吸泥机向一边倾斜，经查看发现是吸泥机减速机裂了，技术员马上关停吸泥机，二沉池停止进水，随后，立即汇报污水中心领导，并上报公司。在公司领导的指示下，污水中心技术小组初步分析原因，商量抢修对策。当时正值中央环保督察组检查，一方面需要调整工艺，保证处理水量，确保排放达标；另一方面要加速设备抢修。为了快速有效地恢复正常运行，公司党支部快速反应，成立党员维修先锋队，组织合浦县污水处理厂全体员工齐心协力、“白加黑”清淤查明原因。因二沉池吸泥机用的是德国进口SEW减速机，又恰逢疫情，新设备需要从德国进口，费时保守估计两个月以上，这将对合浦县污水处理厂的正常运行造成极大的安全隐患。通过多方努力，终于找到可提供除联轴器外配件基本齐全的减速机的厂家，技术小组通过商量一致决定将旧的减速机拆下来，要求厂家以最快的时间进行组装，这样才能够在较短时间内完成1#二沉池吸泥机的维修工作。

为什么会出现故障，怎样避免出现类似问题，技术小组及全厂员工开始深度思考。经深究发现，近年来管网进水含砂量日益增多，又因污泥处置受限，系统含有大量无机污泥，合浦县污水处理厂1#二沉池淤泥厚，且底部板结着厚厚一层淤砂，致使吸泥机高负荷运转，刮泥板被抬升，使其刮到进水口上方的水泥柱，从而导致吸泥机减速箱故障，严重影响了污水处理工艺沉淀系统的运作。因此，二沉池污泥分离处理技术亟须进行工艺改进。

主要做法：

合浦县污水处理厂经过研究决定，对二沉池吸泥机进行技术改造，主要对二沉池吸泥机的刮板进行改造。

一是坚持问题导向。第一，吸泥机减速机故障促使技术小组结合现状分析，对二沉池吸泥机刮泥板问题进行改造。改造以彻底解决问题为导向，对污水处理技术工艺加以革新；第二，技术等有关部门对可能出现的问题加强排查力度，在改进污水处理工艺方面集思广益，确保改造顺利进行；第三，技术人员拓展工作思路和改造方法，通过改造使污水处理工艺效率得到一定的提高，工艺流程、设备运行得到科技化的进步。

二是确定改造目标。第一，针对二沉池污泥量增多导致的吸泥机瘫痪问题，对抬升的刮板高度做出改进，解决此前吸泥机刮板与进水口的水泥柱之间只有不到 10 厘米的高度问题；第二，经部门领导与机修维护人员讨论研究，决定对1#二沉池和还没有损坏的 2#二沉池吸泥机的刮板高度进行削减，使其高度降低，这样即使污泥量增多，也不会使刮板高度抬升刮到上面的水泥柱子，从而解决吸泥机的负荷问题；第三，避免二沉池的正常运转受到影响，解决设备存在的安全隐患，从根源上解决了污泥量增多带来的生产隐患。

三是全力以赴进行。第一，机修人员冒着烈日在淤泥中对吸泥机、吸泥管按设计方案划线后进行切割，并将切割的不锈钢板整平再进行焊接，最后对吸泥机配重平衡进行重新调整，在热浪、尘土及烈日笼罩下加班加点顺利地完成了该项改造；第二，在改造过程中，党员先锋队冲锋在攻克技术改造最前沿，在党员黄祖能同志及林秀凯同志的带领下，在机修人员劳模赖祖国的示范带动下，以机修人员为主、其他人员为辅，大家不畏艰苦、齐心协力完成了技改任务。

主要成效：

一是消除了设备隐患。改造后的二沉池吸泥机刮板投入使用后，刮板高度的降低，解决了二沉池吸泥机目前存在的生产隐患问题，保证了生产设备的正常运行，稳步提升了工作效率，进一步强化了安全、高效生产的理念。

二是提供了生产保障。合浦县污水处理厂从建设运营到现在已十年有余，工艺设备逐渐老化、故障增多，系统无机化严重，更因受场地限制，系统面临污泥积存老化，运行中出现了大大小小的问题。通过技术改造，先后完成了储泥池扩容浓缩、压泥机挡水板改造、加药系统技改、粗格栅改造、二沉池出水堰加装自动清洁刷等一系列技改，为生产护航。

三是发挥了党建优势。在此次技改中，党支部政治优势、组织优势得以发挥，对故障产生原因反思，科学统筹安排，及时总结经验，凝聚团队力量，发挥党员先锋作用，带动人员团结协作高效完成技改任务。

案例启示：

在合浦县污水处理厂二沉池吸泥机技改攻关中，党支部发挥了战斗堡垒作用，党员发挥了先锋模范作用，劳模发挥了示范带动作用，大家齐心协力完成技改，为安全生产保驾护航。“党建跟着中心行、支部跟着重点走”的理念得以完美体现。

作者：蒋林岭

敢当“治污”急先锋

实施背景：

东兴市位于我国西南边陲，东南濒临北部湾，西南与越南接壤，是一座充满活力的边关滨海国门城市。改善城市环境典型项目——东兴市城西片区污水截污干管工程（EPC）的实施是改善民生居住条件、强化环境治理、提高城市管理监督水平和提高东兴市城西区域防洪排污能力的民生工程，也是为民办实事的头等大事。广西东兴北投环保水务有限公司（以下简称“东兴环保水务公司”）承接了该项目，面对城区污水管道系统不完善、雨污不分流、污水无法收集处理等问题，坚持问题导向，注重“对症下药”，精心组织施工，及时化解难题，安全高效完成项目建设并如期交付使用。

主要做法：

一是精确勘察定方案。东兴环保水务公司施工人员通过对现场地形的勘察定点，同时参考城区已建污水管道总体规划，经过多次比对，从经济、安全及可行性角度综合考虑，制定出最佳污水管道线路、一体化提升泵站的选址。

二是精心施工遵原则。第一，贯彻国家关于环境保护的基本国策，执行国家规定的相关法规、规范及标准，服从东兴市总体规划的原则和要求，与城市道路、给水、防洪、环保、电力、电信等工程规划相协调；第二，坚持“远期与近期相结合、集中与分散相结合、建设与管理相结合”的原则，适当留有发展余地，施工过程中尽量保留和利用现有排水管渠，结合地形特点，尽量保持管道流向和坡度与河滩、道路一致，以减小埋深，从而达到节约投资的目的；第三，确保现有污水管道出路畅通，处理好污水管道铺设与其他地下管线的矛盾，合理有效地解决管线综合布置。

三是精准施策提成效。第一，针对不满足污水排放标准要求的企业，由排放单位另行处理达标后方可排放入污水管网；第二，针对城市道路交通繁忙、地下资源有限、施工作业难度较大等实际困难，东兴环保水务公司施工管理人员精准施策，有效利用上河滩等地形，合理利用错峰时段，充分利用附近场地及水电等资源，对管线予以合理的布置和安排，使铺设线路更便捷；第三，经综合经济、技术比较后，充分利用现有工程管线，当现有工程管线不能满足现实需要时，废弃或抽换部分旧管道；第四，由于施工管道沿线人流量及车流量较大，易产生安全隐患，东兴环保水务公司在施工过程中做好相关安全措施，避免造成人身伤害及财产损失。

四是精细协调保稳定。第一，由于项目地点特殊的地理位置，3#一体化提升泵站、格栅机和截流井均设置在旧边贸码头上，因历史原因，码头土地归属权存在争议。针对以上问题，东兴环保水务公司施工管理人员主动跟进、主动协调、主动协作，通过不断走访周围群众和社区工作人员，协调产权归属单位落实选址事宜；第二，该泵站选址区域靠近北仑河岸边，又处在国界护栏以外，施工管理人员积极与东兴市人民政府外事部门和驻军边防部队协调，待越南政府和军方审批后方进场施工；第三，旧边贸码头生活入河排污口是中央环保督察整改治理的重点，虽经协调，但施工过程中仍多次受越南军方干涉，陆续接到市外事办及驻军边防部队的停工通知，造成3#提升泵站建设进展十分缓慢，甚至处于停工状态。东兴环保水务公司认真分析停工原因，联合多方协同进行施工建设，采取逆作法开挖方式，为泵站周边做护壁。在政府要求的时间节点前，安全、合理、合法及有效地解决了3#泵站施工问题，使设备投入运行，圆满完成中央环保督察整改任务。

主要成效：

一是项目安全高效如期完成。项目完工后实现了对东兴市城西片区的污水收集和集中合理排放，有效控制了该区域水环境污染，为国家的节能减排方案的落实提供有力保障，进一步达到了东兴市的节能减排目标，对市内的生态环境和城市的可持续发展起到不可替代的作用。

二是项目建设工作亮点纷纷呈现。第一，采取错峰实施的方式，有效规避了噪声污染和人流高峰期，降低了对人民群众出行的影响，避免了人身安全和财产损失事故的发生；第二，通过深入调研、实地排查，收集该区域市政污水管网走向图，进一步完善项目实施的基础资料，对比制定了最优施工方案；第三，整个施工过程采用了放坡开挖施工、人工挖掘顶管施工、有限空间作业、逆作法开挖护壁施工等施工方法，为今后的工程项目建设积累了良好经验。

案例启示：

东兴环保水务公司不为问题找借口，只给困难找方法，保质保量地完成了“东兴市城西片区污水截污干管工程（EPC）”工程建设，“敢当治污急先锋”不是口号，而是攻坚克难的先锋行动。

作者：黄芝荣

应用 PLC，精准改善出效能

实施背景：

北海铁山港水厂供水服务范围主要为铁山港（临海）工业园区及周边村镇乡委，服务对象仅是企业用户。随着铁山港区的发展，以及自来水普及率和供水用户的增加，供水量在增大的同时，用户对水质的要求也越来越高。供水过程中存在的问题是，因不能根据原水进水量的变化及时改变絮凝剂投加量，导致出厂水浊度偏高且药耗高。如何解决人工投加剂量随原水进水量变化而导致水质合格率降低和药耗成本增高，是铁山港水厂当下急需攻克的问题。为了能更好地控制絮凝剂的投加量，降低生产成本，提高生产效率，铁山洪水厂通过技术改造，采用 PLC（可编程逻辑控制器）控制药量精准投加，从而达到保证水质和降本增效的目的。

主要做法：

一是合理降浊，稳定水质。铁山港水厂要合理降低水的浊度，降低药耗成本，如果继续采取现有絮凝剂投加系统显然是不可行的。通过利用已有资源、设备潜力进行技术改造，完善管理措施强化现有水处理工艺和控制，实现节能降耗的同时保证并提高水质。

二是应用 PLC，安全降耗。采用 PLC 直接控制流量系统信号后，进行精确数字的控制，通过与原水进水流量成正比投加药剂的自动控制方式提高水质，既可保证出厂水质更能实现节能降耗。

三精准快捷，提高性能。加药泵是否能有效执行计算量，需要流量计来检验结果，因此以电磁流量计变送器实际出药流量为反馈，与计算投加量进行比较修正，形成了闭环控制环节，使絮凝效果得到保证。集合 PLC、触摸屏的优点优势，利用 PLC 的精确逻辑程序控制与触摸屏可视化人机操作界面的完美结合，达到控制精确、可靠性高的目的。

四是数字直控，精细高效。采用数字信号直接控制的同时，使用先进的无泄漏耐酸泵和变频计量添加装置，在得到高控制精度和反应速度之余，性能和寿命也远远高于其他系统。自动加药系统的应用使整个净水过程都处于实时受控状态，确保了安全、稳定、优质供水。

主要成效：

一是降本增效显著。2020 年 9 月改造并进行数据调试，10 月上旬进行数据调试，10 月下旬投入运行使用。对 2020 年 6 月至 8 月改造前相近出厂供水量的加药量和 2020 年 10 月至 12 月改造后相近出厂供水量的加药量相比较，平均药剂用量由 0.009kg/m³降至 0.008kg/m³。

改造前后流量相近出厂供水量的加药数据对比							
改造前				改造后			
年　月	流量（m³）	药剂用量（吨）	药耗（kg/m³）	年月	流量（m³）	药剂用量（吨）	药耗（kg/m³）
2020 年 6 月	541598	5.325	0.009	2020 年 10 月	496267	4.88	0.010
2020 年 7 月	518276	4.825	0.010	2020 年 11 月	534339	4.225	0.008
2020 年 8 月	520113	5.05	0.009	2020 年 12 月	546062	4.55	0.008

二是运行降本增效。经过运行实践证明，采用该 PLC 自动加药系统可达到絮凝处理的最佳工况。主要效果体现在：系统自动化水平高、运行稳定可靠、维护量小，劳动强度大大降低；加药泵功率大大降低，而且变频调速运行更加省电，降耗节能效果明显；絮凝剂耗量大大减少，最小加药量取得了最佳絮凝效果；减少了因过量投加造成的滤池过滤周期缩短的后果，解决了滤料使用寿命锐减等问题。

三是经济环保增收。由于药量减少，药泵节能、滤料寿命提升等，应用 PLC 生产供水投入产出比较高，在增加经济效益的同时，提升了环保安全效能，增加了环保效益。

案例启示：

北海铁山港水厂发现问题、研究问题，及时应用 PLC 系统装置，精准控制药量投加，解决人员不能及时调整絮凝剂的投加量造成单位药耗成本增加的问题。数字化控制与管控措施完善是关键，管理改善与降本增收方法值得我们学习借鉴。

作者：方镜明

解决“顽疾”赢美誉

案例背景：

2020 年 9 月，江平污水处理厂由东兴市人民政府移交广西东兴北投环保水务有限公司（以下简称“东兴环保水务公司”）经营管理。江平污水处理厂分别接纳处理江平镇镇区的生活污水和江平工业园区的工业废水，由于设备故障及进水浓度超设计标准，存在着 COD、氨氮、总磷等指标超标问题。根据《东兴市贯彻落实中央环境保护督察“回头看”及固体废物环境问题专项督察反馈意见整改方案》，“东兴市江平工业园区污水处理厂长期超标排放”被列为严重的环保问题，被各级部门进行督察督办，成了困扰东兴市人民政府的一道顽疾。

主要做法：

一是紧抓“问题”牛鼻子。东兴环保水务公司工作人员通过实地考察、指标数据分析以及技术研判，发现江平污水处理厂存在以下几个方面的问题：第一是设备故障（生物池曝气泵、搅拌器、沉淀池斜管填料，储、脱泥设备）导致 COD、氨氮指标超标的问题；第二是缺乏应对进水总磷指标高的除磷设施；第三是受限于技术力量和资金保障，该厂站的出水水质总磷一直未能达标排放。针对以上三方面问题，工作人员坚持问题导向，细分问题领域，对症下药，及时整改。

二是治疗“设备”下方子。东兴环保水务公司先后投入近 100 万元的资金，对故障设备设施进行维修、更换和改造。主要更换曝气系统为底曝，更换沉淀池内斜管填料，增加板框脱泥机并对原带式压滤脱泥机技改与维修，更换故障在线监测设备。为确保指标稳定，投资近 200 万元的除磷设施也正式开工建设。

三是精准“施策”有法子。第一，制定总磷超标解决方案。公司团队通过调取在线监测设备数据、加强手工化验频次、现场蹲点调研等方式进行研判，制定了可行的去除总磷的药剂投加方案；第二，加大设备投入，减少药剂浪费，降低生产成本。东兴环保水务公司对江平污水处理厂增加一套自动化投药设施和污泥脱水机，利用进出水总磷的数据曲线，更加灵活地调整药剂的投加量，避免因浪费而造成生产成本过高的问题，同时降低人工的劳动强度；第三，提高江平污水处理厂的信息化和标准化建设程度，提升管理效率。

主要成效：

通过一系列设备更新、维修和改造，2020 年 9 月至今，东兴环保水务公司以多投入解决大顽疾，江平污水处理厂含总磷在内的所有出水指标均稳定达标排放，顺利消除了一个环保风险点，赢得了东兴市人民政府的高度肯定和赞誉。

案例启示：

东兴环保水务公司坚决贯彻习近平总书记的“绿水青山就是金山银山”“广西生态优势金不换”的环保理念，落实广西北投环保水务集团有限公司提出的“守护生命之源，创造最美生态”企业使命，坚决治愈环保“顽疾”，为“环水人”赢得美誉。

作者：黄景甲

营管强管理　党员当先锋

实施背景：

广西防城港北投环保水务有限公司营管中心主要负责公司用户报装接水的勘查、设计、安装施工及自来水、原水、污水管网设施维护维修、建设等工作，更要确保供水管网安全运营。目前，管理的自来水管网约 600 千米、污水管网约 170 千米，服务范围广，覆盖防城港市防城区、港口区城郊和周边村镇，服务近 30 万用水人口以及一大批临港工业项目。且由于供水管网使用年限久、城市建设、地形改变及管材质量等问题，管网故障层出不穷，维修抢修任务应接不暇，漏损率居高不下，运营成本加大。为解决问题，公司营管中心党支部坚持党建与业务融合，跟着重点走，助力中心工作。

主要做法：

公司营管中心党支部发挥党建优势，以“抓好管网运营，强化降本增效，实现高质量发展”为主线，搭建党员作用平台，引领党员在各项管理中发挥先锋模范作用。

一是党员为先行，加强管网供水保障。为了掌握供水管网运行现状，提高故障的处理率，营管中心党支部发挥在管网巡查维修一线岗位上的党员作用，在保障安全运营上担当先行，与员工一道坚守 24 小时全天候值班制度，不分昼夜积极落实管网巡查和维修，并带动激励员工自觉主动履职。2020 年以来共巡查自来水、原水及污水管网达 3000 多千米，查出并修复 DN100 口径以上管网明漏 620 处，实现了安全供水，群众满意度大幅提升。

二是党员为先导，攻克管网暗漏难题。2020 年 5 月，为提升供水管道降损目标，组成管网测漏党员突击队，以 3 个月为期，对公司管辖的全部供水管网实施夜间暗漏探测“突击战”。党员测漏技术骨干勇担重任，背着设备仪器，每天晚上徒步行走在近 6000 千米的供水管网线上，穿街过巷、爬山绕水，经过连续作战和艰苦付出，仅用半个月时间就完成了管网暗漏探测任务。

三是党员为主力，抓实残旧管网改造。2020 年，防城港市港口区东兴大道、桃花湾珍珠路、港口旧城区渔万路、防城防东路、防城钦防路等路段，因供水管道使用多年、城市建设及地形变化等原因造成管材安全质量发生变化，频繁出现自然爆管漏水的情况，不但加大了管道供水的漏失，还增加了管道维修费用，影响群众用水。针对以上问题，公司下狠心落实供水管道改造工作，营管中心承担起攻坚任务，发动党员组成安装突击队，带领安装维修队员，以“5+2”“白+黑”的施工方法，抢时间抢进度突击完成管道改造工程。

四是党员争先锋，降本降耗降投诉。营管中心党支部落实供水管网明漏巡查、暗漏探测，摸清故障频发管网段情况、水量损失情况，加强管网漏点维护维修，提高维修及时率，有效控制管网水漏失率，确保供水管网安全正常运行。通过“党员+三降”活动带领全员“降成本、降耗损、降投诉”，确保水“畅通、畅达、畅销”，既提升了服务质量促营收，又实现了降低成本增效益的目的。

主要成效：

2020 年 5 月查出管网暗漏点 62 处，8 月查出管网漏点 126 处，挽回经济损失 350 多万元。2020 年以来，公司供水漏失率从原来的 25%以上下降至 16%，整个供水管辖范围的供水水量、水压得到有效保证，树立了防公司的良好形象，促进了公司经济效益和社会效益双赢。

案例启示：

为什么抓党建？践行党的宗旨，保证刚性需求。党建干什么？抓主业、担主责、当主角。中心工作的重点在哪里？难点是什么？问题怎解决？党建的优势是什么？组织功能如何发挥？营管中心党支部给了我们最好的答案。

作者：卢成志

工作高效率　评价强助力

实施背景：

绩效管理是企业的一项难点工作，各部室的绩效管理更是难中之难。如何建立科学的现代化管理制度，把经营业绩与公司、部门和个人的回报相结合，充分调动员工的积极性和创造性，保证公司整体战略目标的实现、重大任务的落地，是摆在新整合的广西北海北投环保水务有限公司（以下简称“北海公司”）面前的重要任务。面对领导者忙得不亦乐乎、部门悠闲自得、员工岿然不动的现象，以及个别部门、不少员工得过且过的状态，北海公司党支部以发挥组织力、提升执行力、强化行动力为着力点，全面推进部门业绩管理和员工绩效管理，以解决“干与不干、干多干少、干好干坏都一样”的问题，解决如何提高执行力、激活行动力、推进工作高效率的问题。并通过立足管长远、管根本的原则建立绩效制度与机制，全面推进部门管理高效率，为公司发展助力。

主要做法：

北海公司党支部发挥引领作用，以党建高质量推进中心工作高效率发展，通过强化部门业绩目标管理和强化员工岗位绩效管理，持续提升公司的管理水平，提升员工队伍的业务能力。

一是明确评价内容。考核内容以部门的“经营业绩+工作目标完成”，以员工“履行职责+完成工作任务”进行设定。各部门、员工梳理近期一段时间内的重点工作，分别制定考核目标，并经直接领导审核确认作为该段时期内的重点工作进行考核。在实施过程中，考核内容会根据新工作、新任务的出现适时更新调整。

二是确立评价形式。将直接领导审核通过的重点工作，由部门和员工分别列出清单，以党建项目化形式推进落地。项目清单即工作责任，通过节点化、成效化确保完成质量。项目清单作为月度绩效考核的动态考核内容，通过量化考核和完成时间进行效果评价。

三是完备评价机制。党支部不仅注重解决眼前的问题，更注重解决长远问题，通过修订完善薪酬分配及绩效考核管理制度，形成规范的考核程序、标准和奖惩规则，建立起完备的绩效评价机制，同时强化经常性的监督，加强过程的控制，确保评价结果的公平公正。

四是完善评价方法。月初制定重点工作清单，每周对进度及时更新，一方面抓好进度节点，另一方面复盘工作细节，在周例会上对进度落后的事项做好原因分析，及时调整工作方法，确保工作进度与工作节点相吻合。月底对月初制定的工作清单按节点进行自我评价，由直接领导进行考核评价并反馈结果。

五是强化结果运用。将考核结果作为发放月度绩效工资的依据，同时作为年度考核、岗位工资等级调整的基础数据。根据绩效考核管理办法和绩效成果，把绩效工资与考核结果挂钩，实行绩效工资差额化分配，以收入差异化激励员工，提升工作积极性。

六是制约两种关系。党支部注重部门、员工两者之间的关系协同，在进行绩效考核时将部门绩效与员工绩效紧密联系、相互挂钩。通过“绩效相互制约”让员工清楚地认识到，只有部门绩效、企业绩效的实现，才能确保员工绩效的兑现和提升，以此增强员工对企业形势任务的认知，引领员工高效履行岗位职责、立足岗位干事创业。

产出成效：

一是激活了党支部的组织功能。党支部发挥政治优势，提升领导力，通过科学统筹、方法创新和有效激励，强化部门和员工的绩效管理。

二是促进了部门管理提质潜能。通过部门绩效管理，促进部门目标任务的达成，通过绩效评价以及强化结果应用，提升了部门的管理水平，实现了重点工作的突破。

三是激发了员工的工作主动性。通过党建项目推进和全员清单管理，强化了员工的绩效管理，促进了员工立足岗位履责，站位部门干事，以绩效评价的“双向挂钩”提升员工工作主动性。

四是促进了公司管理的高效率。通过列清单、明责任、定节点以及定期开展工作复盘，党支部重实绩、看实效，打破了平均主义。消除年底考评“一锤定音”的传统做法，通过绩效管理导入竞争激励机制，促进员工提高自身业务能力去干事，提升部门履责能力干好事，公司重点工作突破硕果丰，管理效率大幅度提升。

案例启示：

北海公司党支部发挥政治优势，激活组织功能，以党建引领推进绩效管理，以项目化、清单制解决了部门绩效考核和员工绩效评价的难点问题，真正将党建优势转化为企业的竞争实力。

作者：伍其红

奋进在“30万吨油码头”配套供水工程

实施背景：

钦州30万吨级油码头供水工程是西部陆海新通道建设的重点项目，是广西最大的原油码头，也是北部湾港靠泊等级最高的码头泊位，对提升北部湾港综合服务能力具有重要意义。广西钦州北投环保水务公司（以下简称“钦州环保水务公司”）统筹布置，合理规划，带领党员干部职工克服了时间紧、任务重、工期短等困难以及施工环境不成熟、工作面狭窄、交通受限、供电供水输油管三方施工、海岛作业等诸多问题，奋进在“30万吨级油码头供水工程”的前线上。

主要做法：

钦州环保水务公司党政同举，以六大措施做助力，党员干部做先行，项目成员全力以赴，全力保障30万吨级油码头供水工程在2021年4月30日前建成通水。

一是组织攻坚队，奋战30万吨级油码头。公司分管领导和部门负责人积极发挥“头雁”作用，在公司供水抢修突击队中精选出11名党员骨干组建攻坚队专职负责项目施工安装。攻坚队发扬特别能吃苦、特别能战斗的先锋精神，蹲守施工现场，精益管理，全力做好工程建设各个关键环节的风险防控和节点把控。

二是破解好难题，制定和优化施工方案。面对约120米的跨海段不能采用埋地铺设，围堰段道路尚未完工导致施工车辆难以正常行驶的问题，公司领导和技术专业人员多次实地调研，在不影响电缆和输油管路前提下确定最优的管道路径和施工方案，解决了供水管线的安全性、运行稳定性、成本节约和施工困难等问题。

三是积极主动沟通，多措并举保障资金投资。该项给水工程预算费用约为232.61万元，建设资金由广西北部湾办公室、北港集团、北投集团各承担三分之一。为了确保工程顺利推进，钦州环保水务公司营管中心主动沟通，协调对接多方和相关部门明确建设单位、落实建设资金，为快速施工提供保障。

四是做好材料储备，全力保障项目顺利建设。一方面根据项目建设计划和材料需要，提前做好物资的购入计划和材料的储备工作；另一方面由于道路施工未完成，吹沙填海存在下沉风险、工作面狭小以及车辆难以正常行驶等问题，及早采用钩机进行二次运输，逐步把物资送进现场，避免因材料设备等因素影响工程进度。

五是发挥奋斗精神，安全高效完成施工作业。扬起“奋战 40 天，项目高效率”的奋斗姿态，公司部门领导现场带队管理，实行“白加黑”“5+2”的工作模式，争分夺秒赶进度。为了节约往返路途时间，实行专人送餐制确保现场管理到位。在熔接管材的过程中，采用热熔连接的施工工艺，从定位—铣端面—端面清洁—系统拖动—端面熔接—冷却定型等环节，安排熟练焊工层层把关，保证热熔连接管道质量。

六是管控好时间，解决好工作面冲突问题。由于供电、供水、输油管三方同时施工且都是处在赶工的状态，加上项目现场 121 米钢栈桥狭小，便桥在油管施工时实行临时交通管制，三方施工车辆及挖机只能错峰进入场地，每天实际只有半天能够施工，根本无法保证正常施工和任务完成。参建人员放弃节假日和休息时间，攻坚队队员积极对接多方部门，充分协调，分秒必争保障施工，通过错开施工，有效解决了施工工作冲突和施工难的问题。

主要成效：

钦州 30 万吨级油码头供水配套设施在钦州环保水务公司的同心努力下按期建成通水。该配套项目不仅可以满足 30 万吨级油码头生产运营的供水需要，同时还可以满足码头周边各大型化工企业施工建设用水的需求，为自贸区钦州港片区经济发展做出贡献，为广西北投环保水务集团赢得了赞誉，树立起北投环保水务人担当奉献的良好形象。

案例启示：

党政同心高度重视，精心筹划；党员骨干组织带动，攻坚克难；现场施工多方沟通，履责到位；参建人员多措并举，勠力同心，为工程建设按期完成奠定基础。安全、高效、协同、精进是项目建设实践点，更是学习点。

作者：林妍平

服务先锋队　上善聚力行

实施背景：

广西上善若水发展有限公司（以下简称“公司”）综合办作为综合服务的保障部门，具体负责行政管理、人力资源管理、党建工作、纪检监察、法律事务、信息宣传等，综合办积极响应公司号召成立了综合服务先锋队，以着力解决整体服务能力高、执纪监督检查待加强、企业文化塑造待增强、党建工作水平待提升等问题为导向，以“保障+创标+创品+创星+监督+塑造”为抓手，通过“六坚持”，实现“七提升”，为公司高质量发展提供坚强的综合服务保障。

主要做法：

坚持“四抓四实”，抓强综合服务保障工作

一是抓队伍。综合办工作繁、杂、脏、累、险，搞好综合服务工作，队伍建设是关键。通过强化业务学习，坚持做到“更加讲政治、更加讲团结、更加讲奉献、更加能吃苦、更加能战斗、更加能忍耐”。

二是抓管理。抓好内部管理，制定管理制度，抓好公务用车、办公用品、后勤接待等管理，做好领导的“贤内助”。

三是抓服务。综合办是承上启下的部门，事无巨细，及时了解领导和员工的需求，倾听员工心声，及时做好做细服务。

四是抓落地。综合办事务繁杂，接到任务必须落实落细落地，比如疫情防控期间，随叫随到，主动担当，冲锋在前，主动干事，积极作为，为做好公司复工复产及转产口罩作出了应有的贡献。

坚持“对标对表”，支部建设标准化规范化

一是在确保任务落实上下功夫。作为负责党群工作的部门，综合办服务先

锋队严格按照广西北投集团基层党组织标准化规范化建设工作手册，坚持对标、对表，确保任务落实。

二是在完善党建工作机制上下功夫。围绕中心、服务大局，加强制度建设、细化任务分解、推行目标管理、巩固基层基础。

三是在创新党建工作载体上下功夫。学做结合、分类施策，以“党建+扶贫”“党建+拓展”“主题党日+特色”等模式，创新党建工作载体。

四是在激发党建工作活力上下功夫。因地制宜、建强阵地，做好党建经费预算，按照“六有”标准建强党建阵地。

坚持“因地制宜”，支部成功创品牌评星级

一是做好参谋。紧紧围绕环保水务集团党委的战略部署和发展定位，提出了“围绕中心业务打造党建品牌”的要求，通过党建引领科研生产、市场开拓、综合服务，广聚员工意见，深思党建品牌建设。

二是丰富载体。扎实开展党史学习教育，组织开展主题劳动竞赛、唱红色歌曲、主题党日、“三会一课”，举办红色故事大赛、专题讲座等活动。

三是创品评星。成立专项工作组，组建“三支先锋队”，严格按照文件要求，深入研讨，狠抓党建品牌建设，成功评上北投集团五星党支部。

坚持“转变作风”，强化监督推进从严治党

一是强化学习。采取集中学习和自学相结合的方式，抓好《中国共产党纪律处分条例》《广西北部湾投资集团有限公司职工纪律处分办法》等宣贯。

二是强化警示。组织召开专题警示教育会议，组织观看警示教育片，筑牢党员拒腐防变的思想防线。

三是强化监督。以开展“三查三问”专项工作为契机，抓实巡察反馈问题整改情况督查，开展“转作风 强执行 提效率”纪律作风建设活动，营造公司良好健康的政治生态。

坚持“以人为本”，塑造积极企业文化

一是提高认识。认真宣贯广西北投环保水务集团“绿动环水 · 和合共生”以及“一形五品十观”的企业文化理念，通过拍摄宣传片、打造宣传长廊等方式，加强企业文化宣贯，让员工充分意识到企业文化塑造的重要性和必要性。

二是完善机构。及时请示，严格程序，组织开展工会委员会选举工作，维护员工利益，为员工谋福利。

三是丰富活动。组织员工开展观影及户外健步走等活动；与钦北改扩建联合开展团队户外拓展主题活动；与创新基金管理公司结对共建，联手到桂林电子科技大学举办新时代企业高质量发展高级研讨班；为员工举办生日集体祝福会等，营造了积极向上、团结互助、永不言弃的干事创业氛围。

主要成效：

一是整体综合服务能力提升。全面提升综合服务先锋队综合服务能力和水平，办文、办会、办事让领导和同事放心，综合办年度绩效考核等次为“优秀”。

二是支部标准化规范化建设提升。通过对标对表，切实提升党支部标准化规范化建设水平，推动公司党支部建设全面进步。

三是党建品牌建设成效提升。组建了“三支先锋队”，成功承办环保水务集团“讲党史党建故事，传创业创效能量”红色故事大赛等，打造了“环水红‘芯’，智慧上善”党建品牌。

四是执纪监督检查能力提升。坚持转变作风，强化执纪监督，促推公司公务车管理规范，后勤接待合规等，公司执纪监督检查能力明显提升。

五是企业文化塑造效果提升。塑造积极向上的企业文化，引领实现“理论认同、行动认同、结果认同”，文化落地效果得到明显提升。

六是党建工作水平显著提升。严格执行支委会前置研究重大事项程序，严肃了党内政治生活，开展了丰富的党建活动，推进了党建工作水平显著提升。

七是生产经营效益有效提升。公司资产由成立之初的1000万增长至38973万元，成立当年即实现盈利，持续三年同比增长超过100%，营业收入连续翻番。成功入库科技型中小企业，获得“全国高新技术企业”“第一批数字广西建设标杆引领重点示范项目——智慧水务平台建设项目”称号等。

案例启示：

党支部引领“六个坚持”，通过成立三支先锋队，实施“党建+”，产出七成效实现七提升 ，真正将党建转换成企业的生产力，将党建打造成企业发展的源动力。

作者：何　梅

党建开新局，文化育能量

实施背景：

广西泽霖环保水务有限公司（以下简称“泽霖公司”）党支部贯彻广西北投环保水务集团有限公司（以下简称“环保水务集团”）党委党建工作要求，在加强党支部标准化建设的同时，紧贴生产经营实际，持续探索党的建设与企业高质量发展一体化运行模式，坚持不懈地抓好党的思想、组织、作风、制度和党风廉政建设，为实现环保水务集团“一年打基础、两年见成效、三年大跨越”总体目标提供坚强的政治保证和组织保障。

主要做法：

泽霖公司党支部通过强化党建统领，推进党建工作与中心工作的融合，践行环保水务集团“新、信、勇、德”核心价值观，在公司营造干事创业的势能。

一是健全完善党内制度。建立并完善了《党支部议事规则》《“三重一大”议事规则》，“三重一大”事项前置支委会研究，严格落实“第一议题”制度；制定并完善《组织生活会制度》《民主评议党员制度》《谈心谈话制度》《“主题党日”活动制度》等6项制度并严格落实。在打好基础、筑牢根基的同时，在加强工程建设、财务管理、审计监督、生产经营和“三公”支出等方面加强纪律监督，狠抓落实整改。

二是深入开展主题教育。2021年上半年，共召开2次党员大会，11次支委会，开展6次主题党日活动、2次专题党课和1次专题组织生活会。支部通过上好党课、开展特色党建活动、学习交流、谈心谈话等形式，实现了“两学一做”的常态化，引领全体党员增强党性争做合格党员。围绕“学党史、悟思想、办实事、开新局”，设立了党员学习角，培养党员形成终身学习的理念，通过“学党史、悟初心、启新程”激发党员增加党性做表率，干事在前有激情，从“学史”到“力行”，为全面完成环保水务集团下达的各项目标任务做出贡献。

三是强化企业文化宣贯。通过特色党建和文化宣贯活动，进一步推动 VI 标识全区域覆盖。创建了“泽霖公司”微信公众号，常态化宣传企业文化理念和行为规范，强化典型宣传和阵地效能发挥，在公司营造出企业文化建设的浓厚氛围，引领职工将企业文化理念“内化于心，外化于行”，培育出积极向上的干事创业精神。

四是加强支部品牌建设。通过党务干部素质能力修炼培训树立党建工作新理念，积极学习借鉴其他企业党支部品牌建设的经验做法，以问题为导向，以品牌为目标，创建泽霖公司的党建工作品牌。通过提炼品牌内涵，制定品牌创建方案，推进党建工作与生产经营的全面融合，努力实现抓党建促管理、强党建解难题、塑队伍作先锋的党建势能。

五是壮大党员队伍力量。为保持党员队伍的生机与活力，党支部成立以来有 5 人递交了入党申请书，2021 年发展党员 1 人。通过培育党的后备力量、开展党带群团活动等架起党组织与员工的桥梁，实现了促团结、聚人心、增干劲的目的。通过组织开展“我为企业发展建言献策”活动，提升员工群众参与企业管理的积极性，激发群众的创造性，着力把党建工作成效转化为企业发展的活力。

六是多措并举育出势能。党支部引领带动党员干部进工作现场，发现问题具体分析，对存在的问题及时研究解决方案，推进党建“融”管理。加强生产经营中的问题整改，引领带动党员发现问题及时指正，监督指导问题及时修正，以党建高质量促进工作高效率。强化密切联系群众，听取部门负责人和重点岗位人员的建议和意见，及时修正管理中的不良做法，提升管理效果。了解掌握党员干部的思想、工作和生活情况，通过主题党日和党课教育等化解党员情绪，引领党员做业绩、树形象。要求党员干部多与员工谈心，积极与员工联络感情，帮助职工解决实际困难和问题，凝聚群众传递正能量、倡导新风尚。

主要成效：

一是增强党的建设重要性，健全完善党内制度且严格执行，党支部标准化建设初有成效，组织生活开展带动势能，党支部的领导力得以提升。

二是加强主题学习教育，化解党员困惑情绪，激发了党员思想上“走心”立初心，工作上“走实”出业绩，党支部的带动力得以提升。

三是加强党建融管理引领，带动党员干部走基层、到现场、访部门、听建议，发现问题、解决问题效果明显，党支部的组织力得以提升。

四是落实好谈心谈话制度，发挥党员组织群众、宣传群众、凝聚群众、服务群众的作用，增加了员工群众的归属感，党支部的向心力得以提升。

五是高度重视企业文化落地，以文化化育之道传承精神、传播美好，实现内聚人心、外塑形象的建设目标，党支部的文化力得以提升。

案例启示：

新时代党建要有新理念新征程，党建要有新作为新目标，党建要育红势能。泽霖公司党支部激活组织功能，激发党员潜能，示范带动群众，以党建融管理提升公司竞争力，以文化育能量建设公司软实力。

作者：屈　啸

免费换水表，幸福马路镇

案例背景：

马路镇位于广西东兴市西北部，距东兴市 16 千米，是一个山清水秀、人杰地灵的好地方。马路镇背靠十万大山，资源丰富，有东兴市“绿色后花园”之称，但这里的居民一直用不上干净卫生的自来水。广西东兴北投环保水务有限公司（以下简称“东兴环保水务公司”）自从接管了马路镇的水厂后，就把这件事记在了心上。2020 年 9 月，东兴环保水务公司树立服务民生的理念，为了让马路镇的村民使用上安全方便的自来水，积极想办法去行动，决定为马路镇 1000 多户居民用水开展水表免费更换改造工作，更换完成后将惠及 6000 余人，真正为老百姓办实事、做好事。

主要做法：

一是走访摸底到农户。东兴环保水务公司组织团队，分派两个工作小组深入到马路镇走家串户，一方面，对通水管道、水表安装是否规范进行普查；另一方面，调查水质是否达标，为村民顺利用上自来水收集数据，提供决策建议。

二是了解困难出举措。工作小组在深入调研时了解到马路镇村民用水难的问题和经济困难的现状，迅速将村民的现实困难和实际诉求反馈到公司。东兴环保水务公司很快就做出决定，一方面，快速接通管道，把控水质；另一方面，为村民免费更换水表，确保每家每户都能用上干净安全的自来水。

三是迅速组建行动组队伍。2021 年 3 月，东兴环保水务公司投入 10 万元资金，购置新型水表，启动换表工程。为此，公司成立了党员换表突击队，明确工期和要求，由庞庆全、刘源峰两位党员同志带领突击队对马路镇实施免费更换水表工作。

四是因材施教重指导。在更换水表的过程中，更换水表师傅发现，许多村民的水表使用超过年限，且外观破旧，表内水垢较多，有的还出现渗漏，造成水资源的浪费，给村民用水带来诸多不便。师傅们在细心地处理好村民管道漏水、水表安装不规范、管道杂乱无章等问题的同时，还耐心地指导如何安全卫生用水，如何保护供水设施，受到马路镇政府的高度评价和村民们的一致好评。

主要成效：

免费换表工作启动至今，换表突击队已经完成了全部水表的更换工作。东兴环保水务公司积极践行“我为群众办实事”的要求，按期、保质、保量完成了水表更换目标任务，为马路镇村民提供安全、便捷的供水服务，让人民群众喝上了“放心水”。

案例启示：

10 万元，对东兴环保水务公司来说可能是小事，但是对于渴望用上安全卫生的自来水的马路镇村民来说是大事。东兴环保水务公司免费更换水表是落实广西北投环保水务集团民生工程的具体行动，是惠民、利民的大好事。

作者：黄任郑

强思想带动，助互融共进

实施背景：

如何把党组织的机构设置、工作任务纳入到企业管理体制、管理制度、工作规范中？如何克服生产经营和党建工作分离的现象？如何找准党建工作生产经营服务的切入点？如何把管人、管事、管生产与党建工作有机结合？广西南宁明湖供水有限公司（以下简称“明湖公司”）党支部深度思考，以强思想教育促生产经营为主线促使党建工作与生产经营工作互融互进、同频共振。

主要做法：

一是加强思想教育，抢占员工思想阵地。广西北投环保水务集团重组改革后，公司员工思想波动比较大，急需党组织的正确引导。党支部切实思想教育工作，一方面创新教育形式，针对改革后的诸多问题有针对性地开展思想引导，及时进行情绪疏导和关爱服务。另一方面根据公司发展要求开展形式多样的教育活动抢占员工的思想阵地。如，利用党支部“三会一课”加强思想教育；利用主题党日活动加强形势任务教育；利用团支部“两会一课”“主题团日”活动、联建共建活动等加强社会主义核心价值观的教育；利用总经理办公会、总结汇报会等加强企业文化理念宣贯，增强企业的向心力。在服务区域供水、开拓供水市场、解决股权处置问题、强化内部管理、促进人才培养等工作中，明湖员工上下同心，成效显著。

二是加强典型选树，找准员工对标榜样。党支部切实加强思想宣传工作，一方面积极发掘和培养有影响力的先进典型，另一方面加强典型人物、典型事例的宣传报道。通过加强宣传引领让员工学有榜样，赶有目标。如，鼓励员工参与上级单位组织开展的评选活动，并有工作获评“广西最美市政园林工人”“北投五四青年标兵”等等。再如，积极推荐环保水务集团“百佳人物”评选申报工作。通过宣传典型和典型示范作用，在公司营造出“学先进，比贡献，创一流”的氛围，塑造出员工积极向上的精神面貌。

三是加强人本关爱，凝心聚力激发活力。党支部切实加强思想政治工作，以人本关爱为主线，一方面，组织党员干部经常深入一线了解员工所思所想，及时采取措施解决员工的实际困难，为员工办实事、解难事；另一方面，了解他们所需所求，及时把握员工的心理动态送去组织的温暖。如，定期找职工谈心谈话，及时化解员工的各种心理问题，培育员工良好的心理素质和敬业的状态。再如，发挥党员和群团组织作用，扎实开展冬送温暖、夏送清凉等活动，使思想政治工作暖人心、贴人心、得人心。

主要成效：

一是党支部思想教育工作有的放矢，增强了员工的归属感，达到了统一思想、统一目标、统一行动的目的。

二是党支部思想宣传工作方法得力，增强了企业的向心力，实现了选好典型做示范，示范带动有成效的目标。

三是党支部思想政治工作聚合给力，增强了员工的感恩心，取得了组织人本关爱有力、员工热情尽力的效果。

案例启示：

明湖公司善于思考，以行之有效的方法抢占员工的思想阵地，消除了党建工作与中心业务“两张皮”现象，以组织优势、政治优势、群众优势彰显了党的思想政治工作优势，达到强思想教育互融共进的目的。

作者：陈煜政

“经济体检”的“健康卫士”

实施背景：

监审部作为广西北投环保水务集团（以下简称“环保水务集团”）新成立的内设机构，具有肩负着企业监督、评价、服务职能的重担。伴随着环保水务集团业务重组的发展，内部审计工作需要适应新形势和新要求，需要转变审计思维、拓展审计视野、创造审计价值和审计方法，成为企业管理者不可或缺的同行人。经济责任审计作为新形势下审计的一项重要工作，也使之成了监审部完成与提高自身今后工作任务的重点审计领域。

开展对本单位所属单位负责人的经济责任审计是内部审计的一项重要职责。2020 年 4 月 25 日，监审部对下属公司 5 位领导人进行离任经济责任审计。

主要做法：

一是克服困难，创新审计组织形式。克服审计资源不足的困难，建立起柔性审计团队，以配合专业机构完成审计任务，根据被审计单位业务特点和审计人员知识结构与特长等因素情况，除配合固定审计人员以外，在完成本岗位工作的同时，通过其专业知识协助完成审计任务。

二是大胆尝试，提升审计时间工效。为减少现场审计时间，最大限度地减轻被审单位工作负担，监审部利用三分之一的时间进行审前材料收集、学习准备，三分之一的时间进行现场审计，三分之一的时间进行审计整改，通过“以学促审”，带着任务有针对性地学习，提高现场审计效率。这种经济责任审计组织方式因审前充分准备，现场审计时间极大缩短，取得较好的预期效果，受到被审单位的好评。

三是精心组织，审计组织创新提速。自 2020 年 7 月审计组正式进场进行审计，到 2020 年 10 月出具正式审计报告，仅用 3 个月时间就完成对 5 位下属公司领导人的离任经济责任审计。本次审计涉及审查金额累计约为 3663 万元，提出审计发现问题共 27 项，建议 24 条。未发现严重经济违法违纪行为。根据本次审计结果，依据自治区党委办公厅、自治区人民政府办公厅《党政主要领导干部和国有企业领导人员经济责任审计评价办法》的规定，达到了综合评价为“良好”等次，五位领导人履行经济责任的综合评价均达到“良好”等次。

主要成效：

一是监审部通过本次经济责任审计转变审计思维，拓展审计视野，在开展经济责任审计时，加入审战略、审风险、审内控等要素，充分发挥经济责任审计监督、评价与服务作用。

二是审计人员在关注法律法规合规、内部制度执行的同时，将其战略发展模式作为关注重点，并以其商业模式运作、体制机制运行作为突破口，以具体的事实和翔实的数据，评价各单位日常运营中所存在的问题。

三是针对发现的问题，审计提出重新规划业务定位，探索建立新的运营机制，走专业化、市场化发展之路的建议，实现内部审计的职能，从而得到被审计单位的认同和采纳，有效提高审计报告质量。

四是创新思路方法，注重经验总结，在顺利高效完成本次审计工作且达到了预期效果的同时，加深了审计人员经济责任审计对企业发展重要性的认识，为后期审计工作的开展提供了新思路和宝贵的经验方法。

五是为固化经济责任审计经验成果，监审部在新修订的内部审计管理办法中，更重视审战略、审风险、审内控、审项目后评价等要素内容的规定以及公司法人治理结构的建立、健全和运行情况，公司风险管控情况，内部控制制度的制定和执行情况，重大经济决策的执行和效果情况等有关事项被列为内部审计的重点内容。以有利于企业对不恰当经济行为的及时纠偏，起到为领导干部保驾护航的效果。

案例启示：

作为“经济体检”的“健康卫士”，要对内部审计时发现的共性问题加强汇总分析，对系统性、趋势性、苗头性问题及时提出有利于标本兼治的对策建议，为企业治理提供高质量的决策依据，守住风险防控“红线”，促使内部审计的“关口”功能得以发挥。

作者：曾　珂

突击安装克时坚　助建“三非”隔离点

实施背景：

2021年5月19日，防城港市公安局联合东兴市政府办，住建、卫生、供水、供电以及城市管理监督局等有关部门，在广西防城港东兴市江那村九尾组的荒岭上就建设防城港市“三非人员”（非法入境、非法居留、非法就业的人员）临时集中隔离点召开现场会。下达指示各建设施工单位和职能部门9天内一定要在这个荒岭上9天内建造出一个水、电、消防等功能齐全的集隔离、居住、医疗一体的疫情防控应急隔离安全区。任务就是命令，广西东兴北投环保水务公司（以下简称“东兴环保水务公司”）领导班子高度重视，快速行动统筹建设工作。

主要做法：

一是即刻行动，调研精准预判。东兴环保水务公司提高政治站位，把抗击疫情当成重中之重的工作，立即派人对施工现场、取水点、管道安装线路进行调研。通过精准研判，发现几方面问题。第一，面对该项目地点黄海高程高达93米，远远超出市政供水压力；第二，项目建设场地距离最近的市政供水管网接水点——长湖路与沿边公路交汇处的白鹤园水库边有1.2千米等问题。要解决项目建设和运营用水需求，需要在长湖路的接水点处安装一套箱式叠压二次供水加压设备，然后在加压设备上连接安装PE110（1.6MPa）给水管2100米至“三非”人员隔离场地。

二是克服困难，突击安装施工。面对严峻的疫情防控任务，摆在东兴环保水务公司面前的现实问题是资金紧张、材料组织较难、二次供水设备需要定制等。为解决以上问题，东兴环保水务公司党员迎难而上，迅速组建了由党支部书记、总经理挂帅，党员干部组织的安装突击队，突击队分为4个突击小组，每个小组都有党员牵头组织施工安装。同时，盘活仓库可用材料，快速做好短缺材料的采购、借调与调配，设备机械、燃油、照明、安全标记及安全防护等物资快速准备就绪。从接到任务到筹备工作完成，仅仅一天时间，4 个突击小组就集结到位，并采用交替作业突出进行安装。白天，2 个突击小组赶赴工地现场开工焊管施工；晚上，另外 2 个小组接替轮换施工，攻坚克难保工期。

三是凝聚力量，确保工期交付。面对南方边陲 5 月的炎热天气以及飞蚊的叮咬，突击小组的队员们无一人退缩，无一人抱怨，精心施工、协同作战，以激情的状态、昂扬的斗志决战“9 天”倒计时。在施工中，突击队员们每天加班加点，时常挑灯夜战，经过 8 天 3 夜的日夜奋战，终于在 2021 年 5 月 28 日晚上 10 点，顺利完成安装工程并交付使用。

主要成效：

东兴环保水务公司全力落实上级党委政府的抗疫决策，克服困难确保工期，“三非人员”集中隔离点的快速建成，为切实保障边境地区的安全稳定，及东兴人民的生命健康做出了积极贡献，彰显了东兴环保水务公司作为国有企业的社会责任以及使命担当。2021 年 5 月 29 日，时任防城港市市长的唐铁昂同志到东兴调研“三非人员”临时隔离点项目建设，对工程进展、特别是水电安装工作给予了充分的肯定，对东兴环保水务公司的付出表示感谢。

案例启示：

在这次突击安装任务中东兴环保水务公司积极发挥红色势能，凝聚团队力量，带领一支过硬队伍，决战“8 天 3 夜”安全高效地完成了安装任务，为疫情防控、为边境稳定做出了贡献，树立了北投环保水务人的良好形象。

作者：张振宁

举偏补弊，扶危持颠

实施背景：

广西北投环保水务集团有限公司法律事务部积极运用专业知识服务于公司经营业务，加强识别公司生产经营过程中的法律风险点并采取积极防控措施，切实推进依法治企工作，依法维护公司合法权益。2019 年 3 月，防城港亿港自来水有限公司（以下简称“亿港公司”）在对营业中心港口区营业厅收费系统数据进行核查的过程中，发现业务人员黄奔疑存在挪用公款行为。亿港公司立即组成调查组对黄奔进行调查与谈话，确认黄奔从 2013 年 11 月至 2018 年 11 月存在挪用公款的行为。在开展追诉黄奔挪用公款事件中面临两大难题：

一是诉讼难。该案时间跨度长，手段隐蔽，收集证据难。黄奔挪用公款一案最早可以追溯到 2013 年，直到发案已历时七年之久。其间，黄奔利用电脑收费系统在打印当月水费统计报表时只显示当月收费数据，不显示上月收费数据的漏洞，在收取客户当月水费并开具发票后，将部分客户已缴纳水费的发票数据在公司电脑收费系统中作废并截留该部分水费，之后在月底打印当月水费的统计报表后将已作废的数据恢复，使得该部分客户缴费信息恢复正常，在月底向公司财务报送当月收费统计报表及当月存款凭证时，隐瞒其作废部分客户缴纳水费的情况。凭借此隐蔽手段，黄奔七年间共计截留亿港公司水费 6846013. 98 元用于购买房产和个人日常消费。此期间亿港公司经历了多次变革和人员变动，这也对后续证人证言等证据材料的收集查证造成了较大困难。

二是执行难。2019 年 12 月 31 日，经广西壮族自治区防城港市港口区人民法院一审审理，判处黄奔挪用公款罪名成立，判决有期徒刑九年，责令退赔挪用公款 4728233. 73 元给亿港公司。该判决生效伊始，法律事务部立即与亿港公司沟通研究执行策略。针对判决书内已查明的黄奔个人名下存款及房产，亿港公司与法院对接，推进黄奔名下中国农业银行账户内剩余金额的扣留退赔工作，实际执行到位 67013. 81 元；对多处房产、车辆和车位进行拍卖折抵，扣除各项税款、拍卖辅助费后实际到账 2323486.16 元。此阶段的执行工作，不仅耗时长，拍卖折抵手段也使得房产和车辆以低于市场价变现，此外还产生了拍卖辅助费等损耗，将判决书内所有项目执行完毕后，亿港公司共计获得退赔金额为 2390499.97 元，远远不能弥补亿港公司的损失。如何做好后续执行工作、最大限度挽回国有资产、维护公司合法权益，成了摆在法律事务部面前的一个挑战。

主要做法：

一是反应及时，迅速决策。2019 年 3 月，亿港公司发现黄奔疑存在挪用公款行为后，立即组成调查组对黄奔进行调查与谈话，确认黄奔从 2013 年 11 月至 2018 年 11 月存在挪用公款的行为。2019 年 3 月 8 日，亿港公司将黄奔移交防城港市监委处理；2019 年 3 月 9 日市监委对黄奔采取留置措施。

二是高度重视，多次部署。法院判决生效后，法律事务部高度重视案件的财产追缴工作，多次就此事召开专项会议并作出相关部署。此外，法律事务部要求亿港公司法务人员专人跟踪财产追缴工作，法律事务部密切指导和协助亿港公司开展追缴工作。

三是严谨对待，主动出击。虽然已有法院裁定在前，但法律事务部和亿港公司依然严谨对待该案，在多次重复研读案件材料后，发现黄奔另有银行卡和储蓄型养老保险等资产未纳入判决书之内。法律事务部和亿港公司主动出击，向原审法院报告该情况并积极与银行及保险机构沟通协调。经努力，从黄奔判决书外资产中追回了 1323541.6 元；另在发现黄奔将部分公款转移至亲属名下后，法律事务部与亿港公司立即采取措施，安排人员前往南宁市女子监狱与黄奔现场对话，面对面做了思想工作，并对其亲属进行了法治教育，最终成功从黄奔亲属手中追缴回财付通款项 280000 元。

主要成效：

一是在追诉黄奔挪用公款案件过程中，法律事务部没有选择一味等待法院审理进展和依靠外聘律师机构全包式应诉，而是迅速响应，主动分析案件材料，积极收集涉案财产信息，统筹多方渠道资源和力量推进案件执行进展，并取得了良好成效。

二是截至 2021 年 7 月 1 日，黄奔挪用公款案件已执行回判决书内金额 2390499.97 元，同时追缴判决书外金额 1603541.60 元，共计为公司挽回经济损失 3994041.57 元，极大填补了亿港公司的经济损失。

案例启示：

法律事务部一直将法律风险防控作为基础工作和重要任务来抓，并不断渗透到公司日常生产经营中，通过定期开展专项督查，将法律风险防控工作向常态化、制度化发展，做到了事前谨慎防范、事后积极应对。

作者：郑见强

典型示范篇：
环水弟子多才俊，不负韶华行且知

典型，是标杆，是我们所渴望成为的标杆。

典型，是光芒，是照耀着我们前进的光芒。

他们是活跃在普通工作岗位上的党员，

用行动服务、感染、鼓舞着身边的每一个人。

他们是行动在环保水务事业各领域的精兵强将，

用他们的高超技艺领导着环保水务事业的发展。

他们有开拓先锋、有安环功勋、有服务标兵、有党务能手……

这里面有生动的故事，全面记录了环水人的奋斗历程，是“日记”，也是“史记”。

这里面有难忘的瞬间，定格了环水人的可爱、活力、担当、奉献，是“咏叹调”，也是“赞美诗”。

虽然岗位不同、性格不同、经历不同、责任不同……

但是，他们却发挥着同样的先锋模范作用，

他们属于一个共同的集体——北投环保水务集团！

因为热爱　所以坚持

“我渴望把自己热爱的事情做好，渴望努力抓住机会去展示自己，活成自己理想中的模样。”

他在认知自我、挑战自我中不断成长、不断进步，从初入项目时的胆小迷茫到如今的坚定勇敢，他，依然意气风发，朝气蓬勃。

他就是曾就职于广西北投环保水务集团有限公司（以下简称“环保水务集团”）直属企业泽洋环保水务公司，担任合约经营部负责人，被评为广西北投环保水务集团有限公司 2020—2021 年度“明星师徒”的杨德健。

心中有阳光，脚下有力量

“青年的人生之路很长，前进途中，有平川也有高山，有缓流也有险滩，有丽日也有风雨，有喜悦也有哀伤。心中有阳光，脚下有力量，为了理想能坚持、不懈怠，才能创造无愧于时代的人生。”这是习近平总书记说过的一句话，也是杨德健最喜爱的一句话。

“心中有阳光？你心中的阳光来源于什么呢？”

“来源于乐观的生活态度、来源于对理论知识的学习。”杨德健不假思索地说。

在项目一线，杨德健有一个亲切的昵称——“杨咩咩”。叫他“杨咩咩”是因为他总是乐观向上、乐于助人，不仅把自己的宿舍打理得干干净净，而且有空的时候也会帮助其他人收拾房间、打扫卫生，像小绵羊一样给人温暖。

2015 年 12 月，杨德健对着党旗庄严宣誓，成为一名光荣的中国共产党党员。初心不忘，杨德健坚持用习近平新时代中国特色社会主义思想武装头脑，不断提升工作技能，在本职岗位上发挥着先锋模范作用。他始终保持谦虚谨慎的学习心态，熟悉各项合约经营制度，不断加强业务知识基础学习。认真做好各项合同业务，严格遵从合约经营的审批制度，忠于职守，得到了上级领导的认可。

杨德健在努力学习专业知识的同时还努力学习建筑行业的相关知识，现在正在紧张准备一级建造师考试。“可以说，在我的闲暇时间里，学习，是我的另一个世界。”杨德健说。

心中有方向　眼里有阳光

2020 年底，杨德健来到环保水务集团，那时正值阳朔项目中标及合同谈判期，正经历着从公司成立到签订各项合同及补充协议等各个阶段。为了快速转变角色，从合同执行者的角色快速转变成合同制定者，杨德健悉心向领导请教、多次与同事探讨，从中深知合同工作需要一颗认真细致之心。在合同签订过程中，他深知一个错别字的出现、一个小数点的位置，都可能会给企业带来不同程度的损失。比如订金，是“肯定”的“定”还是“预订”的“订”，只是一字之差，意思就完全不同。在对待工作时，杨德健时刻保持着认真细致之心。当提及对新岗位的看法时，杨德健说：“之前负责的只是工程板块的业务，如今却是要参与到公司项目的所有合约经营。新的岗位意味着新的挑战，只要我的方向不变，依旧会继续向前！”对于杨德健来说，变化的是岗位，不变的是一颗坚定向前、踏实干事、渴望成才的初心。

“我一直在追求做一个不卑不亢的人，不管是做施工员还是合约经营，我希望自己能在所属的领域里有所成就，让多年后的我回头看看现在的自己也能感觉到不欺光阴、不负韶华，活成了自己理想中的模样。”杨德健对未来有属于自己的期许。

杨德健是一名管理者，更是一名党员。他用自己的实际行动诠释了党员初心、践行使命，在平凡的工作岗位上用自己的方式为环保水务集团实现“主导自治区环保水务产业发展”的目标贡献力量。

作者：杨德健

为上思村民解忧记

“终于可以回到用水无忧的日子了，感谢广西北投环保水务集团有限公司（以下简称“北投环保水务集团”）的兄弟们。”通水那一刻，那通村村民感叹道，笑逐颜开，感激之情溢于言表。

这是2020年冬日里，防城港环保水务公司技术人员张诚德和何有志赶赴防城港市上思县那琴乡那通村，解决供水故障的场景。两位党员的援助，如久旱后的甘霖润泽了这片土地。

池塘边挖井取水，回程时肩挑手扛……人饮巩固提升工程实施前，人们所认知的古代用水方式，是当时那通村几百名村民的常态。那通村地处十万大山北麓，位置偏僻，路途崎岖。取水不费力、用水能安心、饮水有保障是全村75户262人的期望。人饮巩固提升工程实施后，村民生活更舒心、更方便、更美好。然而供水异常问题常有，让驻那通村工作队员苏文伟很是头疼。

“供水工程建好之初非常方便，但不久水龙头的水便时有时无，路面却毫无漏水痕迹。”2021年1月，引水工程出现供水故障，水供不到家中，村民用水告急，村委会竭力排查二三天也未能寻到解决办法。苏文伟和杜江先后请了多批人员查看诊断，未曾找到原因，管道数公里长，不敢轻易开挖。

情势紧张，驻村第一书记向北投环保水务集团直属企业防城港环保水务公司求助。急群众之所急，即使面对既不是结对帮扶联系村，也不在管辖区域的那通村，公司也立即派出营管中心管道测漏技术人员于1月19日携带检测设备驰援，全力检测故障，解决用水问题。

从事供水管道故障排查、测漏及维修工作十多年的张诚德和何有志，是老党员，也是业务骨干，他们工作经验丰富，供水管道测漏技能过硬。19日当天，他们早早启程。抵达那通村后，便忙着走进村民家中查看用水出水口，爬荒山、过沟壑徒步几千米察看蓄水池和输水口，摸清引水管道敷设线路……秉着为人民服务的党员宗旨，肩负为群众解决用水问题的环水人职责，婉拒接待人员的休憩安排，马不停蹄地投入工作中。

问题究竟出在什么地方？一系列初步排查后，张诚德和何有志发现表面未显露出任何明显故障，眼前局势棘手，一道道期盼而殷切的目光落在其身上，他们愈发感知肩上责任之重。

沉着冷静，坚定信心，是解决问题的关键，张诚德、何有志显然认识到了这一点。他们沉下心思考，俯下身研究。“问题还是要从源头开始找起，从管道输水情况查起。”确定工作方向后，来不及歇息，便挂起电子仪器，戴上耳机，不停地将震动传感器甩向地面，沿着管道一路朝村子里听过去，遇到可疑点时，就将探漏杆插入泥土里仔细辨听。

未被凛冽寒风吹熄的热情，与未曾在难行山路上停驻的脚步，是责任与信念赋予的力量。时间一分一秒流逝，不知不觉已过两个小时，张诚德和何有志探完了一半的给水管道，根据经验得出初步诊断结论：数千米长的给水管道，此起彼伏，弯弯曲曲，管道排气至关重要，管道出水口以及各个输水制高点的管道排气阀，能有效地对管道气体进行排放，否则会出现供水效率低、因负压造成管内空气阻碍水流、破损等问题。综合一路的勘探情况，发现按管道排气阀明显设计安装不够合理，必须进行排气阀优化设计，这是主要原因之一。

但是否存在其他的问题，比如管道暗漏？他俩交换意见，目光坚定，统一认识：“必须将工作进行到底才能最终解决问题。”

此时已过晌午，在村委与村民的一再劝说下，两人停下手上的工作，就地吃了个便餐，稍息补充体力。一个小时后，他俩又精神饱满地背起仪器踏上检测路途。4 点左右，张诚德突然驻足，转头朝何有志道：“这个位置的声音有点异常，管道发出‘嗡嗡’声响，估计有暗漏且漏水较大。”说着，又用震动传感器和探漏杆在可疑处反复侧耳探听，何有志随之行动，经过仔细辨别，两人一致确定此处管道存在暗漏。可干燥的管道地面令村民半信半疑。张诚德为让村民信服，将探漏杆用力往泥土里插去，拔出后探漏杆有水滴，现场村民看呆了眼，惊讶又激动。天黑前，他们完成了全线管道的探测，找出了 3 处暗漏点。短短一天时间，便将困扰村民已久的故障成功排查。一日的工作已十分疲累，村委与村民一再劝说，他们这才放弃加班加点维修的想法，决定次日再进行。

次日拂晓，微弱的日光倾洒，张诚德与何有志已经起床，草草洗漱一下、扒上几口稀饭，交代清楚村民开挖漏点后，就背上所有维修设备，前往几千米外的蓄水池更换大口径出水阀，再沿途重新安装新排气阀，然后对故障点处进行逐一修复。当村民的目光从期盼变成喜悦时，便化作一汪清泉注入两人心中，将一身的疲累洗去。

清澈的水从龙头流出，叮咚水声奏响美好生活乐章。那通村村民喜不自胜，连连道谢。一次无私帮助，一份辛勤付出，让一村人用水便捷无忧，张诚德、何有志深感欣慰，这是一名环水人应担的要任，也是一名共产党员应有的担当。

作者：卢成志

快门摁下供水人的“华美”身影

酷暑时节，当人们吹着空调，吃着冰爽西瓜的时候，有一群人，依然在烈日之下，顶着高温作业，保障用户日常供水需要。从进入公司以来，我作为一名公司党务工作者，经常跟随公司职工拍摄他们的日常工作，平凡的我用平凡的镜头，摁下快门记录着一位位平凡的同事们。在此感谢他们进入我的镜头，让我有机会记录他们的生活和工作。他们无私奉献和热爱生活的气息让我感触颇多，成长颇多。现在我想让大家跟随我的镜头，听我讲述他们的故事。

供水管网就是“城市的生命线”，明湖水厂生产的洁净自来水，通过地下供水管网输送到吴圩国际机场和工业区的千家万户，满足人们生产生活需求，而负责供水管网运行和维修的自来水管网运行工和维修工，可以说是“城市生命线的守护者”。

明湖公司运行班全体成员秉承“真心、诚心、热心、细心、耐心”服务理念，集思广益，开拓创新，对厂内生产运行设备、制水工艺进行多方位技术改造，着力攻克在生产运行中的难题，针对净水构筑物及生产设备卫生差、平流式沉淀池水颜色偏绿、每年8—9月份水质铁锰指标偏高、反冲洗存在跑沙及溢流现象、药耗电耗成本偏高等问题，大家进行了深入研究探讨，采取了有效解决措施，取得了良好成效。

在人们欢度节日、忙着与家人团聚之时，运行值班员们始终坚守在自己的工作岗位上，无私奉献，默默守护着用水安全。他们严格执行24小时值班制度，坚守在供水生产运营及服务保障一线，通过隐患排查整改、优化调度运行管理、加密水质检测频次等措施切实保障水量、水压、水质，把优质的自来水输送到千家万户，滋润每个幸福团圆的市民，让每个市民能欢度快乐祥和的春节。运行2班的班长陆军说道：“逢年过节都是这样上班坚守岗位，家里人都是表示支持的，因为我们要保证吴圩机场和明阳工业区的安全供水，责任重大，我觉得一切都是值得的。”

运行1班班长李国原，工作中严格遵守岗位规章制度，熟记操作流程。从用药配比、设备工作状态、反应池运行情况，再到滤池滤速变化、清水池水位把控等，这些都需要班长通过无数次的巡视检查和实际操作方可了解管控。无论是白天还是深夜，李国原同志坚持全时间段查看、落实好每一个制水环节，做到对生产数据了然于心。身为运行班班长，他常说："安全无小事，责任记心间。"这些年，他带领班组成员出色地完成了各项任务，实现了安全供水无事故。

在大部分人的印象中，管网维修工是很不起眼的工作。他们经常半夜奔赴抢修现场，在酷暑寒冬中加班抢修管线，他们的辛苦，也并不为多数人所知道。只有停水的时候，人们才会想到他们。他们争分夺秒只为滴水不漏，即便他们的工作环境恶劣，但他们不怕苦不怕累，依旧不分白天黑夜，更不分寒冬酷暑默默无闻的付出，毫无怨言地坚守，诚心服务，用心工作。这样的自来水卫士既是平凡的，更是可敬的。我们之所以能享受水的清凉，背后是因为有他们在执着地坚守。

身为管网维修班班长的钟佩松，长年从事一线工作，早已练就了过硬的本领，在同事中树立了铁的榜样。工作中，他常常夜以继日，专于工作。面对自己的工作，他说："水是生命之源，特别是在热天，用户对水的需求量就会更大。全力保障群众用水安全，是我们职能所在，并没有什么值得夸赞的。"

2020 年 12 月 19 日，中控室的运行值班员接到调度电话，在明阳 DN800 主管道有一处地下供水管道被外单位施工队误操作而挖裂，需要进行紧急抢修，而吴圩国际机场的储备用水，仅仅够使用 6 个小时。"堵漏就是责任，抢修就是命令"，钟佩松接到指令后，带领维修班所有成员在第一时间内赶到现场进行漏点定位。

DN800 大管道维修是一项施工难度大、危险系数高、时间要求紧的工作。经过排查确定漏点后，维修班的成员们立即加工制作辅助材料，确定应急抢修实施方案，为接下来更换维修管道做好准备。正在挑灯夜战的关键时刻，雷雨天气突袭而来，给原本施工困难的抢修工作又增加了难度，然而，大家没有退缩，依然冒雨坚持作业。雨水、污水、汗水湿透了他们的衣裳，他们轮番上阵，有的用钢板焊接抱箍包裹供水主管道，有的用快速水泥填塞空隙，雨水、汗水、泥水、发电机声音、焊割声音、水泥捣打声音……形成了特殊的交响乐。经过 5 个多小时的不懈努力，受损主管道终于抢修完毕，通过启动机泵、排污、上水、加压等程序后，全面恢复了供水，确保了吴圩国际机场及明阳工业区的正常用水。

如陆军李国原、钟佩松般兢兢业业的员工，在明湖供水人中比比皆是。以

“90 后”最美给排水工人唐南华、北投集团优秀共青团员蔡虹伯、团支部书记罗常重等为代表的年轻员工为代表，他们朝气勃发，活力十足，活跃在生产线和供水管道上。

当大家焦急地在质疑到底什么时候来水时，请记着，我们的供水工人们正在努力！

都说辛苦供水人，幸福千万家。这些身处一线的供水人，不管是热浪滚滚，还是天寒地冻，都依旧坚守在各自的一线岗位上，以饱满的工作热情为市民送去清泉。他们为这个城市的清凉，默默地淌下了自己的汗水，付出了辛勤的劳动！

他们并没有什么名气，但这些小人物却是普通老百姓最贴心的服务员。所以说，用“最忠诚的送水保障工”形容他们，是对他们最贴切的称谓和褒奖。他们用全身心的精力为打赢供水保卫战而不懈努力，为确保群众用上优质水、放心水，谱写出一首动人的“供水人的劳动者之歌”。

作者：石　磊

从扶贫一线到抗“疫”前沿！

“我是党员我先上！”一句铿锵有力的话语，划破黑沉沉的长空，在抗疫期间，绽放着危难时刻环保水务人党性的光芒。

新冠肺炎疫情阻击战打响以来，广西北部湾投资集团有限公司驻大化瑶族自治县雅龙乡宏伟村扶贫工作队员就地“变身”抗“疫”尖兵，把战场从扶贫第一线延伸到疫情防控最前沿。他们深入各村屯引导广大群众筑牢联防联控的坚实防线，无畏疫情，尽职尽责，构筑成宏伟村坚实的抗疫后盾，展现了北投人的责任担当与党员风采。广西北投环保水务集团有限公司直属企业防城港环保水务公司的黄室军是其中的一名代表。

无畏的坚守彰显党员本色。时任防城港环保水务公司驻村扶贫干部的黄室军，抗疫战“疫”期间，他持续20多天奋战在贫困山区抗疫一线，用行动筑牢疫情防线。

隔离不隔“责”，离岗不离“线”。2020年正月初二，接到关于驻村第一书记和工作队员暂停春节休假，并要求当天16点前返回驻地参加疫情防控工作的紧急通知后，黄室军收拾好行囊计划奔赴“前线”，而此时乡里指示，由于他和驻村第一书记一个星期前曾到从武汉返乡的贫困户家中慰问，为确保群众健康安全，根据疫情防控相关规定，暂不能前往驻地开展工作。黄室军只能选择居家隔离办公。他一刻也没有闲着，通过电话、微信联系村干部、工作队员，商讨实施疫情防控机制，安排开展入户排查，张贴防疫宣传单，悬挂横幅等疫情防控宣传，组织队员协助乡党委政府进驻防控点执勤和进行外省返乡人员监测……一项项任务布置在“远程遥控”指挥下有条不紊地得到落实。

2020年2月3日，隔离期满，此时正值疫情防控的严峻时期，防疫物品极度紧缺，黄室军跑了几家药店和超市都空手而归。为了给宏伟村村民用上防疫物资，解决燃眉之急，他焦急地打电话四处求助，听说老家亲戚从国外购得半盒口罩，立即驱车前往130千米外的边远山区，取到防护用品后，又朝着400多千米远的宏伟村赶路。奔波近8个小时到达村部后，不顾舟车劳顿，他迅速进入“战时”状态，投入与驻村队员商讨疫情防控基层网格化管理方案的工作中去。他与驻村队员一道进屯入户、摸排走访，宣传疫情防控知识，给贫困户送去口罩等防护用品。

“作为一名党员，就应该站在危难最前面。”直面异常严峻的战“疫”形势，他坚定地说道。

宏伟村地处大化瑶族自治县雅龙乡的“东大门”，直接与广西有新冠肺炎确诊病例的都安瑶族自治县接壤，加上宏伟村本村已排查出疫区返乡人员，地理位置的特殊性使得疫情防控形势不容乐观。黄室军主动向乡党委政府申请进驻前沿的弄楼屯、弄朋屯两个疫情防控监测点，那里直面外来人员、车辆，极有可能存在潜在病源，危险性极高。

阴雨绵绵、寒风料峭，值班期间，大石山区早晚温差很大，到了深夜气温降到零度以下，人冻得透心凉，饮食也只能就近到农户家烧壶热水，泡上一碗泡面。如此艰苦的条件下，黄室军身披奋战旗帜，身先士卒主动挑起防控责任，以实际行动践行“我是党员我先上!”的庄严承诺。

“妈妈都病了你为什么还是执意要走?”这句埋怨来自黄室军刚满 13 岁的儿子。彼时，妻子身患细菌性肺炎需要住院治疗。

大局的繁荣稳定，背后写满了舍小家负重前行的故事。此时的黄室军的确如此。“等你以后长大了相信你会理解爸爸这份责任的。”临行前面对刚满 13 岁儿子的埋怨，黄室军没有过多言语，将妻子托付给家人照顾后，毅然赶赴宏伟村疫情防控一线。

然而，2 月 8 日，正在卡口带队执勤的黄室军接到妻子焦急的电话：“儿子和我都出现发烧情况，现在不知道什么原因，你能不能回来一趟。”听到妻子无助的声音，黄室军心里既忐忑又焦虑，是不是感染了新冠肺炎病毒？可他第二天还要带队入户排查，这个时候回去，工作怎么办!

“赶紧做好防护，尽快到医院检查，有什么事情及时向单位报告，没有接触史不会有什么问题的。”黄室军连连嘱咐，安慰妻子道。凌晨 4 点多，当得知是感冒引起的发烧，压在黄室军心上的石头才得以放下。

“落红不是无情物，化作春泥更护花。”他以身教代替言传，教育孩子要勇于挑起自身责任的担子。黄室军将自己对家庭、妻儿无限深沉的爱，融汇在行动当中，毫无保留地奉献给了贫困山区人民。

疫情还未到能放松警惕的时候，黄室军时常和村干部走家串户掌握村民家庭情况，了解到村民有办酒席的计划、安排，便一家一家地去做工作。

2 月中旬，宏伟村合屯苏某父亲离世，按当地风俗习惯，应当设席送葬。一边是疫情防控，一边是乡村民俗，为了排除人员聚集隐患，黄室军带领村干部赶到农户家一遍遍宣讲新冠肺炎病毒的危险性和防控举措，诚恳地规劝家属移风易俗，丧事一定要简办，减少人员聚集。

苦口婆心地解释，家属终是放下抵触，表示理解。疫情关键时刻，黄室军和村干部成功劝退宏伟村红白喜事酒席共 6 场，避免了人员因聚集带来的高危风险，用忠诚和担当守护着村民的健康和安全。

功夫不负有心人，疫情防控见成效。黄室军等驻村工作队员配合雅龙乡包村工作队、村“两委”干部，通过入户、电话、微信等多种方式，对全村 824 户开展“地毯式”排查，不漏一户一人，查出 4 名武汉返乡人员，并及时采取措施完成隔离观察；挨家挨户粘贴防疫宣传单 800 份，悬挂防疫宣传横幅 6 条，制作宣传展板 6 块，每天通过车载喇叭进行流动防疫广播宣传 10 余次，让防疫意识根植于广大村民心中；排查过境车辆 50 多辆次、人员 100 多人次，最大限度堵截了外来病源传播感染本村村民的可能。

从脱贫攻坚一线到疫情防控前沿，黄室军以实际行动诠释着一名共产党员的初心和使命，战场在哪，他的身影就在哪。

面对这场没有硝烟战争的危险与挑战，防城港环保水务公司还有许多像黄室军一样的党员干部，他们勇于担当作为，成为基层“抗疫”的主心骨，他们团结带领广大职工坚守“防疫”阵地，让矢志不渝的水务铁军精神，伴随着党旗高高飘扬在防控疫情斗争的第一线！

作者：林　杰

一个党员劳模的故事

怀揣饱满的工作热情，树立扎实的工作作风，时刻以党员的标准严格要求自己，在政治理论学习、日常工作等方面都积极地发挥着共产党员的先锋模范作用，努力完成公司交办的各项工作任务……这是广西防城港北投环保水务有限公司（以下简称“公司”）职工陈钦良的工作常态。

陈钦良是一名中共党员，曾荣获2015年“广西壮族自治区劳动模范”，现任公司营管中心管网巡查维修技术主管。

一路风雨兼程，万里风鹏正举，用于形容陈钦良的奋斗历程再好不过。1992年伊始他便从事供水工作，这一干就是20多年。

“要想当一名好焊工，靠的是扎实的基本功。”担任供水管道电焊工期间，陈钦良深知必须掌握娴熟电焊和维修技术，因此他早出晚归，虚心请教，仔细观察焊条的使用角度、用心揣摩焊接的电流强度、反复练习施焊的工作方法。

这焊花飞溅的工作，烫伤了陈钦良的手脚，更燃烧了他的激情。通过努力，陈钦良很快练就了一手出色的电焊技能，凭着过硬的本领，干出了不平凡的事业。

不久，公司提任陈钦良为安装维修班班长，他也成为一名光荣的中共党员，他深感自己肩上的担子更重了。

走过百年沧桑，中国共产党人始终初心如磐、使命在肩、昂扬奋进，陈钦良清晰地知道共产党员的重量。于是，他开始认真加强政治理论和专业知识的学习，不断加强党性修养，按照党章的规定履行党员义务，时刻以新时代共产党员先进性纯洁性的要求来鞭策自己，让党员的称号永远在自己的身上闪耀发光。

风吹雨打打不去工作热情，严冬酷暑磨不去服务初心。在任职安装维修班班长期间，陈钦良积极带领班组员工出色完成一项又一项安装维修任务。哪里有安装、哪里有维修，哪里就有他工作的身影，加班加点更是家常便饭，无论昼夜，也无论工作日或是节假日，在陈钦良的带领下，安全维修班全员皆能做到任何时候召之即来，来之能战。

密密麻麻的管道布置复杂，空间狭窄，有的地方人都站不起来，只能蹲着甚至躺着施焊。作为一名电焊工，陈钦良克服各种困难，事无巨细地处理，面对被其他障碍物挡在里面的焊口，他还琢磨出了用镜子照、把焊条折弯等土办法。

高标准、严要求是他的坚持。陈钦良对每一道焊口都极度认真，确保焊一道合格一道，决不允许出现质量问题，正是他这种对工作的一丝不苟、精益求精的作风，使得再繁重的工作，也能取得高质量成果。

2013 年陈钦良被评为“防城港市劳动模范”，2015 年又被评为“广西壮族自治区劳动模范”，2018 年获第六届全区职工职业技能大赛焊工“优秀奖”。

在工作实践中发现人才，在工作活动中培育人才，在企业发展中凝聚人才，是企业行稳致远的必经之路。作为一名党员，陈钦良热衷分享，经常把自己的经验和焊接技巧，通过现场讲解毫不保留地传授给其他工友。电焊氧割是既伤身体同时又脏又苦的特殊工种，员工们深受他的感染，自觉主动向他学习，提升了班组的整体战斗力，又好又快地完成了每项维修任务，为确保城区安全供水做出了极大的贡献。

全心全意为人民服务，是党的根本宗旨，也是陈钦良执着的追求。他一直恪守“奉献不言苦，追求无止境”的人生格言。在实际工作中，敢于担当、敢于创新、敢于带头完成重大维修任务，充分体现共产党员先锋模范作用。

2018 年，公司将陈钦良提拔为业务员，之后又提为管网维修技术副主管。面对岗位职务的一次次提升，陈钦良从未骄傲自满，依然坚守着一个党员的初心使命，始终与一线员工奋战在保障供水的一线工作上，以他的维修经验和精湛的电焊技能，赋能于他人、赋能于组织。

陈钦良不计个人得失，任劳任怨，遇到大的、难的管道维修，他一样冲锋在前。2020 年以来，陈钦良先后参加大小供水管道抢修 100 多次。他顽强拼搏在防城港木头滩原水引水管道安装工程和最后一千米的电焊作业中，连续加班加点 5 天，终于攻克下了那高难度 DN1200 的钢管碰接。这样的场景在企沙一级路供水管道改迁工程中、光坡水厂出水管道改造工程中、光坡原水管道维修施工中、三波水厂 DN1000 钢砼水泥管的维修及防城区防东路 DN800 水泥管等维修中一次次重现……陈钦良奔忙的身影镌刻在每个防城港环水人心中。

2020 年，“陈钦良劳模工匠工作室”在公司营管中心成立，公司分批安排员工到工作室接受他的“传帮带”，他毫不迟疑，欣然接受，大力培养安装维修人才队伍。作为党员、作为劳模、作为工匠，陈钦良乐意并毫无保留地言传身教，以工匠式技能塑造他人，以党员先锋模范作用带动他人，为落实新时代岗位人才的“双培养”做出了应有的贡献。

作者：卢成忘

有一个名字叫“党员”

亢抗同志作为一名党员及退伍军人，入职以来一直以党员和军人的标准严格要求自己。面对2020年初突如其来的疫情，他选择迎难而上，春节期间在接到部门领导的指令后，立即返回工作岗位，组织安保人员对公司实行封闭式管理，禁止外来车辆和外来人员进入公司，同时对进入公司的工作人员实行严格的体温测量和出入登记，切实保障公司值班人员的身体健康和生命安全。

在疫情防控期间，亢抗的爱人作为乡镇政府的工作人员早已下乡开展疫情防控工作，他把家中3岁的孩子留给年迈的父母照顾，毅然投入公司疫情防控工作中。其间，按广西钦州北投环保水务有限公司党委的部署，需印发多份防控文件，在接到任务后，亢抗第一时间赶到公司排版印刷《关于做好新型冠状病毒感染的肺炎疫情防控工作有关事项的紧急通知》等文件，连夜印刷《新型冠状病毒感染的肺炎疫情防控期间防控措施工作细则》600余份。除此之外，他还主动到公司生产一线张贴疫情防控告示，向各岗位、站点发放防控物资口罩1961只、测温枪9台、消毒杀菌剂8桶、护目镜82副、一次性手套300双，并汇总统计了《疫情防控物资清单》《疫情防控物资发放明细表》等材料。

“若有战，召必回，战必胜，齐心协力，没有战胜不了的疫情。”面对疫情防控这场没有硝烟的战争，亢抗坦言：“其实自己做的只是一名党员应该做的事情，越是在抗击疫情的关键时刻，越要冲锋在前，把党旗树立在疫情防控第一线，践行环水人的初心和使命。”

作为一名党务工作者，亢抗深知新时代对做好党务工作提出了更新更高的要求，为了不断提升自己，他积极参加各种理论学习，持续提高素养水平。除认真学习党务工作业务知识以外，他还系统地学习了习近平新时代中国特色社会主义思想，及时跟进学习习近平总书记最新重要讲话精神。通过不断的学习，他的政治理论水平持续提升，更加坚定了对共产主义的信念，更加牢记全心全意为人民服务的宗旨，更加热爱党务工作。几年来，亢抗以高质量的水平参与起草了公司多个党建方面的文件、材料和各项规章制度。

负责党务工作以来，亢抗数年如一日，将自己的责任、热情、智慧和心血奉献于党务工作中。他认真恪守职业道德，心胸宽阔、为人谦和、待人热情，在他的心中，只要工作需要，他就会克服一切困难做到，平时加班是常事。从日常党员管理、到党务材料撰写、宣传报道和发展党员等工作，他总是不厌其烦、有条不紊地按规定原则及时办理，付出了大量心血和汗水，毫无怨言。多年来，他不计个人名利与得失，用耐心、平和的心境，热情、友善的态度，真诚、细致的工作赢得了广大党员的尊重和上级党组织的肯定，树立了一个党务工作者的良好形象。

除此之外，亢抗同志对领导安排的工作任务，都坚决接受并认真完成，表现出了一名共产党员应有的政治觉悟和优秀品格，发挥了党员的先锋模范作用。在去年迎接年度检查考核工作中，亢抗同志在小孩生病的情况下，依然坚守岗位，连续两个星期放弃晚上及周末休息时间，加班加点整理完善各类检查考核材料。最终党建材料得到了检查人员的肯定，取得了99分的好成绩，圆满完成了年度检查考核任务。

有同事问他工作累不累，他坚定地回答：“累，但累也值得，因为我不仅是一名党务工作者，更是一名共产党员，全力做好党组织交给的工作，我义不容辞！”这就是亢抗，一名普通的党务工作者，在这个平凡的岗位上发挥着一名共产党员的热量。

作者：李　燕

俯首甘为“老黄牛”，立足岗位守清流

“老牛自知夕阳晚，不用扬鞭自奋蹄。”在博大精深的中华文化里，牛是勤劳、奉献、奋进、力量的象征，于是人们把艰苦奋斗、吃苦耐劳的人比喻为老黄牛。自2011年进入广西北海北投环保水务有限公司污水中心工作，至今坚守在技术员岗位已满十年的赖祖国同志，就像老黄牛一样，甘于奉献、不畏艰难，用他勤劳的汗水留下了闪光的点滴足迹，用实际行动赢得了大家的赞许，他也在2017年获得北投集团“先进个人”荣誉称号。

有污水厂的新员工这样说道：“赖哥对于我们就像老父亲一样，有求必应，加班加点帮我们修门锁等，他的热心帮助让我们非常温暖。”一个热心的人，不仅能够在生活中做着温情的事，在工作上也能够充满干劲，十年如一日地坚守着。在大家的印象中，“他就犹如一颗永不生锈的螺丝钉那般，默默无闻不断贡献自己的光和热，为合浦污水处理厂的安全稳健运行保驾护航”。

披星戴月，苦干实干树典范

无论上班、下班，赖祖国的口袋里总是插着电笔、螺丝刀等维修小工具，无论何时、何地，设备小故障、小异常，他随手解决。不论炎炎夏日，还是寒冬腊月，清晨指模机的第一个响声总是来自他，未到上班时间，他就已经完成了工艺运行设备的第一轮巡检，堪称“赶早”的劳动模范。迎日出、送晚霞、披星光，他时刻奋斗在机电维修一线，老黄牛般守护着污水厂这块“良田”。

“祖国，粗格栅故障了。”“好的，我马上到。”已是午休时间，接到运营人员的报告，赖祖国立即赶赴现场。10多米深的粗格栅井，因设备故障堆满了垃圾，面对被烈日烘烤后散发出阵阵恶臭味的垃圾、污水，赖祖国微笑着说道：“这才是正宗的污水味道!”“搭乘”梯子深入井下，刺鼻的臭味让人呼吸都变得困难，而赖祖国毫无怨言地坚持着，浸泡在污水中，细致地拆卸、检测、排查，这一干就是几个小时，直到把故障解决了。

“祖国，空气管端盖拉回来了。”“好的，我马上到。”因风机风量过剩改造空气管道，需要在原先的端盖上加管，引导部分风量到其他单元。端盖超过一百斤，但狭窄的位置无法站立两人，抬得了端盖就无法拧紧螺丝，几人轮番尝试后都无法成功。“让我来，我就不信了。”赖祖国拿上工具就钻了过去。凭借着一股蛮劲和不服输的韧劲，咬紧牙关，使尽全身力气抬起端盖，上螺丝。一次不行，就尝试第二次、第三次……在螺丝拧紧后，旁人赞叹之时，赖祖国的脸色惨白，豆大的汗珠顺着满是油污的脸颊上流下来，他说：“我的腰好像扭到了。”看到同事们满是担心，他说：“没事，帮我按一下。”他忍着疼痛，反倒安慰了大家 。

“好的，我马上到。”赖祖国总是这样回答。面对恶劣的工作环境或天气，他早已习以为常。专业、敬业、乐观的态度，一如既往的认真和坚持，深深地感染着我们，影响着整个团队。

爱岗敬业，带领团队攻艰难

合浦污水处理厂运行了 10 多年，处于超负荷运行状态，工艺设备多且运行时间长，磨损严重，故障频繁。但无论白天黑夜，严寒酷暑，只要有突发状况，他总是第一时间到达现场，问题不解决他誓不罢休。

2020 年春节之际，一场突如其来的新冠肺炎疫情，席卷中国大地，24 小时连续运行的污水处理厂也充满着风险。2 月 15 日，合浦污水处理厂旋流沉砂池除动系统提砂管堵塞，污水处理系统的正常运行受到了较大影响。当得知厂里系统发生故障时，正在老家休假的赖祖国毅然决定离家，选择迎难而上，返回厂内帮忙清堵，成为众多逆行者中的一个。

2020 年 9 月 1 日下午，因暴雨频繁，赖祖国在巡检设备时发现旋流沉砂池在运行时分砂量异常后，他立即组织机修班组进行抢修。赖祖国同志冲锋在前，团队不怕脏不怕累，最终采用自制气提砂管对旋流沉砂池提砂管进行清堵，经过大家 3 个多小时的不懈努力，旋流沉砂池又恢复了正常运行。

2021 年 4 月 9 日早晨，工艺技术员巡检时看到吸泥机减速机裂了，马上关停吸泥机，二沉池停止进水。面对二沉池目前存在的问题，在对二沉池吸泥机的刮板进行改造的过程中，污水厂的劳模机修人员赖祖国再一次发扬“铆钉精神”，头顶着烈日，焊接的热浪、烟尘将他紧紧包围，他毫无退缩之意，把“不忘初心、牢记使命”落实到行动中，发挥团队协作的力量战胜了无数困难。

立足岗位做贡献是他的工作理念，平凡中的不平凡是他坚守的力量，哪里最累往哪去是他的发光轨迹。设备检维修有他，氧化沟清沙有他，泵房垃圾打捞有他，厂外管网疏通有他，他的身影充斥于合浦污水厂每一个最苦最累最脏的角落，在平凡的岗位上默默奉献，用自己的力量守护着一方清流，他就是“老黄牛”——赖祖国。

作者：李潇渝

人人称道的“小罗书记”

世间最庄严的问题是：我能做什么好事？

——题记

佚名说，世间最庄严的问题是我能做什么好事？在青岛斑马义务救援队的访谈中，队长王会祥说这是他最喜欢的名言。王会祥凭借着他的勤劳吃苦、奉献精神在业界鼎鼎有名。人们常说模范存在于新闻里，而我想说，模范也在我身边，他就是和我朝夕相处的“罗哥”。

“罗哥”全名罗常重，他曾是广西南宁明湖供水有限公司运行班值班员，自2019年7月以来任明湖团支部书记一职，他不但在本职岗位工作中能充分发挥先锋模范作用，团支部工作也是开展得有声有色，明湖团支部在他的带领下朝气蓬勃、欣欣向荣。

岗位工作的先锋者

在春节这个阖家团圆、喜气洋洋的热闹节日里，总能在冷清的公司里看到罗哥忙碌的身影。那是因为水厂的水输送到工业区各家各户，水质安全牵连千家万户。水厂运行中，各个工序随时都有可能发生突发情况，任何一个不注意、不细心，都有可能导致重大损失。所以，每年春节都会安排相关岗位人员在岗值班，短短的几年中，罗哥就赶上了两个除夕值班，他凭借着自己强烈的责任感，将工作做到事无巨细，没有丝毫马虎，保证了水厂高质量、高标准的运行，保障了群众用上放心水。大家对他说“辛苦了”，他对大家说：“舍小家为大家，值得！”

2020年，一场肆虐全国的新型冠状病毒肺炎疫情来势汹汹，不走亲、不出门、不聚会成为了常态。供水工作关系着家家户户、各行各业，罗哥深知疫情风险，但仍在防控期间主动请缨，为居家隔离观察和或因受封村、封路影响不能按时到岗的同事顶班。他带头做好生产线清洁消毒工作，分发防疫物资并协助门卫、食堂做好防疫措施，每日为值班人员测量体温。因为他坚守岗位，加强运行值守，对制水各环节及出厂水进行实时监控，确保了水质合格及供水安全；因为他无微不至，增加对水质监测点及各净水环节重要指标的检验次数和监测频次，确保了水质符合国家要求，为人民群众送去安心。

“我们是供水企业，疫情防控期间确保水质是我们作为水卫士的职责。”罗哥坚定地说道。

活动策划的小能手

罗哥自任职以来，常组织开展“青年文明号”活动，2019 年 8 月 26 日，他策划开展以“爱护环境 保护水资源”为主题的活动，带领大家清理取水泵房周边垃圾，倡导爱护环境、保护水资源意识；同年 12 月 4 日，罗哥发挥先锋模范作用，组织开展了“节约用水 保护水资源”走进六景镇中心学校节水知识讲座，以生动形象的授课方式，提高了师生们对水资源的认识，培养了保护水资源的良好习惯，同时也树立了公司良好的形象；2020 年 3 月 17 日，罗哥坚持贯彻落实“为群众办实事”，联合明阳农场社区街道办到明阳农场组织开展学雷锋志愿者服务活动，弘扬雷锋精神，助力复工复产，以实际行动助力社区防疫防控工作；2020 年 7 月 9 日，组织公司 50 余名员工参加献血活动，无偿献血 7400 毫升，深入践行社会主义核心价值观，展现社会担当，获得了大家的一致好评；2021 年 3 月 22 日组织开展了“世界水日”公益宣传暨学雷锋志愿者服务活动，在开展节约用水公益宣传的同时，为供水区域内的独居老人、小区居民免费提供更换供水配件等服务。罗哥策划组织的每一次活动都深入人心，极富感染力。

团支部的“小罗书记”

“小罗书记，本期小水滴又有什么好的内容普及?”这是我们日常工作生活中听到的最多的一句问候。

罗哥是全公司人人称道的“小罗书记”，他创新力强，善于沟通协调，工作中能以身作则、率先垂范，带领团支部开展的各项工作成效显著，为公司在供水事业促进供用和谐、提高团队素质、增进团结等方面贡献了力量，且已逐渐形成品牌。自他任职以来，共组织开展涵盖讲授专业技能知识、安全防护知识及思想教育等以提高员工各个方面素质为目标的“小水滴”课堂共 16 期，在他的传道授业解惑下，我们的团支部青年力量更强壮了，业务技能更扎实了，团队凝聚力向心力也更强了。

最非凡的成功，不是超越别人，而是战胜自己。从小小红船到巍巍巨轮，作为新时代的青年人，罗哥总说："没有什么外力能够打倒我们，能够打倒我们的只有我们自己。"信仰、信念、信心，任何时候都至关重要。小到一个人、一个集体，大到一个政党、一个民族、一个国家，只要有信仰、信念、信心，就会愈挫愈奋、愈战愈勇，否则就会不战自败、不打自垮。越是长期工作，越是任重道远，越不能忘记初心和使命，越不能丧失自我革命精神。

罗常重，我们工作的先行者、活动的小能手、团支部的领头者，感谢他的奉献，引领着我们在奋斗之路远航。

作者：潘思全

尽心尽责，从“驻”村到“助”村

“第一书记”不是一个简单的称谓，而是一种厚重的责任。2015 年 10 月至 2018 年 4 月，黄云海同志肩负广西北部湾投资集团有限公司助力打赢脱贫攻坚战的政治任务和社会责任，作为驻村第一书记到广西河池市大化县雅龙乡宏伟村开展工作。驻村期间他始终把群众最关心、最期盼、最现实的问题作为工作的出发点和落脚点。

没有调查就没有发言权，想要摸清民情，了解民需，就一定要和群众打成一片，黄云海同志把走访调研作为驻村工作的先手棋，深入田间地头，深入街头巷尾，走进村民家中，在最短的时间内掌握了“帮包村”的基本情况。在了解民情、听取民意、破解民忧的一点一滴的基础上，积极借助当地政府、集团和社会等多方力量改善村民生活条件。

驻村期间，黄云海同志曾荣获 2016—2017 年度大化县优秀第一书记，荣获北投集团 2016—2017 年度优秀共产党员称号。也曾荣获广西防城港北投水务有限公司成立十周年先进个人。

“那时村里的基础设施落后，路难走，水难喝，一些村民的房子都是吊脚楼结构，墙体有些还是茅草或者树叶做成的，村民生活相当贫苦。”回忆起 6 年前的宏伟村，黄云海依然记忆深刻。

宏伟村地处石漠化大石山区，交通不便，土地贫瘠，水资源匮乏，土地产出率非常低，全村 3200 多人，是国家级深度贫困村，贫困发生率一度达 52.24%。

如何精准扶贫？经过调查，驻村第一书记黄云海决定从村民最关心的危房改造、道路等基础设施薄弱环节入手。把正方向盘，抓班子、带队伍，建强组织筑堡垒，制定目标任务作战图，以惠民工程为重点改善村民生活条件，以产业项目为关键增加集体经济收入，加速推进异地搬迁、危房改造、道路建设和产业扶贫等，保障村民居有定所、饮水安全等工作，一系列帮扶举措，让曾经的贫瘠之地焕发出勃勃生机。

在惠民工程方面，黄云海把重心放在改善村民生活条件上，他积极推进村屯道路建设，完成了13条共25.62千米屯级道路硬化，助力扶贫产业发展、畅通致富道路，为实现按期脱贫提供了坚强保障。推进实施人畜饮水工程建设。2016—2017年完成家庭水柜建设57个，集中饮水工程1处，解决了贫困户的饮水困难问题。2016—2017年共实施农村危房改造项目82个，群众居住条件得到改善；实施易地扶贫搬迁政策，38户186人通过易地扶贫搬迁安居县城，在就业、医疗以及子女教育等方面与县城居民同等待遇。同时争取到扶贫部门12万元的美丽乡村示范点一个，种植红心柚250棵，修建休闲广场一座，树立了一个典型的绿化美化点。争取了15万多元的产业基地道路硬化指标，方便了养殖基地的后期发展。帮助3名中职高职学生、8名大学生享受了国家助学金、国家助学贷款和雨露计划补助，就学压力得到缓解。帮助132户423人享受农村低保金，基本生活得到保障，帮助200户732人享受财政扶持参加新农合个人缴费补助，减轻了家庭负担。为村小学的孩子们捐赠一批物资，捐款捐物总额23.8万元，为预脱贫户捐赠电视11台，帮扶慰问贫困户33户，慰问金额1.65万元，收到了良好的社会效应。

打赢脱贫主动仗，黄云海同志着力促集体经济提质增效。黄云海始终把发展产业项目、壮大村级集体经济作为增强农村基层党组织组织力、决战决胜脱贫攻坚的“关键一招”。面对制约乡村产业的发展用地瓶颈，想方设法，攻坚克难，争取主管部门支持，以产业项目带动集体经济发展。一是黄云海针对宏伟村贫困户实际，开展巴马香猪养殖合作项目。在北投集团的统一部署下，在宏伟村弄台屯投资187万顺利建立7800平方能养殖120头基础母猪的养殖示范基地，通过“六个统一”的模式对养殖的贫困户进行经营管理，即统一供应种猪、统一饲养技术、统一有防疫、统一专用饲料、统一饲养周期、统一保价回收；二是在宏伟村合屯点以预付订金的方式，扶持贫困户发展生态订种生产，试点种植44亩的特色农产品示范点，采取农户种植、公司保价回收的方式，提升农村土地价值、增加贫困户的收入、促进群众生产增收，保证不能外出的贫困户留守村里也能有收入，仅一期就带动5户贫困户通过自身的内动力发展致富，公司回收黑豆和黄豆2000多斤，每户增加收入2000元左右；三是通过“能人+基地+贫困户”的扶贫模式，饲养七百弄鸡、山羊、黄牛等长短产业联合发展的形式，收到了良好的效益。种植珍珠李20亩，山葡萄20亩，转变种养结构，通过能人的带动、基地的建设、贫困户的参与，形成全村多个产业协同发展的模式，为其他项目后续在全村的推广奠定了基础。与此同时，积极组织相关技术培训，在传授一技之长的同时，注重加强思想教育引导，激发他们自我脱贫的内在动力，破除等、靠、要思想。既要“输血强基”又要“造血固本”，在帮助贫困户增收致富的同时，还要帮助他们树立致富信心，破除“贫困思想”，把脱贫之志气“扶”起来，把“内因”激活起来。

黄云海同志坚持以党建为统领，以民生为根本，以产业为关键，扎根基层，融入群众，以严谨的工作作风和无私的奉献精神，彰显一名共产党员的本色。他自觉遵守党章，遵守党的纪律，做到干一行，爱一行，钻一行，从不计较个人得失，认真履行党员义务。他始终坚持“身先士卒，模范带头”的理念，积极协调各方力量，贯彻落实好上级党委和政府的决策部署，将脱贫攻坚工作作为一切工作的出发点和落脚点，为贫困户解决了许多实际问题，得到上级部门的肯定。他始终把群众的利益放在第一位，经常利用闲暇时光与群众谈心，了解他们的实际状况，不定时看望孤寡老人和孤儿，时时关注贫困户的生产生活情况。当群众在生活中遇到困难时，他总是耐心地开导，及时联系救助和帮扶，尽最大力量帮群众渡过难关，得到了群众的拥护和好评，成了群众口中亲切的“黄书记”。

作者：屈　啸

管道的“听诊卫士”

有这么一个工种，他们的工作时间大部分在晚上，行动神秘，行为“异常”，神色淡定，神态从容，他们就是水监测漏人员。

他们大多已经在测漏岗位工作了将近十年，有着丰富的工作经验和深厚的工作技能，却依然保持不断学习的热情，日常工作中出现的各种问题总能够轻松化解。

每个夜深人静的时刻，测漏员们总会在城市的大街小巷戴着耳机、挂着检测仪、手持听漏杆，加班加点巡查管线，对供水管道进行检测，查找地下管道的漏点。

供水管道的水与漏口摩擦，以及与周围石块介质等撞击，会产生不同频率的振动，由于地面上肉眼看不到任何痕迹，只有把耳朵凑在听漏杆上全神贯注地听，照着手电筒，侧弯着身子在地面上挪步，撬井盖听漏，打记号，分析水流数据，无数遍重复这样的动作。多数水压偏低片区，测漏不到漏水点，只有在夜深人静的时候，噪声小，反复用心听，才能找出漏点。为了避免大面积破路和挖到地下煤气管和电缆线，实现精准探测，测漏员们会对重点区域、重点管网加强巡查次数，测漏工作枯燥，没有强烈的责任心和专业知识是无法做好的。

曾经有用水户反应冲卜路片区的水压偏低的问题，我们的水监测漏人员本着一定要查找到原因的决心，制定详尽的测漏计划，按街道推进，对每次的测漏工作做好详细记录。他们白天上班，晚上加班。就为测出大小管道的暗漏点，确定漏点后及时上报，以配合开挖修漏工作。在测漏员和维修员的努力下，水压偏低的问题得到及时解决，辖区居民恢复了正常用水。

他们在对自己的工作提出严格要求的同时，始终把宽容平淡、愿意付出作为自己的标准，始终把工作作风的重点放在严谨、一丝不苟、扎实、求实、脚踏实地努力工作上。

他们能够坚持全心全意为人民服务的宗旨，热情接待来电来访用水户，耐心宣传公司的各项政策用水程序，坚持多为群众做实事，自觉维护公司利益和形象，具备工作和社会活动中应有的职业道德和社会公德。

他们尊重领导、团结同志、谦虚谨慎，自觉接受各方面的意见，向群众、向先进同志学习，不断提高和丰富自己，不断改进工作。不断加强业务知识的学习，努力做到了工作勤奋、纪律严明、作风务实、行为诚实。他们是普通的环水人，是平凡的环水人，是尽职尽责的环水人！

作者：陶　梅

党员唐碧华二三事

“丁零零……”又一个“问责”电话响起，他备受委屈依然善言相待。“这样的事，对于老唐来说已经是家常便饭。”广西防城港北投环保水务有限公司（以下简称“防城港环保水务公司”）污水中心一名技术人员提到。

他口中的老唐，就是防城港环保水务公司营管中心管道巡查副主管唐碧华。这些年来，唐碧华始终秉持“眼睛向下看、身子向下蹲”的理念，与维护人员并肩奋战在一线。

表态不如表率，身教胜于言教。唐碧华数十年如一日身体力行地践行着这句话。为了体验巡管员的生活，“七一”前夕，唐碧华乘车到各大维修、抢修工地转悠了一圈。车子疾驰，唐碧华的手机也“不甘落后”，来电一个接一个。来的大多是“问责”电话，不是要害部门打来的，而是没把事情来龙去脉弄清楚，不分青红皂白将责任胡乱归咎的“刁钻”用户。当这些难以忍受的责怪加之于身时，他反而开解旁人，说：“如果你是那个用户，遇到无水可用，家里污水四处横流，你能心情好吗？能不骂人吗？何况当初入党，不就是为群众排忧解难，多做点好事、实事吗？小小的委屈又算得了什么呢？”

别看唐碧华“官”小，但职责很大，自来水、原水、污水管网维护系于一身。防城港的城区不断拓展，管网覆盖范围变广，他肩上的责任也跟着“水涨船高”。管材多样、权属复杂、千丝万缕、纠缠不清……种种因素，使工作难度又上一个台阶。他深知，作为一名党员，没有退缩可言。

为群众办好事、办实事，这是老唐一贯的坚持。每收到一条反馈，他都要求自己尽量做到“有理、有据、有节”。对于一些无理取闹的事情，想方设法挡回去；对于一些有整改期限要求的，根据轻重缓急耐心解析，争取有关部门的理解支持……一件件小事，化成一块块砖瓦，垒起了老唐的群众口碑。

共产党人首先是实干家，工作再繁重也不能降低质量关。“管网卫士”党员突击队百尺高楼，起于累土，作为突击队的一员，老唐深知基础不牢，就会地动山摇。因此，他始终以高标准要求自己，坚持从源头上严抓管道维修的质量，杜绝“失之毫厘，谬以千里”的可能。

这位贴心的老大哥，在严格要求自己的同时，也会时常严厉批评消极怠工的行为，坚决不做“和事佬”。例如，在渔万路的一处管道漏点修复工程中，有工友认为只需堵住漏点即可，便漫不经心，搪塞对待，对维修的质量和效率更是无所谓。对此，平日里和善的唐碧华顿时发了飙，要求坚决杜绝“磨洋工”行为。批评之后是一番耐心细致的指导，从损坏管道的切割，到如何打麻绳堵住，再到如何使用快速水泥加固等，一道道工序井然有序，一点儿也不马虎含糊。

殚精竭虑、全力以赴，不恃技而骄、不遗余力地做好“传帮带”工作，这也是唐碧华对自己的要求。作为一名管理者，本没必要事无巨细，然而多年工作习惯使然，他常常“顺路”到维修的工地走走看看，一则为了鼓舞士气，二则就具体维修为工友们找出最便捷的方法。

有一次，车辽小区旧路 DN300 水泥管在维修，临近下班仍没有任何消息传回，唐碧华决定回家途中拐道去看一看。只见工地上，工友们围着一个 DN300 管道承口上下忙碌，笨重的哈夫节拆了装，装了拆，始终无法抵挡水流的“反攻”，一筹莫展之际，老唐出手了。根据多年的工作经验，唐碧华很快分析出原因所在。终于，在哈夫节、麻绳、快速抢修水泥等“助攻”，以及唐碧华的精心指挥下，工友同心协力，终于让水流“偃旗息鼓”。

在同事眼里，老唐事必躬亲；在家人眼里，他是好丈夫、好祖父；在领导眼里，他是好员工。与妻相濡以沫，与孙享天伦之乐，怎能不羡煞众人。当然，在他休息时常常因为过于关注手机的动向，就连打个盹也得留几分精神，厚厚的眼袋挂在眼眶下，也成了他几十年如一日奋斗的标志。

作者：廖钦良

扎根一线勤实干 平凡岗位展风采

钟佩松自2016年担任广西南宁明湖供水有限公司（以下简称“明湖公司”）管网维修班班长以来，勤奋务实，爱岗敬业，忠于职守，严于律己，获得了公司领导及员工的一致好评，多次获得公司“优秀员工”荣誉称号。

当人们迎着朝阳走进公司大门上班时，钟佩松已经忙碌在管道抢修第一线；当人们踏着薄暮下班回家时，钟佩松又奔赴下一个供水抢修点。冬天一身霜，夏日一身汗，晴天一脸灰，雨天一身泥，这就是他留给同事们的印象。

从进入到明湖公司维修组工作以来，他凭着吃苦耐劳的精神赢得了大家的一致好评。思想上，钟佩松以厂为家，时刻从集体利益出发；工作中，他以身作则，脏活累活抢着干；业务上，他不断钻研管网维修技术，丰富自己的实践经验，很快便成为一名管网维护技术骨干。

钟佩松以“事无巨细，精益求精”为提升目标。无论是水表的核抄、校准、清洗、更换，还是管网巡查、维修、堵漏，深知肩上的责任，钟佩松对每一项工作都细致入微，每一个环节都一丝不苟，加班加点抢修是常事，员工食堂最后一份餐总是留给他。

2020年12月19日，DN800供水主管道突发接口断裂，严重影响了南宁吴圩国际机场的正常用水，周末正在家吃午饭的钟佩松接到命令后即刻扔下碗筷赶赴现场，与班组成员一起勘查漏水情况制定抢修方案，迅速实施抢修。持续18个小时的抢修任务于次日早上8点完成，一夜未合眼的钟佩松竟不顾疲惫主动要求继续巡查沿线供水设施，直至供水恢复正常。

2021年“壮族三月三”放假期间，钻石小区DN150水表组遭到汽车碰撞造成管道断裂，管道漏损严重，导致片区停水，涉及用水户2000余人。留驻公司值守的钟佩松收到消息立即赶往现场，研究维修方案后迅速开展抢修，历时6小时完成管道修复恢复供水。公司在工业园区内铺设的供水管网共70.12千米，像这样的临时抢修对钟佩松来说是家常便饭。

“白+黑”“5+2”的工作模式练就了钟佩松精专的维修技术和良好的专业素

质，熟悉园区管网布局，能够短时间内精准判断出漏水位置，工作至今，顺利完成供水园区的管道抢修等千余次抢修任务，最大程度上避免了水资源的浪费，保证了管网正常运行，也为公司节约成本近百万元。

工作至今，钟佩松术业专攻，不断进取。钟佩松的办公桌上，是各种机器设备的电路图及练习焊接的工具，他潜心钻研，反复练习，大到厂内的抽供水设备、加药设备、刮泥设备、发电机等机器设备电路维修，小到办公室内的开关设备安装维修，他无所不能。

“我想跟钟哥多学点东西。”新到岗的小张迫切想跟随“十八般武艺样样精通”的钟佩松班长学技术、学本领。无论在厂内外，都能见到钟佩松班组忙碌的身影，他总是耐心地给班组成员讲解维修专业知识及操作技能，将班组打造成一支懂技术、本领强的精干队伍。

“遇到困难，你不上，我不干，这个公司怎么转？人应该有所追求，趁年轻多做点牺牲，没啥！”钟佩松是这么说的，也是这么做的。管网维修组承担着明阳工业区以及南宁机场的日常供水安全，其维护区域大、人员少、任务重。面对每一个焦虑期盼的热线电话，他总是在第一时间到达现场安排工作。

2021 年夏天，抢修任务重，待修点多，热线电话应接不暇，他带领维修班不分昼夜，加班加点，一个星期甚至半个月通宵达旦连轴转，他说：“没办法，我干的就是这个工作。”朴实的语言透着一种精神，那是一种敬业精神，也是一种忘我境界。

尽心尽责，贴心服务。十几年来，钟佩松的手机号码就相当于公司的服务热线，只要用户有需要，他就随叫随到。只要用户满意，他就能够立即充满活力。

“自来水怎么这么白呀，像稀牛奶一样？”

“我们小区的水为什么会偶尔变黄？”

“为什么我家这个月的水费那么多？”面对用水户的责问，钟佩松仔细查找原因，微笑以待，耐心讲解，令用水户满意、放心。

为了保障供水，抢修、安装工作更是家常便饭。停水解释、社会维稳，钟佩松冲锋在前，耐心真诚；协调施工、现场维护，他思路清晰、方法得当。“电工师傅”“木工师傅”“焊工师傅”“家电维修师傅”……林林总总的称谓都是钟佩松的代名词，维修管道、安装水表时还不忘为社区群众和自修产权用户提供帮助，照顾辖区内的五保户和残疾人。钟佩松的热情服务赢得了用水户的赞誉，也为公司树立了良好的形象。他以务实求真的工作态度和专业的职业素养，为公司做出了较大的贡献。正如他说的，“把维修的知识学懂学透，提高自身水平，促进全面发展，遵守职业道德，脚踏实地做好本职工作，为公司的发展建设献出一份光、一份热”。质朴的话，让人感受到了独特的魅力。

这就是钟佩松，忠于职守，克己奉公，认真负责，不断前进，爱岗敬业，立足岗位，认真做好管道维护工作。

作者：詹文森

钟建华与水打交道的十年

十年历程，人如草木迅疾生长、芳华尽展，最能呈现生命的曼妙姿态。共产党员钟建华将这最宝贵的时期奉献给了广西防城港北投环保水务公司（以下简称“防城港环保水务公司”），如今，他与水打交道已有十年。

认真，是钟建华的承诺。

“这段时间以来为什么很少见到钟建华?”休息时间，工友们在工作间里闲聊。近期，供水管道不断出现爆管漏水事故，作为防城港环保水务公司管网中心的副经理，钟建华承担起了艰巨的抢修任务，他忙于带领维修人员抢修管道，连续作战，既要操心抢修工作的进度，又要忧心群众的生产生活用水。随着业务的发展，现在的管网已不单纯是自来水管线，还包括原水、污水管线，他们的工作范围不断扩大，巡查维修任务增多。其中，尤其东兴大道 710PE 管段抢修任务最为繁重，时常一周抢修 3~5 次，有时连日出现爆管事故。遇到连日抢修，钟建华和工友们需要加班加点，奋战在一线。

热闹的春节，噼里啪啦的鞭炮声此起彼伏，展开了一幅热闹喜庆的画卷。2020 年正月初一，一阵电话铃声打破阖家团聚的氛围，钟建华突然接到电话通知公车和平小区管道漏水，急需检查，他二话不说，匆匆前往。妥善处置工作后，刚着家不久，又接到东兴大道 710PE 突发爆管事故的报告，钟建华又立即放下碗筷，马不停蹄赶到单位组织人员和材料投入管道抢修工作。时值寒冬，为尽快摸清漏点情况，钟建华二话不说，跳入水管沟内，指挥挖掘机避开各种管道、光缆等，一步步挖深扩宽工作坑，找出管损点，待流出的水压力逐渐减弱时，钟建华当即指挥工友们带水作业，抓紧时间装上管道包箍……一系列抢修任务完成后，已是第二天凌晨 4 时。

担当，是钟建华的品质。

每当夜幕降临，伴着皎洁月光与拂面夜风，钟建华总爱骑着自行车，穿街走巷，在臭水沟旁蹲点观察，路人疑惑的目光投来，他全然未觉，怡然自得……寒来暑往，他对城区供水管网图熟稔于心，对公司提出了许多合理化建议。2017 年，担任管网中心副主任和中心支部纪检委员的钟建华，工作上本已不必亲力亲为，然而每当抢修一线遇到难以解决的技术问题时，他总会主动请缨，到工地一线加班，指导解决问题。

2020 年春节，新冠病毒肆虐，钟建华时刻心系疫情防控工作，时刻挂念群众用水问题。他奔波于防城区和港口区两地，安排人员防疫值班，检查巡查维修人员值班情况，带领维修值班人员及时做好管漏维修，事无巨细，他仔细认真的身影留在了每个工作现场。

疫情防控是一场没有硝烟的阻击战。2020 年 2 月底，公司接到政府指令，要求全力配合防城港市“小汤山”医院的建设，按时完成病房给水安装工作。战“疫”命令下达，钟建华说服员工放下思想包袱，并亲自带领安装人员进场施工，最终按时按质安全地完成“小汤山”医院的用水安装任务。

十年里，钟建华俯下身子，舍得“吃亏”，凡事脚踏实地、事必躬亲，凭借着出色的工作能力，钟建华先后荣获北投集团 2011—2014 年度“优秀共产党员”、2018 年度“先进个人”等荣誉称号。

十年，在时间长河中显得微不足道，但是在人生历程中却如珍宝般贵重。钟建华这十年，平凡而不平庸，时刻彰显着平凡中的伟大。钟建华的十年里，“担当”是地基，“认真”是砖瓦，构筑起这满溢沉淀力量的厂房。

作者：廖钦良

不忘初心，爱岗敬业

广西南宁明湖供水有限公司（以下简称“明湖公司”）财务部是公司重要的后勤保障部门，同时也是公司的资金中心。财务部现有职员 3 人，主任 1 名，出纳 1 名，会计 1 名。根据企业会计准则及公司财务制度，财务人员要对公司的每一笔经济业务往来的账目，进行规范的记录，反应在凭证、账簿和报表中，以备随时查阅，且一定要做到条理清晰、账实相符。

在常人眼里，财务部无非就是每天和钱款打交道的轻松部门。殊不知财务人员每天面临的都是最枯燥、最烦琐、最乏味的数字整理工作。从资金支付、费用报销、会计报表报送、资金计划的安排到全年预算的编制及全年决算、汇算清缴，这一切细微而又烦琐的工作，无不体现了财务人员对岗位工作的认真负责和兢兢业业。

李洁伟于 2015 年 6 月调到明湖公司，担任财务部主任。在她的带领下，每一位财务人员都勤勤恳恳、任劳任怨地工作，用自己最认真务实的态度对待每一项财务工作。李洁伟 2019 年 2 月被列为入党积极分子，2020 年 9 月底发展为中共预备党员。在党组织的培养下，她紧跟党走，发挥党员先锋模范作用，本着客观、严谨、细致的原则，按照财务制度和会计基础工作规范的要求进行财务管理工作，并且认真发挥公司职能部门监督管理作用。

在同事眼中，李洁伟是严肃的，对公司的各项开支，她严格按照资金计划及公司实际的资金情况进行支付，集团对资金计划及实际支付情况进行查证，每月资金支出差异较大的需要向集团填报说明，偏差太大的会进行通报。对每一笔开支李洁伟都会比别人考虑的多，这笔款手续是否齐全、是否合理、是否已到支付时间，若是大额支出，假如支付，剩余资金是否足够公司运营。

财务部工作量大，业务繁重，李洁伟为了及时处理当天工作，时常中午不休息进行加班加点。外出办事及请假时随身携带电脑，无论周末或节假日，有需要她配合的工作她马上就能处理，即使有困难也会尽力克服困难，从不延误。

李洁伟在明湖公司的 6 年，参照集团规章制度及国家法律法规，修订了明湖公司各类财务部制度。每年年底她凭借丰富的工作经验及对公司运营情况的了解，规划公司次年全年的融资计划。她对自己及下属均要求严格，每年财务部面对集团的各类检查，考核成绩均为优秀或无差错部门。这些都与李洁伟日常超强的管理能力及细心、严谨的工作态度是分不开的。

明湖公司会计李佩娟深感身上责任之重大，以对工作高度负责的态度，发扬“老黄牛”精神，严做账，细把关，认真履行自己的岗位职责。业务繁重最高峰时期李佩娟同时管理公司 3 个账套，每月报送几十个报表，由于报送时间节点不顺延，上报时间经常会遇到节假日，李佩娟主动放弃休息时间，加班加点完成各类报送工作，从不拖延耽误。

由于集团上报快报时间为每月的 2 号，所以每年的五一劳动节、国庆放假及遇到 2 号是周末的时候，大家都在休息，李佩娟一定是在加班填报快报报表及编制分析说明，对此她从无怨言。在处理账务时，她严格按照财务制度规定，严格把关每一笔收入和支出，反复核对每一个数据，直到无任何差错才将单据装订成册。

对于两岁半的女儿，李佩娟一直感到愧疚。产假结束后，她立即开启了“工作狂”的模式，由于工作地点离家较远，又经常需要加班，所以她经常不回家，很少能陪伴女儿，下班回到家孩子已经睡熟。孩子生病了，她也无法悉心照料。在同事们眼里，她工作麻利、一丝不苟、用心投入，但她觉得自己不是一个称职的妈妈。

2020 年，明湖公司以优秀、严谨的工作态度被国家税务总局南宁市税务局评为 2016—2018 年度纳税信用“3 连 A”企业，见证了财务部近年来纳税零差错的纪录。荣誉的背后，是对公司财务工作的认可和肯定，也激励着财务部在今后的工作中，继续不忘初心、砥砺前行。

作者：朱曙华

敢于担当，扎根管网建设一线的环水人

作为一名部门负责人，黄强始终牢记自己的岗位使命，时刻践行着一名部门负责人的担当。工作中他认真履职，勇于冲锋、勇于奉献，创新工作思路，坚持战斗在一线，努力构建良好的供水环境，保障用户的用水安全。

解除故障就是命令，黄强争分夺秒使供水畅通。2021 年 4 月 1 日，因电力公司顶管施工的破坏，从企山水库输水到钦州港区一条 DN1400 原水管道出现爆管漏水事故。该管道是钦州港区唯一的供水管，对港区生活用水和工业用水造成极大的影响。当时正值下班时间，黄强在闻讯后第一时间采取有效措施，召集相关人员研究部署抢修方案，抢修工作迅速开展。

在抢修现场，破裂管道上方的土方已全部挖开，沟渠中满是积水，他和管网维护人员一起跳进积水满满的沟渠中，对水管破裂的管壁进行封堵，清除杂物。经过全力抢修，当天晚上 9 点恢复通水，保障了钦州港区生产和生活用水正常。

2021 年 6 月 13 日，由于平时工作繁忙，黄强难得回浦北老家探望双亲，趁着端午节假期，踏上回家的行程。然而，回到家里凳子还没坐热，电话告知华谊项目将于 6 月 15 日投产运行。想到位于大垌口村附近的 DN1400、DN1200 管道存在的问题，需要修缮并砌筑阀门保护井。他立即毫不犹豫地踏上了归程，并组织部门的管理人员在当天晚上 9 点回公司开会，商讨第二天的施工方案、物料准备、人员分工、后勤保障等事宜。为了保障华谊项目投产用水的安全，他放弃了节假日，放弃了与家人的相聚，以先锋带头的模范榜样，第二天早上 6 点就带领着部门的人员，在大雨和烈日切换的天气中施工，在维修这条河里赛“龙舟”，度过了不一样的端午节。

每一个落户钦州港的项目，供水配套建设是必不可少的一部分。作为供水配套建设部门的带头人，黄强同志深知肩负重托。

2021 年 1 月份，钦州 30 万吨级油码头工程作为西部陆海新通道建设的重点项目在三墩岛建设，公司的供水配套建设必须在 4 月 30 日前建成通水。当时的三墩岛，地点偏远，施工环境还没有成熟，部分区域还处在吹填中，各种设施基础差，且工作面狭窄，交通受限，材料运输困难。油管、供电、供水三方工作面交叉施工，施工中存在多种困难。为了能按时完成任务，黄强积极发扬“胸怀大局、迎难而上、勇攀高峰”的精神，全力做好工程建设各个关键环节的风险防控。在材料筹备、方案制订、施工技术、后勤保障等各项工作中都亲力亲为，他既是管理者，又是施工者。其间，他和员工常驻工地，冲锋在前，带领施工人员攻坚克难，充分发挥“主心骨”作用，用实际行动践行一个部门负责人的初心和使命。

黄强自工作以来，一直扎根在管网建设一线，钦州港纵横交错的供水管道，从设计、安装到建成，都离不开他的贡献和付出。多少个日夜，一个抢修电话让他有眠不能休；多少个日夜，为了及时解决落户钦州港项目的用水需要，他和维修人员辛苦付出，保证了辖区的供水安全，所有的一切，对于他来说，不过是岗位职责，也是环保水务人平凡的日常。

作者：林妍平

咱们工人有力量

广西北投环保水务集团六景水厂的“主力军”，大家都说是运行班组。他们是公司的基层工作班组，也是最重要的生产班组。他们之中，有水厂成立之初便已在这里参与建设与水厂共同成长的，也有刚参加工作便将全部青春奉献给水厂从未离开的，更有新进水厂不到半年就完全融入六景水厂这个大家庭，与大家同甘苦共进退的。他们共同组成了一个紧密的团体，拧成一股绳，共同为水厂、为人民群众燃烧着自己。

把工作做实了就是生产力

运行班组组员们每天坚持在平凡的日常工作中认真工作，以“敬业福”换来大家的“富强福”“和谐福”。

“我们运行值班的，不分假期，都是正常轮班，过年期间也是正常上班的。”

2021 年春节，轮到身为共产党员的李振斌所在的班组值班，一轮到值班，就意味着连着好几天不能回家见到家人。

“也还好啦，现在网络发达了，打开微信，开个视频，和家人孩子们也算是一起过年了。”谈到春节不能在家和亲人一起过年时，李振斌看似轻松地回应着，说完他还点开了视频，给我们看他家还不满两岁的孩子。

“宝宝，乖乖吃饭，再过两天爸爸就回去陪你玩游戏。”面对 2020 年上半年疫情对正常经营的冲击，以及下半年的复杂形势和艰巨任务，他们一丝不苟地坚守在运行岗位上。谈到坚守，往往会联想到不改初衷、坚守创业，成就一番大事，而水厂运行工的坚守，似乎与大事也沾不上边儿，一般也不会被人关注。但小人物日复一日、年复一年，辛勤的汗水流在平凡的岗位上，坚持把简单的事情做好不就是一种不简单，坚持把平凡的事情做踏实不就是不平凡吗？最终，他们以心无旁骛、永不懈怠的精神全力以赴，顺利保证了 2020 年全年目标任务的完成。

把工作做强了就是竞争力

六景水厂运行班组除了每天的日常工作之外，也在不断地学习，不断追求自我提升，从没停止过继续教育，掌握了更先进更多样的技术知识，成了对整个水厂最熟悉的群体。他们之间经常互相学习讨论，在实际工作中，为公司节能降耗不断地出谋划策，尽最大努力在保持正常合格供水的前提下控制生产成本。他们真正做到了爱企如家，真正为了共同的目标、共同的事业、共同的追求、共同的责任走到了一起。

2020 年汛期刚开始没多久，作为六景水厂水源的郁江因为上游地区的连续暴雨导致突然由清变浊。水质变化如此迅速，即使是有心理准备，运行班也吓了一跳，他们马上按以往经验加大絮凝剂的投药量。然而，加大投药量后，却出现了原水在沉淀池未能完全沉淀就直接进入滤池的现象，导致滤池过滤效率急速降低，为了保证过滤质量，迫使反冲洗频率大幅增加，从而又增加了滤后水的消耗量，必须加大取水流量，而加大取水流量又导致了更多絮凝剂及泥沙直接进入滤池，形成了一个死循环。继续下去不仅加大了供水生产消耗，甚至会造成可供水量越来越少最终引发供水危机。

这时，还在运行班组的我向班长提出："是不是絮凝剂效果不好，再加大投药量会不会更好一些?"

听了这话，经验最丰富的班长蒙绍华豁然开朗："不对！正是因为加太多药了，絮凝剂过量也会影响到絮凝效率，要马上调低投药量。"

但心思缜密的骆新舸却提出："该调整到多少才合适也是个问题。这样吧，我们一点一点来调整，同时每隔一段时间检查一下效果，这样才能找到最适合的投药量。"

就这样，大家按照这个方法调整了运行状态，最后成功靠着运行班组丰富的经验和知识，避免了这一次供水危机。而骆新舸提出来的这一实验方式，形成了"投药量——絮凝效果曲线"，在这一事后仍指导着整个班组的工作，为寻找絮凝效果及节省投药量之间找到了一个平衡点，大大减少了生产消耗。

正是靠着这种团结、钻研精神，在 2020 年的节能降耗工作中，实现了电耗药耗合计同比上年减少 15.5%的卓越成绩，这是当之无愧属于他们的巨大荣耀。

工作做团结了就是凝聚力

人与人之间由于经历、性格、岗位、职责不同，大家看问题难免有意见、有分歧，但是运行班组的组员们大都共事多年了，他们抱着成员之间各有责任，不存在谁完全正确、谁完全错误的心态，出现分歧发生磕碰的时候大家会选择以多沟通、常商量、互尊重、懂包容的心态去解决问题。

六景水厂的运行班组又分为两个小组，两个小组因为每个人的想法都不一样，在某些工作中可能会产生差异，时不时会出现意见分歧从而发生争吵。

“早班接班的人接班后就有各种活儿等着去干，我们小组都是让工作量相对较小的夜班人员做完刮泥排泥工作才交班的。”

“但是你们也要为了刚上完夜班的人着想啊，让刚熬了一个凌晨的人去进行刮泥排泥，又累又困的容易出现差错的啊。”

这不，这次他们又遇到刮泥排泥的工作让谁来做的分歧，一个小组觉得通宵过后的精神状态不适合再进行别的工作，另一个小组觉得刮泥排泥的工作其实轻松又简单，却要花费很多时间，想把时间省下来去完成别的工作。

为了解决分歧，他们全体人员在交班时坐到了一起，共同讨论解决分歧，各人都不带偏见地发表出自己的意见和建议，听取他人的意见，同时权衡利弊与实际情况做出决定。

最后，乐观悠闲的黄建林说服了大家，促成了意见的统一：“我们这里有的人年纪也挺大了，通完宵后再去干活确实是有些累的，为了安全考虑，我还是建议上完夜班的能早点休息，拥有了充足的休息，到下个班干活也会更充满干劲儿嘛。白班要干的活多，但也不缺这一会儿，大家都一起加把劲儿，干活也不能光是求快求多，也要追求质量嘛。”

过去常说，“火车跑得快，全靠车头带”，但现在的动车组用了动力分散技术，每节车厢都有动力装置，所以又快又稳。因此一个班组、一个公司的员工能共同驱动，一齐发力，劲儿往一处使，就会形成推开任何阻碍的强大力量，推动班组、公司往前发展。

我们这群充满使命感及责任感的运行班组的工人同志，以实际行动不断保持自身的先进性，努力创造无愧于历史、无愧于时代、无愧于企业、无愧于梦想的新业绩。

作者：张洪铭

克己奉公　敢于担当

1995 年黄忠来到东兴市自来水厂，学经济出身的他却和这个看似与他专业不相符的地方结下一生的缘分。

刚来到水厂的黄忠从最基层的维修工开始做起，他每天都在水表普查、安装维修、检修管道的探索里周而复始地工作着。为保障日常的供水，他在每一个需要应急用水的地方忙碌着，亲力亲为。无论严寒酷暑还是暴风骤雨，每次工程都奔波在现场，带领同事们在泥水中抢修，汗流浃背是常事。有一次他和同事在施工现场轮番作业，持续工作了 80 小时，为此他多次受到市政府的表彰及领导的肯定。

后来黄忠调到了工会。本可以在办公室更加轻松舒适的他，却没有停止对管网等基础技术的探究，经常一有空就去工地跟同事们一起钻研各种工作中遇到的困难。他对年轻的同事说得最多的是要爱岗敬业、加强学习、不断进取、团结协作、善谋合力，为水厂创造效益。

黄忠对待工作认真负责，他于 1997 年获得了“防城港市劳动模范”的称号。黄忠在立足于本职工作深入技术探究的同时，还为东兴的城市建设和经济发展的推动而努力。

2000 年，东兴大力发展经济。他积极参与，协助外来投资者推进城市的经济合作。在这一年的中越边境交易会的工作中，他被评为“先进工作者”。同年，他也因在东兴市第三届政协委员会工作中的显著成绩，被评为“优秀政协委员”。

黄忠从不懈怠的工作态度，十年如一日。从业至今，每年的公休假从未休完过，就连节假日都坚守岗位值班。周末也时常去现场加班，晚上也不例外。但是第二天他总能准时来到在自己的岗位上。他不怕苦不怕累，事事带头为先的精神得到水厂每一个员工的好评。2004 年，水厂一致推选他为“水厂先进个人”。

黄忠卓越的工作能力使他在胜任本职工作的同时，还配合政府做好拆迁安置及非常时期的应急供水。正因其积极主动的工作作风和扎实高效的工作能力而获得2010年度东兴市住建系统“先进个人”称号和2011年度“全市优秀工会积极分子”的称号。

从2012年开始，黄忠开始对接东兴市征地拆迁办，负责对拆迁安置区的临时用水和协调工作。那段时间，他付出了很多时间和精力。在政府的拆迁过程中，遇到两个钉子户。黄忠知道后发现这两个钉子户是他的远亲。于是他亲自走访，多次劝导，终于和平地劝他们搬离，并为政府节约了部分资金。这件事使他得到了政府的大力表扬。他则风轻云淡地表示：“为政府排忧解难就是为人民排忧解难，自己力所能及的事，作为党员就应该义不容辞。”

2020年，东兴市自来水厂加入了北投环保水务集团，这些对黄忠而言没有任何差别，他依然是那个顾全大局，不计较个人得失，爱岗敬业的环水人。作为营管中心副经理的黄忠，依然每天在第一线与同事们在汗水和泥水中工作。

每每问到黄忠对自己的评价，他只说：“问心无愧，一心为厂。”

作者：林妍平

供水设备的坚定守护人

城市供水涉及千家万户，与人们的生产生活息息相关。而供水的安全是建立在设备稳定可靠运行的基础之上，因此，供水维修工作显得尤为重要。

袁世好班长，在供水一线20多年，重活、脏活、累活，他干在前，从不喊一声苦，不叫一声累，总是兢兢业业、勤勤恳恳地做好每一件工作，完成每一项任务。袁世好自从成为一名供水设备维修工人，时刻以无限的热情投入日常工作当中，以无私的奉献投入为用户服务当中。由于水厂的特殊工作性质，设备都是24小时连续运转，随时可能出现异常和故障，必须做到随叫随到。多少个深夜和凌晨，多少个周末和节假日，他接到报修电话就马上赶赴现场。本着“小修不过天、大修不过夜”的原则，袁世好率领的维修班确保全厂的设备完好率达98%以上，做到了按时备机备泵，最大化地发挥供水设备的效能。

在“急、难、险、重”任务面前，袁世好充分利用经验和技能的优势，勇于承担、奋发有为，充分调动在生产建设中的骨干力量，在“苦、脏、累、险”的突击任务面前，以忠于职守的牛劲、务实肯干的狠劲、精于业务的巧劲、敢于担当的勇劲、心系用户的韧劲，攻坚克难，不断开创工作的新局面。

在一次集水井吸水头部法兰连接处漏气，夜间用水低谷突击抢修中，袁世好第一个挺身而出，下到集水井内紧固漏气处螺丝。在同事们的安全保护下，他腰上系着安全绳，悬空站立在斜靠的楼梯上，费力摸索着紧固底部的螺丝，克服集水井内封闭缺氧和些许的余氯气味，凭着必胜的决心和毅力，一鼓作气坚持完成了任务。袁世好不怕困难、敢打敢拼、善打硬仗的拼搏精神，深深感染了大家，班员们不禁从心里佩服他，说：“大事、难事都能冲在前面的人，班长真是铁打的!”

夏天顶烈日，冬季耐严寒。日常工作中，袁世好积极开展各项技术准备工作，做好技术交底。袁世好身为机修人员，要对送水泵房、V型滤池、加药车间、高低压电柜等进行改造和维修，确保供水厂、泵站机器设备运行正常。炎热的夏天，泵房内到处热气冲天，没有一个透气的地方。一天下来，袁世好的衣服不知被汗水湿透几回，下班换下的衣服都是一幅幅用盐花画成的图案。汗流得多了，有时忙得连水都顾不上喝。旧加药间维修活性设备，飘浮在空气中的碳粉溶在身上的汗水里仿佛变成了黑人。寒冷的冬天，排泥阀损坏严重影响了居民用水的水质，袁世好身为一名老员工，带头进入气味难闻、污水密布的排泥沟中进行维修，在冰冷的水中，手握扳手小心翼翼卸排泥阀，拆卸过程中时不时有水喷出，身上的衣服渐渐被打湿了。

袁世好作为一名水厂生产一线的班长，他在工作岗位上严谨求实、勤奋刻苦、兢兢业业，努力完成各项改造维修任务。他以饱满的工作热情、扎实的工作作风、优异的工作成绩感染、带动着身边的每一个人。

作者：苏小东

牢记初心使命　争当环水先锋

有这样一群人，他们扎根一线，是一线的“战斗员”，是先进的代表，更是我们的英雄。他们始终践行着习近平总书记“绿水青山就是金山银山”的重要指示，不畏艰苦，不忘初心，以工匠之心坚守环保水务人的初心，在“赶考”之路上披荆斩棘，用自己的行动讲述了一个个生动鲜活的故事。

践行初心　担当使命——黎强龙

黎强龙，广西灵山循园污水治理有限公司（以下简称“灵山公司”）工程管理部副经理，2018 年 6 月入职灵山公司，负责灵山县陆屋临港及循环经济产业园污水处理厂工程 PPP 项目的工程管理工作。

陆屋临港污水厂作为灵山县陆屋临港产业园配套环保项目，是中央环保督察“回头看”的督察项目之一，钦州市委、市政府要求陆屋临港污水厂项目作为一项政治任务，必须在 2019 年 12 月 31 日前完成竣工验收工作。为打赢这场攻坚战，广西北投环保水务集团有限公司（以下简称“环保水务集团”）在 2018 年组建项目筹备小组，同年 5 月，黎强龙临危受命，出任陆屋临港污水厂项目前期工作筹备小组工程部负责人，扛起陆屋临港污水厂建设重任。在黎强龙心里，工作永远是第一位的，他说：“这既是机遇，也是挑战。”

陆屋临港污水厂在施工前期阶段面临着厂区内尚未实现“三通一平”、项目资金尚未到位、设计施工图纸缺陷多、任务压力繁重等诸多困难，他依然不忘初心，不畏艰难，坚持把责任扛在肩上。在工程主体施工阶段，黎强龙积极钻研图纸，严格管理工程施工中的施工工序，保证技术、质检贯穿始终。他说：“项目建设不同于其他工作，它需要不断在现场检查、监督，随时发现问题、研究问题并及时解决问题，以保证工程的安全、质量、进度目标。”

在施工过程中，黎强龙始终坚守岗位，无论是工作日还是休息日，他驻守工地现场，积极献言献策，精心谋划，快速协调解决施工过程中存在的问题，为工程顺利施工提供先决条件，确保项目建设程序合规合法。在项目公司的不懈努力下，陆屋临港污水厂项目于2019年12月19日顺利通过了竣工验收，提前12天完成任务。

他们所展现的国有企业铁军的风采、敢于顽强拼搏、实干担当的精神给灵山县人民政府留下了深刻的印象，赢得了钦州市人民政府、市工信局和市环保局等相关单位的高度称赞。2019年10月22日，灵山县工信局代表灵山县人民政府向灵山公司发来感谢信，项目也被列入自治区财政厅钦州市首个PPP示范项目，获得以奖代补650万元（其中奖励灵山县政府600万元，灵山公司50万元）。同年，黎强龙同志获北投集团2019年“先进个人”称号。

“对待工作要讲究，不能将就。”黎强龙说，工作不仅要在专业技术上精益求精，更要顾全大局、心怀集体、坚守初心。如今，陆屋污水厂项目已经步入运营阶段，每每提到陆屋临港污水厂项目，黎强龙总是陷入沉思，微微一笑。项目能按时保质完成，这是他践行初心、担当使命的最好体现。

践行初心　坚守理想——邹志伟

邹志伟，灵山公司运营管理部职员，主要负责灵山公司运营管理工作，他还有另外一个身份——灵山公司团支部书记。

2020年环保水务集团进行大刀阔斧地改革重组，在“一年打基础、两年见成效、三年大跨越”的工作要求下，公司迎来自成立以来最艰巨的任务。

受疫情影响，2020年上半年，陆屋污水厂设备设施联合调试工作一直无法开展。面对这个“硬骨头”，公司决定组织攻坚队伍，对厂区设备设施联合调试开展攻坚工作，当时作为工程管理部项目管理员的邹志伟主动请缨前往项目一线参加联调工作。陆屋污水厂处理工艺新颖，设备设施情况复杂，且一手资料严重缺失，厂区更是缺乏调试的专业技术人员，摆在邹志伟面前的困难可见一斑。尽管面临诸多困难，他依然微笑地说道：“没有困难的工作，只有勇敢的‘打工人’。”一句轻描淡写的话却道出了他勇于担当的精神，力求上进、积极勇敢，这便是青年员工的典型代表。

时间紧，任务重。当时厂区进水量少，为降低调试成本，邹志伟提出从木料江抽取江水保障联调公司顺利进行；为降低设备维护成本，他编制污水厂设备维护运营方案并带头落实制度；为降低电耗，节省生产成本，他根据污水厂曝气设备工作特点创新提出采用变频操作，调整曝气量及曝气时长，指导节能生产；为降低药耗，他根据污水厂进水水质各项指标，调整药剂投加量，在保证出水水质达标的情况下少投药甚至不投药来节省药耗成本。联调期间邹志伟积极协调各岗位工作人员开展各项联调试验工作，始终本着“钉钉子精神”坚守岗位，和队伍奋战一线数月后，陆屋污水厂终于顺利完成设备联调工作。这就是邹志伟，一名追求上进的共青团员，一名具有担当精神的青年员工，“又能干，脾气又好”是同事们对他的评价。

2020年9月，因工作需要，邹志伟被调到了运营管理部，时值环保水务集团正在开展ISO三标一体管理体系工作。公司刚刚成立2年，管理体系底子薄，为完成集团交给的质量体系认证任务，规范公司经营管理，他勇担责任，带领公司内审员开展ISO管理体系认证工作。遇到问题，不懂就问，不会就学，不怕辛苦，努力做好审核各项工作。在内审队伍及公司的不懈努力下，同年12月份，公司获得中国质量认证中心颁发的质量管理体系认证证书，圆满完成了集团交给的任务。同时，他积极对接县工信局、县财政局，经过大家的一致努力，公司顺利拿到了陆屋污水厂可行性缺口补助，截至目前，补助共计784.3万元，这是肯定，也是鞭策。

一分耕耘，一分收获。邹志伟始终坚持脚踏实地、勇于创新的精神，在他心里，没有一蹴而就的成功，有的只是一步一个脚印地向前行往前走。他立足平凡的岗位，用自己的实际行动影响并激励着身边其他的同事，共同挥洒青春的汗水，与公司共成长。

作者：邹志伟

践行初心　坚守岗位

刘德业，广西灵山临循园污水治理有限公司（以下简称“灵山公司”）陆屋临港污水厂的一名技术员，主要负责陆屋临港污水厂运行工作，他凭着敬业和实干赢得了鲜花和掌声，一步步向前迈进。

恰逢广西北投环保水务集团有限公司（以下简称“环保水务集团”）双选改革初期，刘德业自荐前往陆屋临港污水厂，组织开展污水处理设备联调工作。对于污水厂的运营工作，公司领导高度重视，为了让污水厂职员能更快地熟悉设备操作及污水处理工艺，公司安排了刘德业等人进行了为期一个多月的跟班学习，经过认真学习，他熟练掌握了相关工艺，为污水厂后续的正常运营打牢了基础。

为了让污水厂能尽快正式运营投产，刘德业全身心投入污水厂各项工作中，以“千磨万击还坚劲，任尔东西南北风”的工作态度克服一切困难，坚持不断提高自身业务知识，勤勤恳恳，用心学习，有不懂的就问有经验的同事或查阅相关资料，及时弄懂，不拖不推。在积极学习和深入实践下，刘德业和他带领的污水厂职员经过努力，完成了公司领导下达的任务，污水厂在线自动监测于2020年11月15日正式联网自治区环保平台，实现了污水厂正式运营投产，污水处理达标排放，有效解决了产业园污水收集和处理的问题，满足了产业园区日处理3000吨工业废水和生活污水的需求，同时陆屋临港污水厂通过了政府的运营绩效考评，并顺利拿到了运营补贴，为公司的生产运营提供了坚实的资金保障。

2021年，污水厂运营的各项工作已步入常态化，刘德业深知厂区生产责任繁重，事无巨细，一心投入生产各项工作。污水厂克服了水量少、COD偏低等影响处理工艺的困难，因地制宜优化了运营模式，并在每个季度运营绩效考评中得到了政府部门的高度评价。在刘德业的带领下，污水厂其他职员努力学习生产运营知识，不断提高工作能力，共同做好安全运营工作。对刘德业而言，污水厂的工作就是“简单的事情重复做，重复的事情精心做”，不仅要确保污水处理达标排放，同时控制好污水厂的运营成本，为公司争取更大的效益。

刘德业深耕基层，就像一个魔术师，污水在他的“魔法”下从污浊不堪变得清澈见底，他是奔走在一线的“排头兵”，用实际行动诠释了环水人奋勇争先的精神，将自己的光和热遍洒在他的工作岗位上，努力践行着习近平总书记提出的“绿水青山就是金山银山”的重要理念，为公司的发展贡献力量。

2021 年是环保水务集团改革发展“见成效”的一年，对于灵山公司来说，任务仍然艰巨。他们，只是灵山公司所有员工的一个缩影，正是这些坚守一线岗位、不忘初心的每一个水务基层人，为我们环保水务人不畏艰苦、奋勇拼搏的精神大厦添砖加瓦，始终秉承环保水务集团“新、信、勇、德”的核心价值观，为环保水务集团实现“国内一流、区域领先的环保水务综合服务商”而努力奋斗！

作者：韦柳兰

勇于担当　港区“脉搏”守护队

城市地下纵横交错的供水管网，如同“血管”般为千家万户提供着生命之水。在自贸区钦州港片区，活跃着一群来自广西钦州北投环保水务有限公司（以下简称“钦州环保水务公司”）营管中心的供水管网抢修工人，他们是供水行业的“120”，是供水管道的“医护员”，哪里有险情，哪里就有他们的身影，不管是烈日炎炎还是寒风刺骨，总是呼之即到，不假思索地跳进泥水里维修排险，用行动践行“高效率 好服务 强发展”的服务宗旨，用行动当好城市供水的忠诚守护者，当好人民群众的“送水保障员”。他们以认真履职的精神、用心服务群众的决心，荣获了北投集团 2018 年度“先进集体”荣誉称号。

水花中的最美身影，安全用水就是命令

为确保管网供水正常，管道维修工人们常年奔波在大街小巷，守护着每条城市供水线。由于常年施工作业，维修工人们大多双手粗糙，手上布满划伤、冻伤的痕迹。雨淋日晒、寒风冷水对他们而言更是家常便饭。一坑浊水、一个泡在水里露出上半身的维修画面更是他们的工作常态。

一次深夜里，营管中心接到一条 PE560 供水大管道爆管的紧急抢修任务。管道漏水情况非常严重，流水量巨大，严重影响了金桂纸浆厂、中船集团等用水大户及周边加油站、村庄等的用水。为尽快恢复供水，营管中心连夜组织人员、机械和材料进场抢修。此时天色已暗，且因路段正值改建维修期，无路灯照明，给现场抢修工作增加了困难。在营管中心领导的部署下，管网抢修人员正视困难，分头行动，一拨人员组织、收集抢修材料赶赴现场施工，一拨人员去关闭供水管各点闸阀以降低水损失量及降低水压便于抢修管道，多项工作紧张有序地开展。经过连夜奋战，至次日早上 6 点，供水全面恢复正常，比预计时间提前完成了所有的抢修工作。

“我到达现场后，看到马路上全是积水，而且特别深。当时后半夜室外温度

低，光线又暗。一直在水里作业，外面防水的裤子渗水，里面穿的裤子全都湿了，出来后双脚双手的皮都泡发白起皱了。”回想起当时的情景，张原兴仍记忆深刻，更加清晰地明白这份工作不仅是谋生的手段，更是一名北投环水人肩负的重任及责任。

不惧严寒烈日，更不惧狂风暴雨

每年夏天的到来，是营管中心作业最煎熬、最辛苦的时候。公司业务辖区临近海域，温度、紫外线照射相对内陆要高很多，黄色预警高温天气时常发布，台风暴雨来临次数也不少。

还记得2016年四号台风“妮妲”达到钦州时，带来了强雷雨大风天气。正值台风登陆之时，营管中心接到紧急抢修电话，得知中石油广西石化分公司的供水管破裂。营管中心二话不说，立即组织各环节技术人员成立应急抢修队，冒着风雨迅速到达抢修点。在电闪雷鸣、大雨瓢泼的恶劣天气条件下，抢修队克服现场湿滑、泥泞的困难，迅速排查出管道破裂位置，搭设雨棚、发电照明、焊接损坏管道，熟练而有条理的开展抢修工作。抢修人员顶着台风暴雨轮番上阵作业，最终于次日凌晨3点完成了管道抢修，恢复正常供水。这次“战斗”充分发扬了营管中心全体人员敢于担当、不畏艰险、人民至上的抗风抢险精神，体现了高度的责任感和快速反应能力，经受住了“妮妲”台风的考验，确保了区域供水安全，最大程度减少了用水企业损失。中石油广西石化公司事后立即发来感谢信，对营管中心的抢修工作给予了高度赞扬。

复盘总结时，营管中心负责人黄强这样说道：“在诸多次台风作业中，这次让人尤为印象深刻，当时大家一句多余的话都没说，顾不上衣服裤子湿，埋头认真苦干，一心想着要快速修好管道，恢复供水，保障中石油公司用水。”

齐心协力共战疫情，他们在！

新冠疫情防控期间，钦州环保水务公司充分发挥“北投精神”，全力做好抗疫情保供水工作，始终坚守在抢修一线，制定了突发事件应急预案，备齐备足了各类抢修物资。应急抢修人员及车辆实行24小时待命，切实保障用户用水安全，为打赢疫情防控阻击战贡献环保水务力量。

2020年3月，公司接到反映钦州港区疫情防控指挥部所在的招商大厦出现内部管网老化不能正常用水问题的电话后，营管中心立即第一时间奔赴现场与钦州港区疫情防控指挥部进行对接。经排查，发现是由于招商大厦内部供水镀锌管锈蚀严重，管壁受损漏水，管内锈蚀堵塞导致无法正常用水，需进行内部管网换管改造。原因查明，抢修人员迅速集中力量投入紧张的换管工作中，争分夺秒地开展破土开挖和换管改造作业，力求以最强的力量、最快的速度、最好的质量完成管网改造维修任务。经过 6 小时的紧急抢修，应急抢修突击队顺利完成了长达 85 米的供水管网换管改造工作，得到了钦州港区疫情防控指挥部的高度赞许。

日升日落，春去秋来，他们为老百姓守护着城市的供水线，哪里有滴漏，哪里有险情，哪里就有他们奔赴的身影。作为新时代的供水安全守护者，他们在平凡的岗位上不惧酷暑严寒，不惧艰难险阻，时刻待命，整装上阵。

他们不是铁人，却是这个城市老百姓最贴心的服务者。在这贴心的背后，是无数北投环水人千万个日夜的执着坚守。

他们用实际行动，坚守为人民服务的初心。

他们是港区“脉搏”的守护者。

作者：李　燕

“我”与明湖共成长

我从2020年9月来到青秀公司明湖水厂（以下简称“明湖水厂”），时间尚短，对公司的过去知之甚少。为了讲好环水故事，我采访了一位明湖公司的“元老”级人物，也是我要讲述的故事的主人公，杨命运，我们都叫她“命姐”。命姐2011年毕业就来到明湖水厂，在这里一做就是11年，可谓是亲眼见证了公司的变化和发展。11年来，她真诚、热情、务实，面对枯燥乏味的工作从无怨言，在平凡的岗位上默默奉献着，她的脸上总是挂着灿烂的笑容，是公司窗口一道美丽的风景。明湖公司的同事和广大用水户都对她赞不绝口。

命姐说，2011年的时候，明湖水厂还没开始运行，工作很清闲，每天就是打扫打扫卫生。厂区还在建设中，也没有什么绿化，都是黄土、泥巴。于是，那块用来规划二期建设的地，大家便将它给每人划分了一片“责任田”，工作之余，就到那里去除草种树，才有了我们现在看到的满目翠绿。

从2013年水厂开始运行以后，命姐就担起了作为公司对外窗口的重任——收费员。收费室前后搬了两次家，最开始是在明阳农场的球场旁，后来搬到了龙潭小区，再后来就是在现在的钻石小区了。另外，收费室马上就要进行企业VI改造了，到时候一定会让人眼前一亮。

命姐说，最开始，公司的供水范围只有明阳农场的居民区，2014年扩张到吴圩机场。2015年开始，陆陆续续有企业、工厂进驻，学校数量也从只有一个南宁职业技术学院慢慢多了起来。面对源源不断的机遇，公司领导们不断去争取供水项目，客户量也在11年里翻了好几番，供水量从每日5000方增加到了每日2万方，命姐的工作也渐渐开始忙碌起来。

聊到工作方式的时候，命姐最有感触。以前还没有支付宝和微信，收费只能收现金，非常不方便。命姐严格按照公司财务制度规定，每天下了班就到银行，排很久的队，把当天收到的钱款存进公司账户里。当我问到她还记得工作中发生过什么有意思的事情时，她笑着说：“没啥有意思的事，都是很枯燥乏味的，更多的是面对一些蛮横不讲理的客户时的无奈。”于是，命姐总想方设法地让自己的工作变得更充实、更有意义。

由于明阳农场的居民大多数都是上了年纪的老人，于是命姐就建立了一个特殊的“用水户台账”，里面是那些腿脚不便、无法自行到收费室缴纳水费的老人，命姐给他们当起了腿脚，定期上门去收缴，报修更换漏水的水龙头，顺便和那些独居的老人聊聊家常，帮他们打扫卫生、晒晒被子。那天，我与命姐一起去看望82岁的梁奶奶，聊天时，她用布满皱纹的双手紧紧地握住命姐的手，眼里充满了喜悦，说自己一把年纪了，行动不便，子女在外务工常年离家，还好有命姐的帮助，让她感觉自己多了一个亲人。梁奶奶称赞她为“热心的收费员”，用水户们对她的服务工作也是赞赏有加。

随着公司供水量和客户数量的增加，命姐的工作变得愈加繁忙。为了在保证工作质量的同时提高效率，更好地做好收费服务，命姐想了个好办法，她利用下班时间走遍整个工业区把每一户水表的具体位置记录成册，以便用水户反映水表及管网爆裂问题时能更准确地反馈给相关部门，有效地减少了水资源浪费。2020年营收系统升级期间，她加班加点整理客户信息，仅花费半个月时间便完成了2300余户用水户的立户工作，确保用水户顺利缴费。

为了做好工作，命姐一直把个人的生活放在第二位。2020年春节疫情防控期间，正在老家和家人团聚的命姐接到用水户电话反映家中IC卡水表欠费停水了，她立即放下碗筷做好防护措施驱车70公里回到公司为用水户充值，直至电话确认用水户能正常用水了才放心离开，再回到家时饭菜都凉了。好在家人为她重新准备了热腾腾的宵夜，她从心里感激家人对她工作上的支持。

遇到突发情况停水维修，她的电话响声从无间断，无论是在工作岗位上或在吃饭休息时间，她都耐心地解释。碰到难以沟通的客户时，她都能用热情的微笑和专业的回复让对方心悦诚服。“办理速度快，服务态度好”，是用水户对她工作的充分肯定。

“世上无难事，只要肯攀登。”这是命姐的座右铭。园区农场生活区的旧楼房，因地势较高没有安装加压泵，到了夏季，四楼以上住户在晚上12点以后才能用上水。为此，她往返于公司与农场生活区物业间，协调解决安装加压泵问题，最终用水紧张问题终于得到解决。当遇到用水户对实际用水量产生异议拒缴水费时，她先是耐心仔细地询问用水情况，仔细分析核对，帮助用水户重“算账”，消除用水户顾虑，使他们心服口服。

11年来，命姐目睹了公司从扎根到壮大的过程，并且用细心、耐心、认真负责的工作态度默默地支持着公司的发展，不辱岗位使命，为公司树立了良好的社会形象。“做一行，爱一行”，从跟她的交流中，我能看到她的眼神在闪闪发光，我能感受到她对公司、对这份工作的热爱。她那无私奉献、任劳任怨的精神，事无巨细的工作态度，值得我们共同学习。

作者：李秋怡

先锋筑梦写担当，绿水青山环保情

一百年前，在一艘小小的红船上，中国共产党诞生了。自此，中国共产党带领人民开始了艰苦卓绝的奋斗历史。从革命战争的硝烟到中华人民共和国成立的辉煌，从新中国成立之初的百废待兴到如今的日新月异，从一穷二白到如今不断为世界提供中国智慧、中国方案，昂首拓步走到了舞台的中央！这些都是一代代中国共产党人带领人民奋斗而来的。今天，在共产党领导下的环水人也在用他们的行动展示着属于他们的担当。

"你快过来看，我刚写的这篇文章怎么样，不错吧!"这是我的同事刘宇阳经常对我说的话。我还清楚地记得他最初写的"讲故事活动"讲述稿，洋洋洒洒四千字，我不知道该称其为小说还是散文。而现在无论什么类型的材料他都能信手拈来，就连领导也夸赞他，说："宇阳进步不小，刚来的时候，稿子到我这总是要做很多修改，现在几乎都不需要改动了。"

刘宇阳这么大的进步离不开他的付出。为了在写作上做到"出新""准确"与"简练"，他阅读大量文章，每次写材料都会仔细钻研句法，推敲用词，一遍遍地修改，经常到凌晨才睡下。他说："我是党务工作者，以文字为工具，写作能力是必练的基本功，只有好的文字功底才能在交流时高效表达，才能让党的指导思想得到有效传达。"

我印象最深刻的是去年准备北投基层党组织星级评定工作材料时，无论是工作日还是周末，刘宇阳带头加班加点，最晚的时候凌晨两点才走出办公楼。临近检查，连日为了工作废寝忘食，他的胃病复发，胃酸反流灼伤了他的喉咙，每吐出一个字喉咙就疼得不行，我们只能通过微信打字沟通。胃病影响他的不光是说话还有进食，吃不下东西，让原本瘦弱的他变得更加单薄。我劝他快到医院看看，他却打给我一行字："再坚持两天，一定要把我们出的成绩展现出来，要为公司争得应有的荣誉。"最终，我们支部被评为了四星级支部。这个荣誉，虽然不是他一个人的功劳，但却离不开他的担当与奉献。

刘宇阳只是广西北投环保水务集团众多党员先锋的代表之一，不论是疫情时期逆行为防城港“小汤山”医院安装供水管道，还是进行科技研发推动产业发展，又或是为环保水务事业不断奋斗，都是党员同志发挥模范带头作用，冲锋在前，用实际行动彰显共产党员的责任与担当，诠释环保水务人的奋斗与领先，书写环水故事，讲述绿水青山环保情的重要体现。

回首百年，小小红船承载千钧，播下中国革命的火种，中国共产党带领人民进行了艰苦卓绝的斗争。在实现中华民族伟大复兴的征程上，无数共产党人甘于奉献、勇于担当。俗话说：“江山代有人才出，薪火相传谱辉煌。”如今民族的火炬已经交到我们手中，在环保水务事业这个没有硝烟的战场上，环保水务集团党员干部不畏艰难，冲锋在前，带领广大职工以坚定的理想信念，坚守初心、担负使命，为实现“主导广西环保水务产业发展”目标持续奋斗！

作者：谭龙霞

矢志践行　初心使命

蔡虹伯同志自进入公司以来，作为一名水厂运行值班员一直坚守在运行的岗位上，他不但尽职尽责完成好运行保障任务，还抽出空余时间为新人进行实操培训，让他们尽快熟练掌握各项生产运行工作。

突如其来的疫情打乱了所有的生活和工作节奏，疫情防控期间，全力以赴保障好企业和个人的生产生活用水至关重要。2020 年是新冠疫情防控的关键时期，也是供水工作的重要时段，作为广西南宁明湖供水有限公司运行班的一员，蔡虹伯同志率先返岗。其间，水厂紧急调整运行班次，改为一个班八天运转，蔡虹伯想到水厂运行保障任务的重要性，主动要求上岗值守。

2020 年初明湖水厂刚刚完成基础改造，部分生产运行人员特别是新员工，由于经验不足，对新设备的操作系统无法快速上手，春节期间本就繁重的供水任务，加上突如其来的疫情，使得保障供水的形势更加严峻。这样的特殊时期，亟须有丰富经验的运行人员值守。蔡虹伯了解中控系统操作，熟悉制水工艺，精通设备运行维护，是非常合适的值守人员。为此他主动提出留守，在此期间，他同时协助安全员对厂区的车辆及人员进行严格登记排查，做好车辆消毒和体温测量。复工复产后，蔡虹伯通过网络平台，做好广大民众的用水电话咨询、答疑解惑、线上指导等技术服务工作，还不忘提醒用水户和员工居家尽可能减少外出和往来，减少与外界接触，确保供水工作顺利进行。

疫情防控期间，蔡虹伯没有想到自己和家人，始终把供水工作放在第一位。他是供水队伍中平凡的一员，但他以始终如一的坚守，在平凡的岗位和工作中发出了耀眼的光芒，彰显了供水人在疫情面前的担当，无愧新时代供水人的追求。

2021 年 1 月，原水水质条件恶化，蔡虹伯在接班时发现 6 个滤池缓慢滤水，全部开度都已经是 100%，眼看即将发生溢流，但清水池水位又低，若再不处理，一旦滤池完全不滤水直接影响供水安全。此时，蔡虹伯稳住阵脚，在发现情况的第一时间打电话向领导如实汇报情况，并采用临时修改冲洗滤池程序及调整冲洗时间等一系列行之有效的应急处理措施，净水负担得到了有效缓解，历时两个小时后，生产线恢复正常运行。

在燃眉之急的关头，蔡虹伯沉着冷静、认真思考、主动作为，与班组人员齐心协力、统一奋战，利用平时积累的丰富经验成功处理了突发事件，得到了领导同事的赞扬和认可。

蔡虹伯作为运行人员把握药耗、电耗，既保证了安全供水，也实现了绿色供水、环保供水、节约供水，确保出厂水质完全符合国家标准。2021 年供水水质综合合格率 100% 。

蔡虹伯同志创新力强，善于沟通协调，工作中能以身作则，率先垂范，成效显著，为公司在供水事业中促进供用和谐、提高团队素质、增进团结等方面贡献了力量，已逐渐形成品牌，并将继续为公司的发展和团队建设贡献青年智慧和力量。

蔡虹伯同志积极参与公司各项活动，在“爱护环境保护水资源”活动中，他用自己的行动践行着水务人的本色。在日常工作中，别人不愿做的事他做，要求别人做到的事，蔡虹伯总是自己首先做到，从不揽功诿过，假公济私，与人争名利。领导布置的工作总是尽力去做，从不无故推诿。在平时，他乐于助人，能够帮助别人解决的问题就尽量解决，工作中对不懂业务的同志也是毫无保留，积极主动地介绍自己的工作经验，顾全大局，不存一丝私心。

作为供水行业的一员，蔡虹伯用实际行动践行着我们肩负的特殊使命与责任，正如他所说的，“平凡的人把卑微的工作做成伟大，平庸的人把崇高的工作做成卑下”，每一个工作岗位无论它有多么平凡都有它存在的价值，让我们在平凡的工作岗位上做好每一件平凡的事，像蔡虹伯一样爱岗敬业，做一位不平凡的人，就一定能成就自己迈上事业的巅峰。

作者：韦柳兰

后勤保障线上的“守卫者”

“早啊!”清亮的声音又准时在门口响起，声音的主人踩着轻快的步子面带笑容走进办公室，不管昨日烦琐的事务带来多少疲惫，第二天总不见了这些疲惫的踪影，倒是能见着她又一股子冲劲儿扎进了一天的忙碌。面对平淡无趣的工作，是谁能保持这般活力四射？毫无疑问，自然是我们六景水厂当之无愧的“一姐”——曾宪玉。

疫情在前，重任在肩

在新冠肺炎疫情防控期间，为了给厂区配备充足的防疫物资，曾宪玉竭尽全力攻克“一罩难求”的瓶颈，走医院串药店，寻遍大小药房，请求家人朋友帮忙，尝试各种途径购买口罩，不辞辛苦地多次往返六景与南宁之间，最后成功为单位备足了口罩、医用酒精、手套、消毒水等防疫物资，确保工作人员安全和供水安全。

“乡镇不比大城市物资丰富，她在短时间内能备足这么多的防疫物资真不容易啊。”运行班的同事们回想起当时的情形感慨道。

“在外来回跑，我都不敢回家见女儿，想她们也只能打打视频电话，怕万一有点什么闪失，影响到她们我会愧疚一辈子。”面对这场抗击疫情的持久战，曾宪玉不顾个人得失，冲锋在前，用自己的实际行动获得了领导同事们的一致好评。

改革在途，紧跟脚步

伴随着环保水务集团重组成立，水厂的物资上至滤池用砂、制水用药，下至办公室用的一支笔、一张纸，都开始统一报由集采中心进行采购。“我上个月报的药品什么时候能到啊？库存已经快用完了!”“救生圈、绝缘手套我老早之前就提交采购计划了，为什么现在还没到货呢?”

对于曾宪玉来说，同事们不断提出的质疑也是一根根扎在她心头上的刺，“这就好比前线的士兵在打仗，后方的补给却跟不上，这样下去怎么能打胜仗呢?”即使自己内心着急，但她依旧安慰大家：“信息化建设需要时间，请大家多给这个新的平台一些耐心。”安抚好焦急的员工之后，她转身就投入到了寻症问结的工作中，逐一对接集采中心、实业公司、各家供货商，查找货物迟迟不到的根结，实时跟进发货情况，最终物资及时到厂，保障了六景水厂的正常运转。

“公司在改革中发展，前进道路迂回曲折，阵痛在所难免，物资采购是比以往要麻烦些，但也是为了环保水务事业能做大做强做优，我们要有大局观，不能怕麻烦，基层管理员要有管理者的样子，要带着大家一起向前奔嘛!”曾宪玉说。

黎明在望，带病坚守

三伏天末尾，秋老虎悄然袭来，在准备一场至关重要的会议时，曾宪玉由于长时间连续对接工作喝不上一口水，过度疲劳导致虚脱，被同事送至医院。领导、同事都劝她请假休息，她强撑着眼皮摇了摇头，说：“轻伤不下火线，再说我前期准备这么久，可不能在这个节骨眼上倒下，离开会没剩多少时间了，放心吧，我保证公司下午的会议一定能够如期召开。”在短暂的输液调整后，她草草吃完了食堂备好的饭菜便毅然重返工作岗位，拖着疲惫的身体着手准备每一份会议材料，终于赶在会议开始前五分钟带着完整的会议资料走进了会议室，胜利召开。

信仰在心，未来在前

时常听到曾宪玉谈及对行政后勤管理员这一岗位的看法，她说：“这份工作日常就是处理各种琐碎小事，但你别小看这些‘小事’，都得一件件做下来才能成‘大事’。大家认可我，是对我个人能力的一种肯定，我也会努力提升自己的业务水平和解决问题的能力，大家相信我能做好这个管理员，我就应该以身作则，做好榜样，不能辜负组织的信任。”曾宪玉在努力提升自己综合能力的同时，不忘带领身边的同事们追求上进，一起报名备考 2021 年的中级经济师。

曾宪玉始终以坚韧不拔的意志和敬业奉献的精神为环保水务事业尽心尽力，

带着激情和责任感做好自己的本职工作，以饱满、热情的态度克服工作中遇到的困难，为员工营造干净舒心的工作环境，打造和谐愉快的工作氛围，以高标准严格要求自己，为广大员工树立了良好的榜样，促进了公司的良好发展。

作者：任若珺

关于“刘姐”的故事

“刘姐，集团公司现在要的这些数据怎么填呀?”“刘姐，这个项目存在一些历史遗留问题的来龙去脉您了解吗?”“走啊，刘姐，一起去食堂吃午饭!”……想必您一定对这样一位工作经验丰富又平易近人的“刘姐”感到好奇，下面让我来带您认识认识。

“刘姐”是一个资深的环水人

“刘姐”是平日里同事们对财务部职员刘坚同志的尊称。刘坚同志自 2007 年进入环保水务行业从事财会工作以来，她先后在广西南宁明湖供水有限公司、广西水利供水有限公司（后更名为“广西北部湾水务集团有限公司”）、广西北投环保水务集团有限公司任职。在公司历经十余载改革发展的历史进程中，一部分老员工，或客观或主观地从公司离职，但是刘坚始终将个人的前途命运与公司的发展紧密地联系在一起，十年如一日，在自己的工作岗位上兢兢业业，无私奉献着美好的青春年华，是为数不多伴随公司共同前进的资深员工之一。正如一位同事对她的评价:“资深即是坚守，坚守方能始终。”

“刘姐”是一个“玩”转生活和工作的达人

俗话说“鱼与熊掌，不可兼得”，但是刘坚凭借超群的业务能力和咬定青山不放松的执着，通过科学高效的时间管理，最大程度地平衡了生活和工作的关系。

生活中的刘坚是家庭的顶梁柱。工作之外，她要照顾年迈老人的饮食起居，也要接送年幼的孩子上学和放学。2012 年 9 月，刘坚的丈夫生病入院，医院甚至一度下达病危通知书，整个家庭的重担一下子都压到了她的肩上。原本休息时间就极少的她，只能早上起得再早一些，手上动作再麻利一些，走路步伐再快一些，恨不能一分钟掰成两分钟用。下班时间到了，她不得已先放下手中的工作，回去做饭照顾一家老小，再送饭菜到医院照顾病重的丈夫。在处理完这些生活事务之后，再赶回公司加班，按时保质保量完成工作任务。

2015年1月，刘坚的父亲突发心脏疾病，需要到医院进行治疗并做心脏支架手术。忠孝实难两全，刘坚没有更多的时间去尽为人子女的孝道，因为财务人的时间总是“算计”得那么精准，财务快报、全面预算、年终决算等报表的报送需要严格按照时间节点完成。她只请了半天假，到医院短暂陪护之后，便决然转身投入工作之中。回程的路上，顶着烈日骄阳，她思绪万千、心乱如麻，眼角不争气的泪珠是苦涩的，亦是坚韧的。“世界以痛吻我，我要报之以歌”，这是不屈——被命运扼住咽喉的不屈服；这是达观——对一切艰难困苦的藐视；这是热爱——对生活和工作最深沉的热爱。

2015年12月，刘坚因急性阑尾炎入院手术，那时正值一年之中财务工作最为繁重的时候。既需要继续推进来年的预算编制，又需要开始启动当年的年报决算工作。“怎么办？还有堆积如山的工作等着我去做，该怎么办？”这是躺在病床上的刘坚心里煎熬着的一个问题。危急关头，彰显使命担当。刘坚一方面不断地向医生争取尽快出院，另一方面也时刻保持着对工作进展情况的了解。出院之后，她拖着还未伤愈的身体直接奔赴工作现场，如火如荼地开展了各项工作。

正是因为刘坚和整个财务团队对工作一丝不苟和忘我的精神，多年来公司的财务核算工作屡获北投集团褒奖。

在热情完成工作的同时，刘坚对学习也保持着满怀的激情。自从业以来，刘坚积极参加各类资格考试、业务培训和专业知识比赛，努力提高自身的综合素质。她先后获得了内部审计人员岗位资格证书、劳动关系协调员一级证书和广西水利电力财会法规知识竞赛一等奖。面对这些，刘坚只是淡然一笑，她常说：“随着经济环境的日渐复杂，知识更迭，日新月异，如果不能及时吸收新知识，就无法适应工作提出的新要求，不可避免要被时代所淘汰。”是啊，学海无涯，书囊无底，只有保持昂扬的斗志和拼搏的精神，努力学习、提高素质，成为优秀的从业者，才能更好地服务公司，更好地实现人生价值。

玩转生活和工作是一种态度，一种正确处理个人和集体关系的态度，一种讲责任、讲奉献精神的态度。奋斗者的姿态才是最美的风景线。

念念不忘，必有回响。刘坚多次荣获公司“优秀员工”荣誉称号，这是公司和全体员工对她最大的肯定。只要坚定理想信念，不忘初心使命，时间会证明，默默奉献的人，也一定会被铭记。

“刘姐”十几载风雨岁月，初心不改

春去秋来，寒来暑往，时间留下的是头顶的几根银发，是眼角的几道皱纹，是越发佝偻的腰背。初心易得，始终难守，刘坚十几载风雨岁月，遇到大小挫折不胜枚举，心间时常涌上想要放弃的念头，但是最后还是经受住了挫折的考验，守住了自己的初心。光阴荏苒，岁月留芳，她严于律己，以身作则，同时也鼓舞着财务部全体职工，敢为人先，直面挑战，共同为公司的发展壮大做出更大的贡献。

“刘姐”不仅仅是一个人的称谓，也是我们汲取精神力量的不竭源泉，更是环保水务集团财务人不改初心、勇担使命的生动诠释。我们既然选择了扬鞭策马、星夜兼程，那便心无旁骛、一往无前，为实现“主导广西环保水务产业发展”的目标而努力奋斗。

作者：王博梓

行稳致远　担当履责

乘着国企改革三年行动的“春风”，龙红霞同志加入了一家刚刚诞生的公司——广西北投环保水务集团有限公司（以下简称“公司”），并担任公司党群工作部负责人，主持部门日常工作。在公司领导的带领下，她一步一个脚印，用“衣带渐宽终不悔”的执着，用自己的言行诠释了一名党务工作者的奉献精神，在平凡的工作岗位上做出不平凡的成绩，助推公司在生产经营上谱写新的篇章。

上下而求索，她是勇于担当的“追梦人”

为下好党建统领“这盘棋”，当好新时代党建工作答卷人，龙红霞同志结合党史学习教育、建党百年等历史契机，积极组织开展党史知识竞赛、红色故事大赛等活动，进一步增强公司全体党员的责任感、使命感和紧迫感，进一步凝聚人心汇聚力量，形成学党史、悟思想、办实事、开新局的浓厚氛围。与此同时，积极探索适应时代要求、企业需求、充满生机活力的国有企业党建新方法。通过全面党建，将党建工作融入公司“1162”发展总基调中去，以党组织引领党员、党员引领群众，党组织服务党员、党员服务群众的方式，让党员冲锋在前、示范在前，引领全体员工在公司“做大做强”中建功立业。2020 年，由她主导申报的公司本部党支部品牌、直属企业防城港水务公司营管中心支部品牌分别获得北投集团党建品牌评选三等奖和优秀奖。在支部评星定级工作中，本部党支部和直属企业上善若水公司党支部均被评为四星级党支部。

实践见真知，她是恪尽职守的“奋斗者”

公司成立初期，面临的第一个挑战就是人才引进。公司党委提出要建立基于大数据的干部识别竞选机制，这在北投集团乃至整个区内国企并没有先例可循。“没有先例，那我们就是先例!”在公司党委的决策部署下，她积极投身于干部工作中。即便党务出身且工作10年的她对于干部管理工作仍是一名“门外汉”，但她面对挑战的方式就只有两个字——坚持。坚持边干、边学、边摸索，多与相关部门协商、沟通，深入了解公司本部、各直属企业的岗位需求，对大数据领域、相关人才政策进行研究，从岗位需求计划的制定、竞聘流程方案的敲定到最后任职文件下发，她都亲力亲为。最终，在公司领导的引领和部门同事的共同努力下，“竞聘上岗”大工程圆满完成，42名中层干部经线上测试、线下考试、面试、考察公示等步骤后成功进入新的岗位，从体制上机制上打破了“论资排辈”的用人规则，进一步盘活公司“人才资产”。

言传加身教，她是以身作则的“教导员”

龙红霞同志曾在政府机关经历了10年艰苦生活的磨炼，培养了对党的事业的坚守和挚爱，锻炼了不怕苦、不怕累的敬业精神，积淀了对理想信念的追求。在党群工作部副主任这个岗位上，她不仅是一名管理人员，也是塑造部门人员品格、品行、品味的“教导员”，让部门人员远方有灯、脚下有路、眼里有光。在思想教育中“传”，助其以需。每周召开部门例会，会上坚持学习自治区及北投集团有关廉政、意识形态、思想宣传等方面会议精神，积极参加上级举办的各类培训班，不断提升部门人员政治素质和业务水平；在日常生活中“帮”，授其以渔。通过多形式、多层面的谈心，了解部门人员所思、所想、所盼，并帮助解决工作生活中的实际困难，为部门的“小年轻们”建立工作信心、提供精神动力；在共事处事中“带”，率其以行。突出部门“领头雁”的以身作则，教育引导部门人员不断加强道德修养，提升能力水平，正确对待成绩，把敢于吃苦、乐于奉献、忠于职守、爱岗敬业的工作作风和优良传统传给部门人员。

十年如一日，她是初心不改的“实干家”

“宣传无小事”，这是龙红霞同志最常挂在嘴边的一句话。她是这样说的，也是这样做的。946，是公司微信公众号上刊发的信息数量。这一个数字，见证了龙红霞同志从一名非科班出身的党务工作者成长为“半个新媒体人”的成长历程，见证了公司一步一步成长为北投集团的“朝阳企业”。她不是正儿八经的中文专业，也没学过新闻学，凭着对组织需要的热诚，凭着对自身工作的热爱，龙红霞同志一股脑冲进了宣传工作的行列，也暗暗下定决心要讲好“环水故事”，传播“环水好声音”。每当夜深人静的时候，部门宣传口的QQ群是最热闹的，也是最忙碌的。

“头条的字间距，可否稍微大点，这样看起来很局促”“每张图每个落款都要看清楚了哦”“这个领导的职务再核实一下”……对龙红霞同志来说，信息准确永远是第一位。为了求证稿子里的一个字眼或者一个数据的准确性，一晚上可能要给供稿人打上十多个电话。有时候稿子排得晚了，供稿人还会收到来自党群工作部的急电，所以这帮“兼职”编辑自嘲称深夜电话为“午夜凶铃”。版面编辑是新闻内容的最终呈现者和把关人，既要让版面出新出彩，又要保证万无一失，龙红霞同志心中始终有着一种责任感，从入职接管微信公众号以来，就一直坚持奋战在工作最前线，日复一日，毫无怨言。虽然审核稿子的过程很枯燥，但是很多时候能自信十足地说出“发吧”这两个字，对于她来说也是一种十分特别的工作体验，这是属于她的一种快乐，甚至在其他文稿中难免“挑刺”，哪怕一个标点符号也不放过，她说这是“职业病”。

十余载立足岗位敬业奉献、矢志不渝；十余载践行宗旨一心为党、无怨无悔；十余载柔肩瘦骨勇挑重担、谱写乐章。“我以党员的名义承诺”，是她十年如一日的忠诚坚守。龙红霞同志始终以坚强的党性、廉洁的品格、开拓的思维、务实的作风诠释着对党的事业的热爱，充分体现出新时代党务工作者的高超素养和典型形象。

作者：刘宇阳

敬岗爱业，勇攀高峰

吴家勇同志自加入广西北投环保水务集团，担任总工办负责人以来，以强烈的责任感和使命感，以务实的工作作风，以奋斗者姿态，立足岗位，以身作则，全身心投入工作，奋发有为，勇于开拓创新，带领总工办工作团队，全面超额完成公司下达各项工作任务，荣获2020年度先进集体荣誉称号，并由一名环保水务新兵迅速成长为公司技术岗位的行家里手。

锐意进取，奋力推进公司标准化建设。吴家勇同志紧紧围绕公司“两化”战略部署，带领部门工作团队，锐意进取，奋力推进公司标准化建设并取得显著成效。主持公司ISO管理体系认证，并于2020年年底首次获得行业权威认证机构中国质量认证中心的ISO质量管理体系（ISO9001）、环境管理体系（ISO14001）、职业健康安全管理体系（OSHMS45001）认证，通过ISO认证解决了一批公司在运营项目长期存在的合规性手续不全问题共计91项，极大地降低了公司合规性运行法律风险。主持或主要参与完成了《高等级公路环境风险防范措施建设和运行指南》等3项广西地方标准、行业指南，填补了相关技术领域标准、规范空白。主持申报的《污水处理企业环境保护标准化管理技术指南》等3项团体标准获广西标准化协会批准立项，提升了公司在相关技术领域的影响力。主持制定了首例公司级技术指导意见《公司污水处理项目设计指导意见》，统一了公司新建、改（扩）建污水处理项目主要技术标准和要求。首次组建了公司技术专家库（目前共有专家113名），为公司重大项目提供专业决策咨询。组织制定公司首例企业标准《公共建筑与小区管道直饮山泉水系统建设和运行管理指南》。先后组织哈尔滨工业大学、三峡集团上海勘测设计研究院有限公司、广西标准化协会和中国质量认证中心等单位知名专家开展技术培训近20次。

精心优化技术方案，服务公司重大项目建设。截至2021年8月底，吴家勇同志累计主持完成北海市铁山港区原水供水管道改扩建工程、防城港市城区污水处理厂及管网改造工程PPP项目等73项（次）技术方案审核（可行性研究报告、设计文件)，组织专家论证会6次、专题研讨会15次，主持编制完成《环水集团智慧水务专题调研工作报告》《大西南污水处理厂提标改造工程高效磁混凝沉淀池单元技术复核结果》《东兴市江平镇工业园污水处理厂超标综合治理调研及对策报告》等8项专题技术报告。据不完全统计，完成项目技术方案审核中提出重大设计优化并节约工程投资500万元以上的关键性技术指导与支持6项，提出的优化方案节约工程投资近1亿元，节约运行成本超3000万元/年。

吴家勇同志工作认真、严谨、细致，勇于挑重担，敢于坚持原则，始终坚持勇于攀登技术高峰的开拓创新精神，主动服务公司重大项目建设、标准化建设等中心工作，为公司改革、发展做出了积极的贡献，是公司技术管理、标准化建设领域的先锋模范。

作者：俸荣伟

角色多元　初心不变

尹建明同志在担任广西北投环保水务集团有限公司总经理助理、投资发展部经理及防城港北投环保水务有限公司党委书记、董事长、总经理期间，紧紧围绕环保水务集团工作思路和战略，持续开展了并购投资和经营管理工作，取得了优异的成绩。

一是紧盯投资计划，超额完成工作任务。在担任北投环保水务集团有限公司总经理助理、投资发展部经理期间，根据北投集团下达的年度投资计划，在尹建明同志的统筹领导下，2020 年新签投资合同额考核指标为 8 亿元，实际已完成项目总投资 29. 59 亿元，超额完成年度投资任务，较好完成考核指标。

二是实现防城港环保水务公司营收大幅增长。尹建明同志认真履职，带领防城港环保水务公司员工打基础，抓业务，促发展，取得较好经营业绩。2020 年实现总营业收入 23349 万元，同比增加 4063 万元，增长 21%。其中，实现运营营业收入 17932. 53 万元，完成考核目标 16925 万元的 105. 95%，同比增加 2001. 39 万元，增长 12. 56%；实现公益性资产营业收入 5417. 34 万元，完成考核指标 4800 万元的 112. 86%，同比增加 2061. 99 万元，增长 61. 45%；实现运营利润总额 1872. 92 万元，完成考核目标 1200 万元的 156. 08%，同比增加 551. 27 万元，增长 41. 71%；实现公益性资产利润 613. 84 万元，超额完成年度考核指标，群峰公司实现扭亏为盈。

三是抓住重点，大力推进统建统筹业务开发。在防城港环保水务公司履职期间，重点推进二次供水（一户一表）统建统管业务，成立了专门的统建统管领导小组，建立健全二次供水统建统管制度，并组织人员对防城港市 70 个新建房建项目走访摸排，了解每个项目的建设工期、用水情况，及时跟踪对接统建统管业务，并同步宣导讲解供水企业统建统管做法，以获得社会广泛支持和统建统管合作共赢的共识，培育统建统管市场。在担任防城港环保水务公司党委书记、董事长、总经理期间，配合集团公司开拓新项目，积极发挥本地联系优势，全力跟踪推进防城港市 PPP 项目，项目总投资约 17 亿。

四是夯实公司运营发展基础，提高企业管理水平。尹建明同志守初心、担使命，强管理、夯基础，护航公司稳健发展。第一，优化机构设置。更新优化10部室3中心机构。第二，抓好制度建设。2020年公司印发管理制度65项，使各项工作有章可循。第三，强化风险管控。将法务工作贯穿到企业经营全过程，按照“关口前移、源头介入、全程参与”的风险防控布局，从而进一步规范公司内控管理。第四，加强人才队伍建设。制定并落实公司管理人才、专业人才发展规划，积极打造一支能满足新形势经营发展需要的人才队伍，打造环保水务集团人才摇篮。第五，大力推行标准化建设。经过不懈努力，公司于2020年12月取得质量、环境、职业健康安全管理体系认证证书；创新工作管理，运用现代化科学技术改造设备老化的松柏笼加压站，实现了无人值守自动化，每年节约94.34万元的人工成本。

五是敏捷转变角色，进一步落实责任。自尹建明同志主持防城港北投环保水务公司的全面工作以来，团结班子成员，模范带领全体职工紧紧围绕上级战略决策部署，严格履责，压紧压实党建责任，认真带头落实党风廉政建设“一岗双责”和“两个责任”。抓严抓实运营管理和成本管理，实现运营提质，降本增效；拓宽融资渠道，同时加大力度追收催收历年水费欠费和工程欠费；推进重点项目的建设与运行，进一步优化全市供水整体布局和优化营商环境。

无论是在哪个岗位，执行哪种任务，尹建明同志都能做到对待工作认真负责，24小时待命，事事操心，奔赴在一线，从点滴做起，发挥先锋带头作用，为集团公司的发展增砖添瓦。让居民用上安全水、放心水是他从业的初心，不辜负党和人民交付的责任，是他毕生的使命。

作者：黄丹丹

拼搏进取　开拓创新

黄学高同志在任职广西南宁明湖供水有限公司党支部书记、总经理期间，以高度的责任感和使命感，在基层党组织建设上履职尽责，在统筹开展生产经营工作中实干担当，在供水区域拓展工作中积极进取，在处理历史遗留问题时灵活有道，带领公司爬坡过坎、安全生产、开拓创新。

强堡垒，聚力量。一是通过谈心谈话、主题党日活动、“三会一课”、“书记讲党课”等形式加强党员干部员工思想教育，以理论指导实践；二是加强党团员活动室等阵地建设，改善厂区和办公区域环境，丰富食堂文化和办公楼墙体文化，形成团结向上的文化氛围；三是以有效的激励措施鼓励员工参加各类职业资格考试，强本领，增实力；四是通过“党史故事演讲比赛、汇报演讲”等形式，增强员工党史知识，在引导员工积极向党组织靠拢的同时，锻炼员工的口头表达能力。

促安全，稳生产。一是统筹开展疫情防控工作，在供水安全、施工安全、人员安全上强化监督、压实责任；二是面对疫情影响，主动求变，及时转变思维，坚持多元化经营，积极开拓工程建设项目，来弥补主营业务收入的缺口，最终实现经营收入首次突破 2000 万元的目标；三是出色完成年内各项目标任务，2020 年公司（含六景水厂）实现营业收入 2126.83 万元，完成上级下达的营收任务 1990 万元的 106.87%，利润总额完成任务指标数的 119.96%，各项分类指标全部完成。

拓市场，强实力。一是广泛收集市场信息，反应迅速。在了解到吉利集团南宁数字科技学院项目相关信息后，第一时间出面沟通协调，成功承接了该项目的临时管道敷设工程，一个月便完成了 3.1 千米的临时管道敷设并顺利实现通水，促使供水范围已扩大至吴圩镇友谊路营盘站南侧；二是吴圩临空经济示范区获国家批复后，迅速组织人员对接相关政府部门，开展管网扩建、厂区扩建、取水口迁移等项目建设；三是积极拓展区域内基础设施建设、人饮工程、二次供水、安置小区供水等项目，为公司增盈创收。

破难题，促发展。一是主动沟通、积极协调，最终顺利取得广西明阳工业区近期供水工程（一期）竣工验收鉴定意见书；二是完成广西农垦明阳农场水厂注销工作，规范公司治理；三是大力推进股权转让事宜，为水务一体化工作打牢基础。

精细化，强管理。一是加强成本管控，多措并举实现漏损率下降至20%以下，精细化管理成效显著；二是对生产线进行技术提升，完成远程控制技术改造，提高水厂中控室的集中控制程度和事故应急处理能力；三是顺利通过ISO三标一体首次认证及安全生产标准化二级达标评审，规范化、标准化建设取得初步成效；四是通过“双向选择”优化人员结构，提高工作效率；五是量化分解经营考核目标任务，实现从量的积累到质的转变。

黄学高同志坚决贯彻落实环保水务集团的部署要求，充分发挥党员先锋模范作用，带好头、起好步，认真履行全面从严治党主体责任，团结全体干部职工围绕环保水务集团“1162”发展总基调，拼搏进取、开拓创新，为实现环保水务集团高质量发展不懈奋斗。

作者：刘　源

不辱使命　迎难而上

钟文辉同志自参加工作以来，始终贯彻执行党和国家的路线方针政策，在规范化企业管理、深化制度改革、加强企业文化建设、保证安全生产供水、提高经济效益等方面做出了突出贡献，改变了公司的落后面貌，得到了上级单位和社会的好评。加入公司以来，曾先后荣获“优秀工会积极分子”“先进工作者”“优秀共产党员”称号。

钟文辉同志调入六景水厂任厂长的时候正是水厂最困难的时期——连年亏损、债台高筑、人心浮动，企业举步维艰、百废待兴。

为改变这种落后被动局面，临危受命的钟文辉同志充分发挥先锋模范作用，坚定真抓实干，带领班子成员深入基层，广泛调查研究，找出问题症结，先后对六景水厂的机组设备和自动化控制进行了优化和改造，节能降耗取得一定成绩，扭转了六景水厂连年亏损的状态，连续两年盈利并完成经营生产目标。

六景水厂在钟文辉的带领下步入高速发展时期，此时新的使命又来到了他面前——组织派遣他前往明湖供水公司担任副总经理，并兼任南宁工程中心主任和六景水厂厂长。新的岗位新的使命，不变的是领导企业高质量发展的决心，在钟文辉的统筹之下，组织了心圩江直排口整治和明湖公司的泵房技术改造工作，极大地调动了员工的工作热情和积极性，增强了公司活力，使公司走向正常运转的轨道，售水量、总收入、员工收入连年提高，各项经济指标圆满完成，公司发生了翻天覆地的变化。

2020 年 5 月 20 日是载入东兴市水务事业发展史的一天。这天，环保水务集团与东兴市人民政府签订了《东兴市水务一体化项目合作框架协议》，同年 8 月，钟文辉同志被调入东兴环保水务公司担任执行董事、总经理一职，主要负责组建及运营东兴环保水务公司。这次调动对于钟文辉来说既是组织对自己的认可，也是一次重大的考验，他深知，管理者的成长离不开组织土壤的滋养和培育，他站在政治的高度上，顾全大局，全力以赴，积极与集团公司和市政府做好沟通联系工作，用短短两个月的时间完成新公司挂牌成立工作，同时迅速做好员工的政治思想和新旧公司交接工作，实现公司平稳过渡，整体队伍稳步前进，为公司历史性改革做出了巨大的贡献。

在公司管理经营中，钟文辉同志带领班子成员坚持环保水务集团“一年打基础、两年见成效、三年大跨越”的总体要求，立足加快推进东兴水务一体化合作目标，积极进取，开拓创新，将服务民生贯穿于工作的全过程。结合企业的发展要求，坚持实事求是、求真务实的工作作风，经过深入调研，明确加强管网基础设施的改造及建设是增大供水量、拓宽供水市场的重点渠道，是公司提高效益、加快发展的长期性工作。近一年来，钟文辉同志把工作重心放在供水管网建设方面，下定决心改变公司几十年来管网设施落后的局面。在具体工作中，主营业务事迹主要表现在两个方面。

（1）在自来水供应方面

一是保质量供应。增加了建设城东—城区自来水厂的 PE315 联通管道，提高了城区供水水压，解决了城区自来水厂超负荷运行造成的水质不达标问题。

二是保民生服务。以服务工作为核心，投入 171 万元完成东兴市马路镇镇区给水管道 DN50-DN300 口径的改造，并接通了冲榄加压站进行供水，彻底解决了马路镇全镇人民的用水难及水质不达标的问题。

三是控制供水内损。排查出城区水厂内滤池长年存在的漏点问题并完成堵漏工作，根据污水管道溯源查漏发现多处支管漏点，从一定程度上减小了长年漏损的不利影响。

四是做好供水保障。对黄淡水库除险加固造成黄淡泵站无法取水的问题，供水中心组织技术力量，自行安装 75kW 临时取水泵、控制系统及铺设输水管道 167 米、动力电缆 600 多米，保障了供水生产不受影响。

（2）在污水处理方面

一是解决了江平工业园区污水处理厂长期超标排放问题。2020 年 9 月 15 日正式介入江平工业园区污水处理厂运营管理后，委派现场管理人员进驻，汇集专业技术人员并制订了整改方案与措施，保障生产运营成本的投入，加强生产运营与从业人员的管理。2020 年 9 月 16 日至今，含总磷在内的所有出水指标均稳定达标排放，为中央环保督察回头看整改问题的销号工作提供了切实的保障。

二是为控制江平工业园区周边环境污染作出了实质性努力。2020 年 11 月，自治区党委督察室暗访组发现江平工业园区污水处理厂白沙提升泵站前存在污水溢流的问题，东兴市委、市政府以及集团公司高度重视，迅速召开现场办公会，并明确由东兴北投环保水务公司承担整改工作。经现场开挖排查，确认属以前管网施工质量导致污水溢流的历史遗留问题。在查明溢流点后，于19日晚完成对渗漏点的重新封堵处理，渗漏至下游水塘的污水已全部抽回管网，并通过投洒石灰的方式对水塘底泥进行固定，圆满地完成了抢险整改任务。

三是降低马路镇污水厂的运行负荷。马路镇污水厂虽已建有配套污水收集管网，但运行至今一直存在运行负荷率低的问题。公司于2020年11月下旬组织技术人员对原收集管网进行专项巡检，排查出主要的堵塞点并及时完成维修任务，近日进水量已由180m^3/日提高到700m^3/日。

在上级党委的领导下，钟文辉同志带领公司全体职工，不畏艰难，勇闯难关，排除万难，推进重点工作，解决了供水管网运行、生产经营管理方面的一系列难点问题，从而有效保障供水管网安全、减少水损，提高供水效益，保障市民吃上“放心水”。

作者：黄景甲

先锋表率　勇往直前

申学安同志自入职广西北投环保水务集团以来，始终以高度的自觉、强烈的担当、扎实的作风，保持高度的政治站位，先后担任环保水务集团合约运营部副经理、泽霖公司党支部书记、董事长、总经理等职务，紧贴生产建设工作实际，围绕中心抓党建、抓好党建促生产的工作思路，坚持不懈地抓好党的建设、生产建设和队伍建设，以优异的成绩完成了岗位职责和组织赋予的各项工作任务。

不畏艰难，砥砺前行。在防城港市城区污水处理厂及管网改造工程 PPP 项目落地和新组建公司的过程中，各项发展、建设问题困难重重，但是申学安同志没有畏难情绪，冲锋在前，带领全体员工克服一个个困难，把责任放在心里，把担当扛在肩上。在没有办公场所的情况下，克服困难，抢抓进度，积极与集团申请各项资金支持，仅用时 15 天便完成办公驻地的确定、装修和入驻。申学安同志将职工基本保障放在工作推进的前置环节，在极短的时间内落实了职工宿舍的租赁等各项保障措施，让职工全身心投入紧张的项目建设中去，在项目推进方面发挥了核心作用。

抓实党建，引领工作。在公司党支部成立之后，申学安以上率下，带领支部全体党员迅速地进行党支部组织架构完善、党内制度制定和“规定动作”开展工作。在工作中，坚持党建引领，倒排工期、狠抓进度，坚决贯彻环保水务集团“一年打基础、两年见成效、三年大跨越”的总体要求，带领全体员工攻坚克难，顺利完成了 2020 年 3.5 亿元建设目标，为集团“一年打基础”目标的实现做出了应有的贡献。2021 年一季度，泽霖公司在申学安同志的带领下，超额完成各项生产任务，为 2021 年度生产建设目标的实现打下了良好的基础，真正发挥了泽霖公司作为环保水务集团重组以来第一个落地的 PPP 项目的示范引领作用。

身先士卒，担当赋能。申学安同志为做好迎接中央环保督察工作，按照防城港市和环保水务集团相关部署和要求，自 2021 年 3 月中旬起，申学安同志率先垂范，靠前指挥，带领泽霖公司全体员工以“战时”状态开展迎检工作，将本次迎检工作作为一项重大的政治任务，也作为一项重大的环保水务事业任务。在迎检工作过程中，他以问题为导向，科学谋划，统筹协调，坚持精准治污、科学治污，以“白加黑”“5+2”的工作强度，铆足干劲，服从安排，督促各参建单位加班加点，主动对标对表，聚焦重点难点问题，补齐短板、迅速整改，确保各项工作经得起检验。

申学安同志始终在急、难、险工作中敢担责、勇冲锋，同时将党建引领与中心工作紧密联系在一起，管理水平过硬，技术理论扎实，时刻以一名优秀的共产党员高标准要求自己，不忘初心、牢记使命、知行合一，全面发挥共产党员的先锋模范作用和企业负责人的表率作用。

作者：程 浩 屈 啸

指挥若定　执行到位

在担任广西北投环保水务集团有限公司工程分公司党支部书记、常务副总经理期间，李俊德同志负责公司全面工作，主要分管财务部、市场经营等业务工作。他对待工作认真负责，亲力亲为，执行力强，果断、有魄力，能按照集团的工作任务指标，想方法、找措施、解难题、推进度，认真带领公司职工开展各项工作。

一、政治坚定，履行担当

李俊德同志作为公司的党支部书记，同时又是公司的主管领导，他把政治素质摆在首位，能认真学习党的十九大精神和习近平新时代中国特色社会主义思想，努力贯彻党的路线方针政策。确保牢牢树立“四个意识”、始终坚定“四个自信”、坚决做到“两个维护”，在政治立场、政治方向、政治原则、政治道路上同以习近平同志为核心的党中央保持高度一致，做到党中央提倡的坚决响应、党中央要求的坚决执行、党中央禁止的坚决杜绝，确保党中央的各项决策部署能落到工作实处。他不仅仅带领全体员工开拓市场，加强管理，搞好企业生产经营，更是树立了政治意识、大局意识、职责意识，在履行中担当政治职责和社会职责，带领员工完成项目建设复工复产工作，在疫情防控、项目推进中严守政治纪律，坚定理想信念，履行国企担当，按质按量超额完成目标任务。

二、指挥若定，成绩喜人

分公司成立时间较短，人员配备不足，同时还面临新冠肺炎疫情对复工复产的困境和考验，在这样恶劣的市场环境下，李俊德同志团结带领全体干部员工，发挥自身优势，及时根据市场变化情况，灵活调整经营策略，强化项目施工进度的联动作用，主营业务仍稳定发展，超额完成了年度经营目标。

2021 年公司完成招标 25 次，共承接筹备建设项目 24 个，签订合同 111 份，合同金额共计 11. 4 亿元。2021 年底完成营收 38294. 34 万元，完成产值利润 5798.04 万元。

三、重视安全，成效显著

李俊德同志一向都十分重视安全生产工作，安全生产和综治维稳工作常抓不懈。在公司的每次会议上都反复强调安全生产工作的重要性，鼓励各级管理人员和全体员工坚持“安全第一、预防为主、综合治理”的方针，真正把安全生产抓细、抓实，落实到位。2021 年，经上级单位考核，公司安全生产事故为零，安全生产工作全面达标。

四、严于律己，关心职工

李俊德作为公司“一把手”，最大限度地提高广大员工的工资福利待遇，以绩效论成绩，注意维护好公开、公平、公正的企业环境。正确对待权力，制度之内“不缺位”，制度之外“不越位”，以身作则，严格把关，按章办事，规范管理。同时做到密切联系党群、干群关系，注意听取群众和基层意见。在党风廉政建设方面一贯坚持率先垂范。他办事公道，尊重群众，无论在工作当中还是工余时间，都具有很强的亲和力和感召力。

正是凭借着坚定的工作态度和扎实的工作干劲，李俊德同志荣获环保水务集团“十佳员工”“先进工作者”“优秀共产党员”等称号。

作者：蒙金霞

文化传承　贴心保障

严瑞萍自进入防城港环保水务公司工作以来，从事过办公室、人力资源管理及党群工作，她以积极的工作态度，全身心地投入日常的工作之中。严瑞萍同志勤奋好学，认真仔细做好每一件工作任务，始终与身边的同事和谐相处、互帮互助，建立了融洽的伙伴关系，获得了公司领导和同事的一致肯定。

一、充分把握有利政策，为公司实现降本增效

在工作中，严瑞萍积极加强与上级及属地政府部门的工作对接，广泛收集有关政策，精于研读、努力吃透，充分挖掘政策的有利信息，为公司实现节本增效。一是认真研究工业园区配套相关政策，通过多方努力协调，2017 年至今为公司降低人工成本约 650 万元；二是积极争取稳岗补贴，2017 年度获取补助约 40 万元；三是积极开展残疾就业保障金申报减免工作，2017 年以来实现公司减免约 60 万元。

二、为公司“谋”，为员工“想”，顺利解决了人员整合过程中的历史遗留问题

严瑞萍同志在日常工作沟通中能够注意方式方法，既把握好人事工作各项原则，严守各项企业管理要求，又充分体现公司人性化管理思路，全心全意为广大员工实实在在地解决问题，使人事工作得到广大员工进一步的理解和支持。她为人热心、善良，能够从员工的角度考虑问题，经常热心帮助有困难的员工，与同事之间相处融洽，即使遇到无法解决的难题，她也会耐心针对相关政策及规定做出解释，通过持续沟通协调让员工满意而归。

三、向机构改革发力、规范管理、建章立制，实现办公的精简高效

随着公司业务的不断发展，管理体系的不断完善，严瑞萍同志能根据公司

业务情况，以有效整合精简二层管理机构、优化强化工作职能为目标，以“精简、统一、效能”为原则，从机构改革入手，破除重重难题，改变了过去整合兼并后部门多、中层多、业务交叉重合等问题，将部门整合为10个职能部室与3个专业管理中心，有效提高了各业务板块的工作执行力和工作效率。

四、把好选人用人关，不断优化人才队伍结构

在企业发展与日益迫切的人才需求方面，严瑞萍同志注重抓好培训服务，促进人才队伍建设，近年来公司通过自培、委培、轮岗培训等方式加强对员工的培训，内容涉及税务、党建、人力、安全等方面。通过全盘统筹，根据人员盈缺情况进行了优化配置，保证了人岗相适、人尽其才。严格按照选人用人条例对中层干部进行选拔，择优充实干部队伍，不断优化人才结构。

严瑞萍同志在做好日常工作之余，不断学习相关的人力资源管理知识，结合实际工作总结经验，不断思考，改进工作方法，提高管理工作效率。人力资源管理无小事，涉及每位员工的切身利益，严瑞萍同志总是能耐心细致地处理各项问题，开展工作，她的付出获得了领导和员工们的肯定。

严瑞萍同志正是这样多年如一日，将自己的责任、热情、智慧和心血全部奉献，身体力行、坚持原则、恪尽职守，将其爱心、耐心、关心倾注在工作中，与防城港水务公司共同成长，为公司的美好明天贡献自己的一份力量。

作者：梁志军

脚踏实地　示范突出

唐权昌同志曾担任广西北海北投环保水务公司运营管理部经理，现为广西东兴北投环保水务有限公司总工程师。作为一名共产党员，他始终严格要求自己，遵纪守法，理想信念坚定，政治素质过硬。

一、注重学习，善于进步

在北海环保水务公司担任运营管理部经理期间，唐权昌同志实事求是分析自身素养，针对法律事务和投资管理等业务知识的欠缺，制订切实的提升计划，认真研读、学习相关书籍资料，虚心向领导和同事取经，坚持“干中学”，在工作中探索工作方法和积累工作经验，持续不断丰富运营管理、法律事务、投资管理等方面的业务知识储备，个人业务能力和综合能力得到较大的提升。来到东兴环保水务公司之后，结合新的工作岗位，他仍坚持在工作中不断学习进步，有的放矢，进一步提升自身的管理能力和专业技术水平，逐步向一名复合型人才转变。

二、脚踏实地，埋头苦干

在北海环保水务公司工作期间，运营管理部日常需对接集团公司合约运营部、水务事业部、法律事务部、投资发展部等多个部门，承担公司运营管理、市场开发、法律事务、投资管理等相关工作，工作量大，任务繁重。但唐权昌同志从未叫苦叫累，工作上认真负责，勤勤恳恳，任劳任怨，从不计较个人得失。同时，自身的自驱意识又能影响部门员工，面对各项繁杂的工作，他通常以身作则，经常带领部门员工加班加点到深夜，在不断提升整体战斗力的基础上，有效推进了各项工作的正常开展。

在东兴环保水务公司履职以来，为了尽快了解公司生产经营情况，唐权昌同志结合分管的部门和业务，迅速转变工作角色，利用业余时间加班加点熟悉公司基本情况，虚心向领导和同事学习，不仅能较快理清自己的工作思路，工作如何开展也日渐明朗，并能很快地投入工作中去。

三、业务熟练，表现突出

参加工作以来，唐权昌同志从一线到管理岗位，先后经历中控运行工、运行班长、办公室业务员、业务主管等 5 个工作岗位，积累了一定的运营管理经验，熟悉运营管理各项业务。正是凭借着这些深厚的经验，他在生产运营过程中及时汇总分析各项数据，查找问题，并在生产管理方面建言献策，为公司领导生产经营决策提供主要依据，有效推动了年度目标的顺利完成，为北海水务公司持续向好发展做出了积极的贡献。

自任职东兴环保水务公司总工程师以来，他通过专研污水厂基础设计资料，多次深入各所辖污水厂生产一线，积极查找污水厂生产运行过程中存在的各类问题，牵头组织完成污水厂调研分析报告，为下一步制定污水处理厂节能降耗技术改造方案、推进污水厂节能降耗工作打下了良好的基础。

多年的兢兢业业让唐权昌成了标兵能手，他于 2018—2019 年度连续 2 年年度考核获得优秀等次，并荣获北投集团 2018 年度“先进个人”和环保水务集团 2020 年度“先进生产工作者”、2020—2021 年度“优秀共产党员”等称号。

作为一名基层领导干部，他不惧挑战，勇往直前，以身作则，模范践行，切实尽好职、履好职、担好职。习近平总书记说，“这是一个充满挑战的时代，也是一个充满希望的时代”，人生只有不断挑战才能前行，他以实际行动践行了一个共产党员的初心和使命。

作者：刘文清

勇于作为　敢于担当

旦文艺同志曾担任广西北投环保水务集团有限公司监审部审计管理人员、南宁市宾阳县水务一体化项目筹备组负责人兼邕宁区筹备组组长，期间不断拓展南宁区域项目市场，同时主动开发崇左、柳州地区环保水务业务，拓展工作全区域、全网格、多角度地推进。

在担任广西泽霖环保水务有限公司副总经理期间，旦文艺同志协助分管公司经营管理、工程运营建设管理工作，主要负责公司工程项目综合管理、标准化建设、工程技术质量与管理、项目信息化、项目运营、合同招投标、项目风险管控、市场开发等工作。

工作期间，旦文艺同志积极发扬在各类“急难险重”的工作中敢担当、勇作为的精神，以上率下，在2021年第一季度中，超额完成各项生产任务。在迎接中央环保督察工作中，实干为本、担当为荣，始终坚守在施工作业的第一线，确保中央环保督察顺利通过。

在市场开拓方面，旦文艺以防城港市城区污水处理厂及管网改造工程PPP项目为基础，积极树立项目标杆，进一步规范项目管理，推进标准化、信息化建设，打造品牌效应，从而促进市场开发工作。

针对防城港市市场开发的独特情况，结合实际不断梳理项目，展开工作范畴，划重点、圈难点、筹资金、图发展、防风险。不断拓展防城港市区域环保水务市场，践行落实环保水务集团战略部署要求，坚持围绕“大”字做文章，多措并举。

同时，结合自身情况，进一步细化、量化集团公司下发给泽霖公司的2021年市场开发任务经营指标，责任到人，确保各项市场开发任务有序推进。积极对接防城港市水利局、防城港市港口区农业农村水利局、防城港市高新技术产业开发区管理委员会等相关政府部门，持续跟踪多个项目，如防城港市经济技术开发区（工业）供水保障工程PPP项目、防城港市港口区自来水厂提高供水产能扩建及供水主管网提升改造工程（PPP）项目、防城港市沙潭江综合治理项目、防城港市第二水源（黄淡水库及江平江）供水工程、防城港市水系连通及农村水系综合整治工程等5个环保水务项目，总投资估算为42.23亿元，各项市场开发工作正在稳步推进。

旦文艺同志始终以公司的任务为己任，恪尽职守，坚决贯彻环保水务集团“一年打基础、两年见成效、三年大跨越”的总体要求，为环保水务集团的高质量发展贡献力量。

作者：罗杨诏

扎根一线　担当赋能

韦挺洪同志，现任广西泽洋环保水务有限公司副总经理，主管工程施工技术与管理工作。自担任广西泽洋环保水务有限公司副总经理以来，他严格要求自己，以身作则、爱岗敬业、开拓创新，在工程项目管理中为年轻的指挥部其他同事树立了榜样。

扎根一线，任劳任怨。韦挺洪同志先后在工地一线工作 15 年，参与的大型项目有广西北海市铁山港工业园供水水源项目一期工程、二期工程，铁山港区 5 万吨水厂工程，北海铁山港先期石化区加压泵站及管网工程，钦州市金窝水库加高扩容工程，大风江调水工程，郁江调水工程及阳朔县新城区防洪治涝（含水系建设）工程水利部分 PPP 项目等，特别是在郁江调水工程开工建设中，韦挺洪同志舍小家顾大家，全身心扑在工作上。为了让郁江调水工程顺利完工，他长时间在工地上“驻扎”，在家陪伴家人的时间很少，即使在女儿将要面临中考、高考等升学考试最需要家人陪伴的时候也不能陪在身边，虽然他觉得对家里很亏欠，但为了顺利推进项目，他依然选择驻守在工地一线。

积极联系，沟通协调。郁江项目是一个线性工程项目，起点至终点长达 100 多千米，横跨南宁横州市新福镇、钦州灵山县沙坪镇、钦州钦南区久隆镇等地，为了项目的顺利推进，韦挺洪先后与数十位当地行政部门人员建立联系，架起了沟通协调的“桥梁”。同时，依据项目程序规定，先后到自治区级、地市级、县级等政府部门，先后办理了项目开工许可、林业砍伐证等各种证件，并顺利获得水上水下施工许可、航道使用许可、爆破炸药采购等。因受新冠肺炎疫情影响，项目建设进度滞后，韦挺洪在第一时间积极联系当地防疫主管部门负责人，组织对工程施工现场联合检查，得到了复工复产许可证，为人员到位、项目复工复产打下坚实基础。

勇于担当，善于管理。韦挺洪在严格执行承包合同、认真履行合同承诺的同时，对每项工程都要求确定工期目标，制订周密的阶段性工期计划，做到计划上墙，对照执行。在安全生产管理方面，他积极推进安全生产标准化，健全安全生产管理制度和管理保证体系。在韦挺洪的带领下，郁江调水工程荣获“2018 年广西水利建设工程文明工地”荣誉称号，2020 年度完成整个项目单位工程验收及合同完工验收，获得自治区水利厅组织的通水阶段验收批复。他个人也被评为 2020 年度广西北投环保水务集团有限公司“先进生产工作者”、2020 年度全区重点工程建设示范性劳动和技能竞赛优秀建设者。

作者：陈秋玲

经验赋能　自驱担当

何梅同志具有丰富的基层工作经验和高度的工作自驱性，日常工作中乐于分享、赋能他人，业余生活中热爱学习、不断提升，将自身的发展与公司的发展紧密结合。凭着卓越的工作精神和高效的工作质量，何梅同志连续多年年度考核被评为优秀。

以丰富的基层经验提升工作质量。何梅同志早年曾在基层工作多年，脚踏实地，历经多个岗位，在每个岗位都留下了扎实的足迹，尤其是在党的群众路线教育实践、脱贫攻坚等工作中创新创出显著成绩，得到了广大群众、领导和同志们的信任和好评。十多年的党务工作，使她有着丰富的工作经历和党务工作经验。同时，她长期从事人事行政管理工作，努力钻研专业知识，具备较强的综合协调和公文写作能力和经验。撰写的《国有企业党员发挥先锋模范作用存在问题与对策》《提升新时代党组织组织力，推动国有企业高质量发展》两篇文章分别在《中国科技人才》杂志、《基层建设》杂志上发表。

以强烈的责任感和事业心扎实推进各项工作。在上善若水公司任综合办主任期间，何梅同志政治素质和业务能力较强，能坚持以服务为宗旨，团结同事，真抓实干，较好地发挥了部门职能作用。她善于在工作中学习和提高业务本领，对本职工作的情况掌握得十分熟悉，理解得十分透彻，工作上始终能保持一种驾轻就熟的状态。她带头聚焦环保水务集团赋予上善若水公司“环保水务科技产业综合服务商”的总体定位，坚持党建引领，结合公司业务实际，着力培育“两支党员先锋队”，即科技研发先锋队、市场开拓先锋队；抓好五个关键因素，即突出抓好组织力量凝聚、突出抓好研发梯队建设、突出抓好科技研发工作、突出抓好市场开拓工作、突出抓好机制激发活力，成功创建“环水红‘芯’，智慧上善”党建品牌，在她的努力下，上善若水公司于 2021 年被评为北投集团五星级党支部。

以严于律己、廉洁自律的精神提升自身修养。何梅同志平时善于学习，做事认真，不计较个人得失，廉洁自律，服从上级安排，随叫随到，从无怨言，也从不计较，始终保持一种扎实敬业、昂扬奋进的工作精神。她为人正直坦荡，工作上能够摆正位置，自觉遵守党纪国法，严格用各项党纪国法规定自己的言行。

作者：刘宇阳

求真务实　学习领航

李燕，现任广西钦州北投环保水务有限公司党委委员、党群工作部主任、本部党支部书记。她在工作中认真负责、勤奋务实、团结同志、服从大局，处处以共产党员的标准严格要求自己，通过自身不断努力，在党员和群众中树立了良好形象，较好地完成了各项工作任务。

一、注重学习，带动党内教育工作高效开展

李燕同志把学习作为一种良好的习惯融入工作和生活中，努力提高自己的政治思想素质和管理水平。她认真学习党的各项理论及十九大等重要会议精神，原文研读习近平总书记系列重要讲话和党建书籍，力求不断提升理论水平。在思想上、政治上、行动上始终同党中央保持高度一致，自觉执行党的路线、方针、政策以及环保水务集团和钦州环保水务公司的各项决策、决议。在注重个人学习的同时，积极、认真落实上级党委要求，组织开展好各项理论学习活动。结合公司实际，摸索强化党员思想教育工作的方式方法。2021 年，牵头开展了技能提升培训、跟班（党员）学习、作风建设、学习先进模范等活动，把党内教育工作与生产工作相结合，在转变党员、团员教育观念上下功夫。灵活利用新媒体网络载体做好政策理论宣传，组织小型心得分享会、谈心谈话、小课堂交流会以及与党建、团建相关的主题教育活动，注重党建理论和业务技能理论相互交叉使用，逐步提升党员的学习兴趣，强化党内教育的实效性。

二、认真履责，抓好落实各项党建工作

李燕同志围绕公司党建工作目标，认真履行职责，抓好各项党建任务的贯彻落实。一是认真组织党支部“三会一课”工作，梳理并建立党建制度体系，贯彻落实上级党组织的决策部署，把组织的各项要求落到实处，定期指导公司各直属党支部开展工作，组织做好会议材料及整理归档等工作。二是积极组织

开展“一支部一品牌”创建工作。坚持把品牌创建活动同中心工作结合起来，创建以强执行、创效益和节能降耗为主题的党支部品牌，组织党员们在研究政策、应收账催款、盘活资产等方面下大力气，指导党员们积极进行技改、节能、设备提升，同时开展学习研讨、传帮带等活动。2021 年，公司获各项补贴超 390 万元，技改提升节约成本约 10 万元。同时，挖掘本部党支部党员优势，设立了安全隐患排查服务队、应收账款催收专项小组、工程项目攻坚队，助力公司生产运行。三是组织抓好党员发展工作。2020 年，确定了 8 名入党积极分子，做好全体党员档案管理工作。四是组织按时完成党费收缴、党组织关系转移及排查等各项工作。五是组织整理好各项考核材料，按时按质完成公司党风廉政建设考核和党建考核年度目标。六是落实做好共青团和工会各项工作。带领公司青年团员认真落实团“三会两制一课”制度，紧跟共青团工作要求开展各项学习活动，参加党的各项学习、开展志愿服务活动，做到提升素质的同时不断做好企业形象宣传工作。落实工会日常工作安排，积极配合集团公司扶贫产品购买，不定时组织召开座谈会听取职工意见建议等，保障工会助力公司生产发展，为公司发展营造良好氛围。

三、求真务实，以实际行动树立党员形象

李燕同志时刻严格要求自己，以一名组织干部来约束自己，对工作兢兢业业，勤勤恳恳，有较强的事业心和高度的政治责任感，带头组织开展各项党工团活动，以实际行动带动做好公司各项党建工作，在党员和群众中树立了良好的党员形象，具有良好的群众基础。

作者：亢　抗

党建能手　埋头实干

黄色海同志从事党务工作以来，恪尽职守、辛勤工作，出色地完成了各项工作任务。2017 年 12 月荣获北投集团党委组织的“党的十九大精神知识竞赛”二等奖，2018 年 6 月被评为“北投集团 2016—2017 年度优秀共产党员”。

强化学习，知识水平有提升。他注重提高党建业务水平，积极参加党务工作培训，主动学习党建业务书籍，刻苦钻研党建业务知识，善于学习应用先进典型经验和做法，熟练掌握全国党员信息管理等党务系统，具有较高的党务工作能力和水平。

工作勤恳，实干担当有作为。黄色海同志热爱党务工作，积极主动，经常加班加点，自觉运用党的创新理论武装头脑，指导实践，较好地完成了各项工作任务。一是做好党组织建设及日常管理。2020 年公司机构改革，根据实际情况及时制订党组织调整方案，撤销 5 个党支部、新成立 4 个党支部、为 1 个党支部更名，并督促各党支部按要求完成班子选举。二是抓好党务制度建设。2020 年以来，结合实际完成修订 26 项制度。三是督导各支部做好标准化建设和支部品牌建设。严格按照北投集团《基层党组织标准化规范化建设工作》开展工作，在党支部刚调整成立的情况下，营管中心和供水中心 2 个党支部被评为北投集团三星级党支部；督导各党支部结合实际开展党支部品牌建设，其中营管中心党支部“绿水青山强环保　党建领航畅供水”获得北投集团 2020 年党建品牌优秀奖。四是做好北投集团领导到营管中心党支部挂点联系、调研服务，完成北投集团领导调研 1 次、讲党课 2 次的材料撰写、新闻报道等相关工作。五是做好会务组织、会议记录及材料归档等相关工作。2021 年以来共组织完成了公司领导班子民主生活会、巡察整改民主生活会、党委中心组理论学习、党风廉政、组织宣传、下属党支部书记述职等会议 15 次，完成所在支部 25 次会议的会务组织、记录及材料归档工作。六是做好党员发展、组织关系管理、党统等工作。2021 年以来共发展党员 2 名，发展对象 2 名，发展入党积极分子 6 名；转接组织关系 29 人次，完成了 2021 年度两次党统工作。七是做好文件处理及材料上报工作。2021年以来共处理上级党务文件39份，起草文件25份，上报总结、报表等23份。

自开展党史学习教育以来，他认真学习上级党委的文件精神，贯彻落实上级党委的部署要求，结合实际制订了公司党史学习教育计划，召开党史学习教育动员大会，开展党史学习教育专题党课和读书班各1次、组织党员参加上级党课4次、开展打卡红色教育基地活动1次，有计划推进公司党史学习教育走实走深。

作者：宋殷杰

安全保驾　实干领航

甘孝瑾同志入职以来，始终以饱满的工作激情和忘我的态度开展安全管理工作，工作认真、做事踏实、吃苦耐劳、态度积极，有较强的团队意识，具有强烈的事业心、责任心，狠抓工作的落实，发现隐患立即有效处理，为项目安全、公司发展保驾护航。

甘孝瑾同志注重知识的积累，不断提高业务管理能力，在工作、生活之余加强学习，掌握安全新形势、新要求。安全管理部以促进公司安全为根本，以完善制度为着眼点，在保障安全生产上下功夫。如，在工程分公司成立的几个月里先后制定了公司安全管理制度，建立了公司安全管理体系，这些举措在确保分公司安全生产方面发挥了很大作用。

工程分公司成立之初，人手配备不足，部门就只有甘孝瑾一个人，他就是一个部门。安全生产工作烦琐，他除了要着手建立公司安全管理制度，处理公司安全生产日常工作之外，还要多次深入施工现场，到第一线开展安全检查，排查隐患，与项目部共同为公司安全生产严把关。到一线开展工作之余，对于一些年轻且管理经验不足的同志，他能耐心与其交流，与年轻同志分享施工现场管理心得，并组织开展安全教育培训。

日常工作中，甘孝瑾认真监督项目部抓好安全教育，深入现场严抓班前教育制度落实，组织公司安全教育培训，学习“标准化”，致力于营造分公司浓厚的安全活动氛围。2021 年，工程分公司在建自营项目，全部实行“班前教育”制度，安全生产成效初显。

对于安全管理工作，甘孝瑾讲究一个“实”字，狠抓一个“实”字，信奉四种精神——甘当老黄牛的实干精神、甘当螺丝钉的钻研精神、甘当小学生的谦虚精神、甘当无名英雄的奉献精神。安全工作无小事，工作既平淡又烦琐，他就是在这平平凡凡的工作中保持严谨与高效。

作者：蒙金霞

奋斗不息　模范带动

庞进闯同志自进入公司以来，在供水管道设备维修工、泵站运行工、仓库管理员等不同的岗位历练过，他在每个岗位上都以高度的责任感和事业心将全部的热情投入工作中。

庞进闯同志现从事党务工作。作为一名共产党员，他时刻以党员的标准严格要求自己，积极参加各类政治业务学习，不断提高自己的政治水平和自身政治修养，以饱满的工作热情、扎实的工作作风、优异的工作成绩，受到领导和同事的普遍好评。

2020 年以来，公司党支部深入开展标准化规范化建设，探索党建和生产经营融合的方式方法，在庞进闯同志的组织协调下，公司创建了“管道维护先锋队”“水费收缴先锋队”“志愿服务先锋队”等三支先锋队，有效提升了党支部政治功能和组织力。近两年，通过建机制、搭平台引领党员发挥先锋模范作用，公司党支部呈现出新的面貌，焕发出新的生机。在他的带动下，党员都表现出务实、创新、争一流的工作作风和干劲，公司的党建工作发展态势良好，党组织的凝聚力、战斗力明显增强。因此，公司党支部被评定为北投集团 2021 年四星级党支部。

庞进闯同志还兼任工会管理工作，他时刻以服务员工为宗旨，工作中积极努力，将与员工权益密切相关的工作做好落实，将员工反映的情况及时反馈给工会组织，积极为职工办理广西职工医疗互助，维护员工权益，为广大职工提供了医疗互助保障。

作为工会干部，他积极组织开展丰富多彩的工会活动，充分发挥工会与员工间的纽带作用，营造了欢快轻松的工作氛围。虽然工作量大、涉及面广，但他总是不厌其烦、有条不紊，常常牺牲节假日加班加点地做好本职工作，发挥一名共产党员先锋模范作用。庞进闯同志也被评为集团公司 2018—2019 年度优秀工会积极分子。2019 年，在他和同事们的共同努力下，湖海公司被认定为 2019 年北海市 AAA 级劳动关系和谐单位。

敬业是庞进闯同志多年来工作的真实写照。他勤勤恳恳、尽心竭力地完成领导交办的每一项工作，不遗余力地为完成公司党建工作做出积极的奉献。他用实际行动印证了“奋斗的青春最美丽”这句话，更诠释了一名普通员工的职业操守和人生价值。

作者：陈自娟

创新实践 勇于开拓

曾国澜同志管理的防城港北投环保水务公司供水中心湾潭水厂担负着白浪滩旅游区及大学城片区的供水，供水量虽不多，但缺之不可。曾国澜在工作中尽心尽责、认真专注、勇于创新、勤勤恳恳，不断学习供水方面的新知识，积极调动一线员工的工作热情，其工作能力得到员工及领导的广泛认可。

曾国澜同志管理的供水中心湾潭水厂水源是水库水，据广西气象台数据统计，2020下半年到2021上半年，广西各地降水量在0.1~10.6毫米，与常年同期相比，大部分地区偏少五~十成；全区平均降水量为2.2毫米，比常年同期偏少九成，为1951年以来同期最少。面对干旱天气的影响，曾国澜同志没有气馁，积极分析，找到“病”因，水体富营养化过程中所出现的藻类及其他浮游生物繁殖异常快速的现象，虽然没有达到“水华”情况，但给湾潭水厂净水增加一定的压力，漂浮积聚在水体表面的一层绿色藻席，会导致净水构筑物沉淀池斜管堵塞，三两天就会出现堵塞的情况，不但影响水质还导致水量不足，甚至可能影响到市民的身体健康。如何解决这一难题？防治工作是一个系统工程，目前没有现成的经验，没有任何单一的生物学、化学和物理措施能够彻底有效地去除水中的氮、磷等营养物质，某些处理措施在理论上或者在一定的条件下是可行的，但是在实际上或者在大范围内，则往往达不到预期的效果，处理技术都存在一定的局限性。

因为建厂以来没有出现过这样的干旱天气，没有这方面的经验，但情况出现了，不得不处理，必须自己想办法解决，曾国澜同志想方设法，大胆创新、大胆试验、大胆摸索，经过不懈的努力，采用多种试验效果，最终采用预氧化，加氧化剂，配合使用活性炭、高锰酸钾与碱式氯化铝（净水剂）在管道混合后进入反应池，随后再充分混合后进入沉淀池，大大降低了藻类的生长速度，减轻了沉淀池的负荷，加快了过滤池的过滤速度，优化了水质，增加了水量，缓解了供水压力。特别是前期用户反映饮用水有异味的问题得到了解决，受到了用户的一致好评。

曾国澗同志不断创新，保障着一线的供水安全，夜以继日坚守，致力于管理创新和技术创新，积极为环保水务集团实现“主导自治区环保水务产业发展”的总体目标奉献自己的一份力量。

作者：梁仕桥

技能高手　勇于担当

温第仁，现任三波水厂副厂长。他坚持“干一行、爱一行、钻一行、精一行”，业务技术精湛，在解决供水设备实施故障方面堪称“妙手回春”，在工作中任劳任怨，经常加班加点，扎实完成本职工作，为供水生产保障做出了突出贡献。

勇于担当，攻坚克难。因供水连续性需要，作为机电维修人员，要确保供水设备设施全天候处于良好状态，只要是中心各厂站设备设施有突发故障、影响正常供水的，温第仁同志都能做到第一时间赶赴现场处理。一年 365 天，他不分时间，不分气候情况，对中心 8 个供水厂站的变配电、机电设备、净水构筑物及附属设备设施等做好全天候的运行维护、突发故障抢修、机电设备技术改造等。

2017 年 1 月，在晚上下半夜用水低峰期时，在领导的带领下，机电班维修人员经过几个小时的连续工作，完成了防城水厂应急发电机组与配电屏的连接，并进行调试，保证应急发电机如期投入使用，提高供水安全可靠性。

2017 年 12 月，在中心领导的指导下，温第仁带领机修班员对长时间停用容量小的三号机组配电系统进行改造、安装，改造后的三号 185kW 机组可以正常运行，机组的改造增加了大功率备用机组，为城区的安全供水及给亿港一厂的补水工程提供了有力的保障。同时，他积极参与一厂沉淀池排泥系统汇合器 32 根脱落塑料管的焊接工作，工作环境阴冷，在斜管沉淀池的配水区的有限空间内，作业难度较大，他作为主力人员，不畏艰难，争分夺秒抢时间，高效率完成抢修任务，保证沉淀池尽快投入使用。

认真履职，成绩突出。近年来，他围绕公司“提价、扩量、降损、节支”八字经营方针，通过对落后厂站设备设施改造更新，降低了生产维修维护成本，促进了经济效益和社会效益双丰收。

作为机电维修骨干，温第仁积极参加中心两项重大技改任务，在工作中充分发挥老同志骨干带头作用，不怕苦累脏，经常加班加点，为技改攻坚队同志树立了勇挑重担、敢于担当的榜样，为提高技改攻坚队的凝聚力和战斗力起到了重要的表率作用。

2020 年 6 月下旬，完成了职教中心加压站技改扩量更新，提升了大学城片区供水安全性和可靠性；2020 年 11 月下旬，完成了松柏笼加压站无人值守自动化改造工作，提高了港口片区供水保障能力，降低运行安全风险。此外，在 2020 年的木头滩泵站及三波水厂恢复运营工作中，温第仁同志均发挥了技术骨干带头作用，其中木头滩泵站已于 2021 年 1 月试运成功，三波水厂恢复运营工作还在进行中，在这些工作任务中总能看到温第仁同志辛勤挥汗、埋头苦干的身影。

作为机电维修攻坚队一员，温第仁同志利用岗位技术优势，在突发故障抢修、设备设施技改提升、日常设备维护等工作中充分发扬“特别能吃苦、特别能战斗、特别能创造、特别能奉献”精神，为保障安全供水、助力公司提升经济效益做出了突出贡献。

作者：梁仕桥

技能强将　安环先锋

陆军同志在担任明湖水厂运行班长期间，勤学苦干、不断进取，兢兢业业、履职尽责，勇当先锋、甘于奉献，在确保供水安全和环保工作上不遗余力，为公司安环工作做出了较为突出的贡献。

一是保障供水，安全为先。作为运行班长，陆军同志是班组的“领头羊”，是岗位上的“强将”。为保障供水安全，他以高度的责任心坚守一线生产岗位，要求班组成员严格执行有关操作规程，根据水质的变化适时调整制水药品投加，认真做好运行设备操作和维护保养，仔细做好运行监控和数据记录。为了提供优质的生产、生活用水，他勇当先锋，不怕脏苦累，清洗制水构筑物时带领班组挽起裤脚踩入放空水后的滤池，变换“侧、卧、仰”等各种姿势趴在网格絮凝池，光膀子浸泡入平流式沉淀池。

二是保护水源，生态为重。2011 年以前，受养殖污染、工业排污等影响，作为水厂取水水源的大王滩水库水质急剧下降，为了杜绝污染，保护生态环境，保障工业区居民饮水安全，公司在南宁市政府的指导下全力配合开展综合治理活动。陆军同志带头清理取水口周边的垃圾杂物，走访各村各户，积极宣传环保理念，宣讲水源地保护的法律法规，并在取水口设立水源保护标识，最终使得水源地总体水质由原来的地表饮用水Ⅳ~Ⅴ类水标准提高到接近Ⅲ类水源，确保了源水水质。

三是学以致用，理念创新。陆军同志善于学习，针对制水工艺流程、各项安全操作规程、制水的各个风险点及各项应急演练预案烂熟于心。他勤于思考，在班组中不断强调安全的重要性，以安全应急演练为载体，为班组内的同事提供鲜活的案例，共同提高安全知识，减少供水运行安全隐患。他乐于分享，主动承接“小水滴”课堂的讲授任务，给新员工讲解水厂工艺流程以及设备的操作安全规范，耐心指导新员工转换角色。他敢于创新，针对絮凝剂投加效果不理想的情况，陆军同志经过尝试、测量、比对，优化药品投加管路布局，从而使药品投加更科学、水质更优，同时降低了药品成本。

在陆军等同志的努力下，公司于 2021 年顺利通过了安全生产二级达标评审，安全管理水平得到进一步提高。

作者：蔡虹伯

青春敢为　用心服务

曾担任管网维修员的唐南华同志守初心、担使命，凭借务实的工作态度和无私奉献、爱岗敬业的精神，成为一名不折不扣的“管网卫士”，捍卫供水管网安全，热情服务到户，获得了用水户及领导、同事们的一致好评，被评为2020年度“广西最美给排水工人”，为广大员工树立了良好的榜样。

一是争做维修能手，争当岗位标兵。为了做好维修服务工作，面对明阳农场内20世纪90年代铺设的老旧且错综复杂、无管网布置图的管网，入职不足一个月的唐南华通过加班加点的巡视摸索、绘图标记，短时间内便熟悉掌握了管网的走向、管道材质、直径和各个水表的具体位置，成了班组中的“GPS”。管网维修难度大，经常发生水管爆裂。管道维修工作小到螺丝、螺帽，大到供水设备，甚至“牵一发而动全身”，技术精湛度要求高。他深知这项工作关乎用水户日常用水所需，他以高度的责任感和使命感对待工作，认真学习业务技能，精益求精，以极高的效率、较好的技术圆满完成了数百次抢修任务。

二是热心热情服务，热爱自身工作。旧管网问题较多，每次接到报修电话，唐南华迅速反应，第一时间与班组其他成员一起奔赴现场，勘察、分析、提出维修方案、实施抢修。“白加黑”“5+2”模式更是家常便饭，危险的井内有限空间安装维修、被浑水浸泡的阀门开关更换、需要“打草惊蛇”才能进入草丛的管道检修，在这片“战场”上，处处都能看到唐南华瘦小又矫健的身影。为保障吴圩机场安全供水，唐南华放弃周末休息时间从防城港驱车140千米赶赴现场，连续抢修18小时直至次日，一夜未合眼的他又主动要求继续巡查沿线的供水设施直至全线供水恢复正常。为了方便用水户与自己联系，他主动把手机号码提供给用水户，随叫随到。

三是主张服务至上，主动乐于助人。为了使各类用水户享受到诚挚的服务体验，唐南华建立了一本《特殊用水户台账》，定期上门为特殊用水户检修管道和清洗水表。面对每一次用水户的反映，他都是微笑接待，随即开展核查，了解清楚后再向用水户耐心讲解。唐南华以用心的服务、真诚的态度赢得了用水户们的啧啧称赞，为公司树立了良好的形象。

作为环保水务人，对唐南华来说，供水管网的安全、用水户的满意便是他的追求，他愿意将青春奉献给供水服务事业，以实际行动体现当代青年能吃苦、有作为、善服务的敬业精神，用理想信念书写青春的华章。

作者：詹文森

基层榜样 岗位能手

阮林华，中共党员，曾任广西东兴北投环保水务有限公司城东水厂运行班班长，是一名长期兢兢业业奋战在净水岗位上的“老黄牛”“老师傅”，也是单位里从事净水工作时间最长、净水理论知识最扎实、净水工作实际操作经验最丰富的老员工之一。由于工作表现突出，连续多年被单位评为“先进工作者”。

阮林华同志时刻不忘自己是一名共产党员，在工作、学习和生活中，以优秀党员为榜样，严格要求自己，积极发挥党员先锋模范作用。在尽职尽责带领本班组员工认真做好本职工作的同时，毫无保留地把自己丰富的净水技术经验和娴熟的净水运行设备操作技术经验，通过“传帮带”等多种方式传授给其他同志，共同提高班组净水工作水平，为保证安全优质供水和实现节能降耗创效益贡献自己的力量。

阮林华同志工作认真负责，严格遵守岗位规章制度，熟记操作流程。从加药间用药配比、设备工作状态、反应池运行情况，再到滤池滤速变化、清水池水位把控等，这些都需要他通过无数次的巡视检查和实际操作方可了解管控。无论是白天还是深夜，阮林华同志无数次查看、落实每一个制水环节，对生产数据烂熟于心。身为净水班班长，阮林华同志除了扎实掌握本岗位工作内容之外，还不断学习其余各岗位的工作流程和操作要点，带领班组成员依照标准化完成各项任务，实现了安全生产。

在日常工作中，他带领班组员工对制水构筑物进行及时清洗，确保构筑物清洁，增加滤池的净化能力。

阮林华同志无论负责什么工作、接受什么任务，总是全力以赴，从不叫苦喊累，以恪尽职守的意识、严于律己的精神，踏实工作、立足岗位，在平凡的岗位上展现不平凡的人生。

作者：曾弋玲

基层担当　暖心服务

庞红是广西东兴北投环保水务有限公司的一名水费收费员，在平凡的岗位上，她任劳任怨去付出、默默无闻去担当，主动学习、不断提升，热心服务、注重质量。在日复一日的工作中，向群众和用户淋漓尽致地展现出属于北投人的精神风貌和奉献精神。

一、提升自我 诚心服务

收费是一项面向群众的工作，庞红每天都会保持整洁的仪表、良好的心态以及热情的态度，将自己最好的一面呈现在群众面前。这不仅可以呈现一名员工最基本的工作态度与素养，也可以呈现出公司良好的形象。

在工作中，庞红注重学习专业知识，不断“充电”，尤其是针对沟通技巧，她总是不断地练习，希望能够以更加专业的知识、更加卓越的水平从事服务窗口的工作。这些提升学习的成效在水费实行阶梯收费时被淋漓尽致地展现了出来。

生活用水阶梯收费制度刚执行的时候，很多群众不理解，几乎每天都有用户在服务大厅表达不满，每逢此刻，庞红都会耐心安抚，并运用专业知识和生活中的事例来解答，用通俗易懂的语言让群众明白，生活用水实施阶梯收费的改革，是增强大家节约用水的意识、避免水资源的浪费。

正是因为庞红同志亲善和蔼的服务态度、真诚善良的服务品质，减少了很多不必要的纠纷，同时也大大提高了群众对服务窗口的满意度。

二、勇往直前 防疫担当

2020 年是极不平凡的一年，一场突如其来的疫情打乱了全国人民的节奏。疫情防控期间复工复产，给服务窗口带来了史无前例的困难和考验。刚开始，对于“摸着石头过河”般的服务调整，每个人心里都非常忐忑，庞红也不例外，但是，内心高度的责任感、使命感，以及勇往直前的精神，使她成为第一个冲锋陷阵的人。

她积极配合公司领导，把服务大厅的防疫工作摆在第一位。每天早上会提前半小时到岗，开窗通风，对大厅的柜台、地板、排队机、门把手和公共设施进行全面消毒，任何一个细小的地方都不放过。轮休时，主动申请到大厅门口进行疫情防控，监督群众佩戴口罩，提醒保持一米的安全防控距离，为群众测温、查验健康码、记录台账等，严控大厅峰值人数，同时对进厅人数进行动态监控，合理控制人员流量。紧张忙完一天工作之后，她总是最后一个下班，及时清理垃圾，再次消毒，不留任何卫生死角。

工作之余，庞红还大力宣传及推动网上办公，减少群众接触 ，对一些不熟悉网上操作的用户，耐心指导，在疫情防控工作中起了很大的作用。

东兴是一个边境城市，疫情防控尤为重要，同事会害怕、会紧张、会有思想波动。每当这时，庞红总会站出来及时安抚同事的情绪，消除她们的恐惧，为她们打气加油，执行好公司的防控方案，严守把控，把大厅的防疫工作做到最好。

三、忠于职守 岗位先锋

收费是一项细致烦琐的工作，每天都与钱票打交道，稍有不慎，就会造成一连串的失误，影响工作质量及服务态度，必须要有高度的责任心与耐心、细心才能胜任。因此，在日常工作中，庞红总是严格要求自己，恪守职业道德。

平时来缴费的多数是老年人，他们因为年迈手脚不利索，经常会有不小心多给了钱的现象，但她都毫不犹豫地如数归还多余的金额。老人们总是竖起大拇指，夸赞窗口的工作人员态度好、心眼好。

记得有一次，一位老婆婆缴费时，遗失了600块现金在凳子上，细心的她及时发现，并通过监控查询，核查找到该用户并归还了这笔钱。当老婆婆拿到遗失的600块钱时，紧紧地握住她的手，激动地说：“这是我刚取出的退休金，本想着缴清了水费去医院拿药的，因为有高血压，常年都得吃药，刚发现钱不见了，都急死我了，幸亏遇见了你啊，不然我该怎么办啊?”这时，她只是淡淡一笑说：“这是我们环保水务人的一种职业操守，每个工作人员遇到这种情况都会这样做的!”

因为工作认真、细心，群众满意度较高，庞红同志被调去同是服务窗口的另一个管理专票的综合岗位。这是一个更具有挑战力的岗位，涉及的知识更加全面，学习的内容也更加广泛，但她凭借自己较强的学习能力，很快就进入工作状态，并出色地完成了本职工作。

庞红始终坚持学习，忠于职守，全面发展，做高素质员工，争做服务标兵，并付诸行动！

作者：刘文清